はじめに

　年金生活者支援給付金制度は、平成24年度のいわゆる「社会保障・税一体改革」に関連して第181臨時国会で可決・成立した「年金生活者支援給付金の支給に関する法律」（平成24年法律第102号）に基づいて施行されるものです。

　「社会保障・税一体改革」では、「公的年金制度の財政基盤及び最低保障機能の強化等のための国民年金法等の一部を改正する法律」（いわゆる「年金機能強化法」。平成24年法律第62号）、「被用者年金制度の一元化等を図るための厚生年金保険法等の一部を改正する法律」（いわゆる「被用者年金一元化法」。平成24年法律第63号）、「国民年金法等の一部を改正する法律等の一部を改正する法律」（いわゆる「国民年金法等改正法」。平成24年法律第99号）とともにこの「年金生活者支援給付金の支給に関する法律」を含む4つの法律が可決・成立しました。

　これら4つの法律のうち、「年金生活者支援給付金の支給に関する法律」を除く3つの法律は、すべて施行済みとなっていますが、この「年金生活者支援給付金の支給に関する法律」だけは、最後まで「社会保障の安定財源の確保等を図る税制の抜本的な改革を行うための消費税法の一部を改正する等の法律」（平成24年法律第68号）附則第1条第2号の規定の施行日から施行するものとされていたため、消費税率の引上げが見送られたことにより、施行が遅れることになりました。

　このたび、令和元年10月1日から消費税率の引上げが実施されることになったため、「年金生活者支援給付金の支給に関する法律」も、同時に実施されることとなりました。

　年金生活者支援給付金とは、公的年金の収入金額と前年の所得額との合計額が一定の基準以下である老齢基礎年金の受給者または所得額が一定の基準以下の障害基礎年金または遺族基礎年金の受給者に対して、生活の支援を目的として支給する給付金をいいます。この給付金には4種類あり、前者の老齢基礎年金の受給者に対して支給するものを老齢年金生活者支援給付金または補足的老齢年金生活者支援給付金といい、後者の障害基礎年金または遺族基礎年金の受給者に対して支給するものを障害年金生活者支援給付金または遺族年金生活者支援給付金といいます。

　本書は、公布された法律、政令、省令および通知類をもとにして原稿作成したものです。年金事務所や市区町村の窓口等で対応される方にとって、格好の参考図書となることを期待しています。

目　　次

【附録】関係法令条文集

① 年金生活者支援給付金の支給に関する法律（平成24年法律第102号）

② 年金生活者支援給付金の支給に関する法律施行令（平成30年政令第364号）

③ 年金生活者支援給付金の支給に関する法律施行規則（平成30年厚生労働省令第151号）

④ 参考法令：国民年金法、所得税法、地方税法などの関係条文

※関係法令条文集については、法律①の各条文ごとに、直接関係する政令②・省令③および参考法令④の条文を掲載する編纂方法をとっています。

第**1**章　老齢年金生活者支援給付金

 老齢年金生活者支援給付金の支給要件

（法2条、令第1条〜第4条、則第1条）

　老齢基礎年金の受給権者であって実際に老齢基礎年金の裁定請求をした人が、その人の前年（1月から9月までの月分の老齢年金生活者支援給付金については前々年）の公的年金等の収入金額と前年の公的年金以外の所得との合計額が、老齢基礎年金の額を勘案して政令で定める所得基準額（781,200円。令和5年10月1日より778,900円）以下であり、その受給権者およびその受給権者と同一の世帯に属する人のその年（1月から9月までの月分の老齢年金生活者支援給付金については前年）の4月1日の属する年度の市（区）町村民税が非課税である場合には、老齢年金生活者支援給付金が支給されます。

　この場合の所得の範囲とは、市（区）町村民税の非課税所得以外の所得をいい、またその所得の額の計算方法は、その所得が生じた年の翌年の4月1日の属する年度分の市（区）町村民税に係る地方税法に規定する合計所得金額（控除前の総所得金額、退職所得金額および山林所得金額の合計額）から、その年中の公的年金等の収入金額から公的年金等控除額を控除した残額を控除した額となります（この額が0を下回る場合は0とします）。

　老齢年金生活者支援給付金は、その老齢基礎年金の受給権者が次のいずれかに該当するときは支給されません。

● 日本国内に住所を有しないとき。

● その老齢基礎年金の全額について支給が停止されているとき。

● 刑事施設、労役場その他これらに準ずる施設に拘禁されているとき*。

　＊その他これらに準ずる施設に拘禁されているときというのは、厚生労働省令によれば、①懲役、禁錮もしくは拘留の刑の執行のためなどで刑事施設に拘置されているとき、②留置施設に留置されて懲役、禁錮もしくは拘留の刑の執行を受けているとき、③労役場留置の言渡しを受けて労役場に留置されているとき、④監置の裁判の執行のため監置場に留置されているときをいいます。

　なお、ここでいう老齢基礎年金の受給権者というのは、65歳以上の老齢基礎年金の受給権者で、合算対象期間のみを有する人に支給される老齢基礎年金（昭和60年改正法附則第15条第1項および第2項）の受給権者は含まれません。（法附則第6条）

② 老齢年金生活者支援給付金の額

　老齢年金生活者支援給付金は月を単位として支給され、その月額は、次の①と②の額を合算した額となります。なお、①と②のそれぞれの額に50銭未満の端数が生じたときは切り捨て、50銭以上1円未満の端数が生じたときは1円に切り上げます。

① 　給付基準額である5,140円に、その受給者の国民年金の保険料納付済期間の月数（昭和36年4月1日以後の期間に限り、20歳に達した日の属する月前の期間および60歳に達した日の属する月以後の期間に係る国民年金第2号被保険者としての保険料納付済期間を除く）を480で除して得た数（その数が1を上回るときは1）を乗じて得た額

② 　老齢基礎年金の額に、その受給者の国民年金の保険料免除期間（学生納付特例期間、納付猶予期間を除く）の月数の6分の1（国民年金の保険料4分の1免除期間の場合は保険料4分の1免除期間の月数の12分の1）に相当する月数＊を480で除して得た数を乗じて得た額を12で除して得た額

　＊保険料免除期間の月数の6分の1（4分の1免除期間の場合には4分の1免除期間の月数の12分の1）に相当する月数と保険料納付済期間または保険料免除期間の月数を合算した月数（480を限度とする）とを合算した月数が480を超えるときは、480から保険料納付済期間または保険料免除期間の月数を合算した月数を控除した月数を限度とします。（国民年金法第27条各号）

　なお、①および②の480月は、生年月日に応じて次の表のように読み替えられます。この月数は、老齢基礎年金の加入可能年数の月数と同じです。

大正15年4月2日から昭和 2年4月1日までの間に生まれた人	300
昭和 2年4月2日から昭和 3年4月1日までの間に生まれた人	312
昭和 3年4月2日から昭和 4年4月1日までの間に生まれた人	324
昭和 4年4月2日から昭和 5年4月1日までの間に生まれた人	336
昭和 5年4月2日から昭和 6年4月1日までの間に生まれた人	348
昭和 6年4月2日から昭和 7年4月1日までの間に生まれた人	360
昭和 7年4月2日から昭和 8年4月1日までの間に生まれた人	372
昭和 8年4月2日から昭和 9年4月1日までの間に生まれた人	384
昭和 9年4月2日から昭和10年4月1日までの間に生まれた人	396
昭和10年4月2日から昭和11年4月1日までの間に生まれた人	408
昭和11年4月2日から昭和12年4月1日までの間に生まれた人	420
昭和12年4月2日から昭和13年4月1日までの間に生まれた人	432
昭和13年4月2日から昭和14年4月1日までの間に生まれた人	444
昭和14年4月2日から昭和15年4月1日までの間に生まれた人	456
昭和15年4月2日から昭和16年4月1日までの間に生まれた人	468

給付基準額（法定額5,000円）は、年平均の全国消費者物価指数が、平成30年（2018年）の年平均の全国消費者物価指数（令和２年を100として99.5）を超えるか、または下回った場合には、その上昇または低下した比率を基準として、その翌年の４月以降に改定されます。令和５年度の給付基準額は5,140円となっています（令和４年は102.3）。

3 老齢年金生活者支援給付金の認定請求

（法第５条）

　老齢年金生活者支援給付金の支給要件に該当する人は、この給付金の支給を受けようとするときは、厚生労働大臣に対し、その受給資格および給付金の額について認定の請求をしなければなりません。

　老齢年金生活者支援給付金の受給資格および給付金の額の認定を受けた人が、老齢年金生活者支援給付金の支給要件に該当しなくなったあと再びその要件に該当するに至った場合には、その該当するに至ったあとの期間に係る老齢年金生活者支援給付金の支給を受けようとするときは、同様の認定請求をしなければなりません。

　なお、２つ以上の年金生活者支援給付金（老齢年金生活者支援給付金、補足的老齢年金生活者支援給付金、障害年金生活者支援給付金、遺族年金生活者支援給付金）の支給要件に該当する場合には、認定請求は、いずれか１つの年金生活者支援給付金についてのみ行うことができます。（令第36条第１項）

認定請求の特例１ （令第11条第１項）

　毎年９月分の老齢年金生活者支援給付金の支給要件に該当している人であって、老齢年金生活者支援給付金の認定を受けている人が、10月分の補足的老齢年金生活者支援給付金の支給要件に該当するときは、その年の９月30日において補足的老齢年金生活者支援給付金の認定請求があったものとみなされます。

認定請求の特例２ （令第12条第１項）

　老齢基礎年金（旧国民年金法による老齢年金受給者などに係る経過措置または旧国共済法による退職年金受給者等に係る経過措置の規定によって老齢基礎年金とみなされた年金給付を含む）の裁定請求をした人で、その老齢基礎年金の受給権を有するに至った日から起算して３か月以内に老齢年金生活者支援給付金の認定請求をした場合には、老齢基礎年金の受給権を有するに至った日に老齢年金生活者支援給付金の認定請求があったものとみなされます。

　なお、この老齢基礎年金の受給権を有するに至った日というのは、老齢基礎年金の支給の繰上げ（全部繰上げおよび一部繰上げ）の請求を行った場合には65歳に到達した日をいい、

また老齢基礎年金の支給の繰下げの申出を行った場合にはその申出を行った日をいいます。そして、これらの場合には、65歳に到達した日または支給の繰下げを申し出た日から起算して３か月以内に老齢年金生活者支援給付金の認定請求があったときに限り、65歳に到達した日または支給の繰下げを申し出た日に老齢年金生活者支援給付金の認定請求があったものとみなされます。

認定請求の特例３ （令第12条の2）

　毎年10月分の年金生活者支援給付金の支給要件に該当している人が、10月1日から12月31日までの間に年金生活者支援給付金の認定請求（認定請求の特例２の認定請求を除く）を行ったときは、その年の9月30日に認定請求があったものとみなされます。

 ## 4 年金生活者支援給付金の認定請求等に関する経過措置

（法附則第５条）

　この年金生活者支援給付金の施行日である令和元年10月1日に、年金生活者支援給付金の支給要件に該当する予定の人（施行日に支給要件を満たすこととなる人を除く）は、施行日前においても、施行日にその要件に該当することを条件として、年金生活者支援給付金の認定請求の手続をとることができました。

　この手続をとった人が、年金生活者支援給付金の施行の際に、認定請求の手続をした年金生活者支援給付金の支給要件に該当しているときは、施行日の属する月（令和元年10月）から、その人に対する年金生活者支援給付金の支給が開始されました。

　次の①または②の人が、施行日である令和元年10月1日から起算して３か月を経過する日までの間に年金生活者支援給付金の認定請求をしたときは、その人に対する年金生活者支援給付金の支給は、それぞれ次の①または②に定められた月から開始されました。

①　施行日である令和元年10月1日において年金生活者支援給付金の支給要件に該当している人（令和元年10月1日に支給要件を満たすこととなった人を除く）　施行日の属する月である令和元年10月

②　施行日である令和元年10月1日以後施行日から起算して２か月を経過する日までの間に年金生活者支援給付金の支給要件を満たすこととなった人　その人が認定請求をした年金生活者支援給付金の支給要件を満たすこととなった日の属する月の翌月

5 支給期間および支払期月

(法第6条)

① 支給期間

　老齢年金生活者支援給付金の支給は、受給資格者が認定請求をした日の属する月の翌月から始まり、老齢年金生活者支援給付金を支給すべき事由が消滅した日の属する月で終わります。

　受給資格者が、災害その他やむを得ない理由により認定請求をすることができなかった場合には、その理由がやんだあと15日以内にその請求をしたときは、そのやむを得ない理由により認定請求をすることができなくなった日の属する月の翌月から、老齢年金生活者支援給付金の支給が開始されます。

② 支払期月

　老齢年金生活者支援給付金は、毎年2月、4月、6月、8月、10月および12月のそれぞれの支払期月に、それぞれの前月までの分が支払われます。

　ただし、前支払期月に支払われるべきであった老齢年金生活者支援給付金または支給すべき事由が消滅した場合におけるその支払期月の老齢年金生活者支援給付金は、その支払期月でない月であっても支払われます。

6 支給の制限

(法第7条・第8条)

　老齢年金生活者支援給付金は、受給資格者が、正当な理由がなく、厚生労働大臣が行う受給資格の有無等に関する書類その他の物件の提出などの命令に従わなかったときは、その額の全部または一部を支給しないことができるものとされています。

　また、老齢年金生活者支援給付金の支給を受けている人が、正当な理由がなくて、厚生労働省令で定める届出をしなかったり、書類その他の物件を提出しなかったときは、老齢年金生活者支援給付金の支払を一時差し止めることができるものとされています。

7 未支払の老齢年金生活者支援給付金

(法第9条、令第5条)

　受給資格者が死亡した場合に、その死亡した受給資格者に支払うべき老齢年金生活者支援

給付金でまだその受給資格者に支払っていなかったものがあるときは、その受給資格者の配偶者（事実上婚姻関係と同様の事情にある人を含む）、子、父母、孫、祖父母、兄弟姉妹またはこれらの人以外の三親等内の親族であって、その受給資格者の死亡の当時その受給資格者と生計を同じくしていたものは、自己の名で、その未支払の老齢年金生活者支援給付金の支払いを請求することができます。

　未支払の老齢年金生活者支援給付金を受けることができる人の順位は、①配偶者（事実上婚姻関係と同様の事情にある人を含む）、②子、③父母、④孫、⑤祖父母、⑥兄弟姉妹およびこれらの人以外の三親等内の親族となります。

　未支払の老齢年金生活者支援給付金を受けることができる同順位者が2人以上いるときは、その1人が行った請求は、その全額について全員のために請求したものとみなされ、その1人に対して行われた支払いは、全員に対して行われたものとみなされます。

8 老齢年金生活者支援給付金等の額の改定時期

（法附則第10条、令第27条）

　老齢年金生活者支援給付金および次の章の補足的老齢年金生活者支援給付金は、これらの給付金の受給者が、次の①から⑩までのいずれかの届出等を行った場合には、それぞれの届出等が行われた場合に応じてそれぞれ該当するに至った日の属する月の翌月から、老齢年金生活者支援給付金または補足的老齢年金生活者支援給付金の額が改定されます。

① 国民年金の第3号被保険者に係る届出が遅滞したことについてやむを得ない事由があると認められたときの届出（国民年金法附則第7条の3第2項の規定による届出）が行われた場合

② 特定事由に係る申出（国民年金法附則第9条の4の7第1項の規定による申出）が行われた場合（厚生労働大臣による承認があった場合であって特定全額免除期間とみなされた期間を有することとなったときに限る）

　＊特定事由とは、国民年金法その他の法令に基づいて行われるべき事務の処理が行われなかったこと、またはその処理が著しく不当であることによるものをいいます。

③ 特定事由に係る保険料の納付の申出（国民年金法附則第9条の4の9第1項の規定による申出）が行われた場合（厚生労働大臣による承認があった場合であって特例保険料の納付が行われたときに限る）

④ 特定事由に係る保険料の追納の申出（国民年金法附則第9条の4の11第1項の規定による申出）が行われた場合（厚生労働大臣による承認があった場合であって保険料の追納が行われたときに限る）

⑤ 平成17年3月以前の国民年金の第3号被保険者期間に係る届出（平成16年国民年金等改正法附則第21条第1項の規定による届出）が行われた場合

⑥　中国残留邦人等の円滑な帰国の促進並びに永住帰国した中国残留邦人等及び特定配偶者の自立の支援に関する法律施行令（平成 8 年政令第18号）第 7 条の規定により旧保険料納付済期間または新保険料納付済期間とみなされた期間を有することとなった場合

⑦　中国残留邦人等の円滑な帰国の促進並びに永住帰国した中国残留邦人等及び特定配偶者の自立の支援に関する法律施行令第19条第 1 項の規定により昭和22年 1 月 1 日以後に生まれた人が基準永住帰国日から起算して 1 年が経過したことにより年金額を改定した場合または追納によって旧保険料納付済期間または新保険料納付済期間を有することになった人が年金額の改定請求を行った場合

⑧　北朝鮮当局によって拉致された被害者等の支援に関する法律施行令（平成14年政令第407号）第 5 条第 1 項の規定により同項に規定する旧保険料納付済期間または新保険料納付済期間とみなされた期間を有することとなった場合

⑨　北朝鮮当局によって拉致された被害者等の支援に関する法律施行令第17条第 1 項に規定する免除対象居住日から起算して 1 年が経過した場合または同条第 2 項の規定による請求が行われた場合

⑩　死刑再審無罪者に対し国民年金の給付等を行うための国民年金の保険料の納付の特例等に関する法律施行令（平成25年政令第280号）第 2 条第 3 項の規定により同令第 1 条第 1 号に規定する旧保険料納付済期間または同条第 2 号に規定する新保険料納付済期間とみなされた期間を有することとなった場合

第2章 補足的老齢年金生活者支援給付金

1 補足的老齢年金生活者支援給付金の支給要件

（法第10条、令第6条、則第16条）

　老齢基礎年金の受給権者が、その人の前年所得額（前年の公的年金等の収入額とその他の所得額）が所得基準額（781,200円。令和5年10月1日より778,900円）を超え、しかも補足的所得基準額（881,200円。令和5年10月1日より878,900円）以下であって、その老齢基礎年金の受給権者およびその受給権者と同一の世帯に属する人の市（区）町村民税が非課税であるときは、その老齢基礎年金の受給権者に対して補足的老齢年金生活者支援給付金が支給されます。

　ただし、この補足的老齢年金生活者支援給付金は、老齢基礎年金の受給権者が次のいずれかに該当するときは、支給されません。

●日本国内に住所を有しないとき。

●老齢基礎年金の全額につきその支給が停止されているとき。

●刑事施設、労役場その他これらに準ずる施設に拘禁されているとき*。

　＊その他これらに準ずる施設に拘禁されているときというのは、厚生労働省令によると、①懲役、禁錮もしくは拘留の刑の執行のためなどで刑事施設に拘置されているとき、②留置施設に留置されて懲役、禁錮もしくは拘留の刑の執行を受けているとき、③労役場留置の言渡しを受けて労役場に留置されているとき、④監置の裁判の執行のため監置場に留置されているときをいいます。

2 補足的老齢年金生活者支援給付金の額

（法第11条、令第7条）

　補足的老齢年金生活者支援給付金は月を単位として支給され、その月額は、その老齢基礎年金の受給権者を受給資格者とみなして老齢年金生活者支援給付金の支給額の規定を適用するとした場合に、前述の老齢年金生活者支援給付金の額のうち保険料納付済期間をもとに算出される額（第1章❷①によって算定される額）に調整支給率を乗じて得た額となります。

この調整支給率というのは、次の①の額を②の額で除して得た率（小数点以下３位未満の端数があるときは四捨五入）をいいます。

① 補足的所得基準額（881,200円。令和５年10月１日より878,900円）からその老齢基礎年金受給権者の前年所得額（前年の公的年金等の収入額とその他の所得額）を控除して得た額

② 補足的所得基準額（881,200円。令和５年10月１日より878,900円）から所得基準額（781,200円。令和５年10月１日より778,900円）を控除して得た額

これによって、前年所得額が増えるのに従って補足的老齢年金生活者支援給付金の額が減るようになっています。なお、こうして算出された補足的老齢年金生活者支援給付金の額に50銭未満の端数が生じたときには切り捨て、50銭以上１円未満の端数が生じたときには１円に切り上げます。

 3 補足的老齢年金生活者支援給付金の認定請求
(法第12条)

補足的老齢年金生活者支援給付金の支給要件に該当する人が、補足的老齢年金生活者支援給付金の支給を受けようとするときは、厚生労働大臣に対して受給資格および補足的老齢年金生活者支援給付金の額について、認定の請求をしなければなりません。

補足的老齢年金生活者支援給付金の受給資格および給付金の額の認定を受けた人が、補足的老齢年金生活者支援給付金の支給要件に該当しなくなったあと再びその要件に該当するに至った場合には、その該当するに至ったあとの期間に係る補足的老齢年金生活者支援給付金の支給を受けようとするときは、同様の認定請求をしなければなりません。

なお、２つ以上の年金生活者支援給付金（老齢年金生活者支援給付金、補足的老齢年金生活者支援給付金、障害年金生活者支援給付金、遺族年金生活者支援給付金）の支給要件に該当する場合には、認定請求は、いずれか１つの年金生活者支援給付金についてのみ行うことができます。（令第36条第１項）

認定請求の特例１ (令第11条第２項)

毎年９月分の補足的老齢年金生活者支援給付金の支給要件に該当している人であって、補足的老齢年金生活者支援給付金の認定を受けている人が、10月分の老齢年金生活者支援給付金の支給要件に該当するときは、その年の９月30日において老齢年金生活者支援給付金の認定請求があったものとみなされます。

認定請求の特例２ (令第12条第２項)

老齢基礎年金（旧国民年金法による老齢年金受給者などに係る経過措置または旧国共済法による退職年金受給者等に係る経過措置の規定によって老齢基礎年金とみなされた年金給付

を含む）の裁定請求をした人で、その老齢基礎年金の受給権を有するに至った日から起算して３か月以内に補足的老齢年金生活者支援給付金の認定請求をした場合には、老齢基礎年金の受給権を有するに至った日に補足的老齢年金生活者支援給付金の認定請求があったものとみなされます。

　なお、この老齢基礎年金の受給権を有するに至った日というのは、老齢基礎年金の支給の繰上げ（全部繰上げおよび一部繰上げ）の請求を行った場合には65歳に到達した日をいい、また老齢基礎年金の支給の繰下げの申出を行った場合にはその申出を行った日をいいます。そして、これらの場合には、65歳に到達した日または支給の繰下げを申し出た日から起算して３か月以内に補足的老齢年金生活者支援給付金の認定請求があったときに限り、65歳に到達した日または支給の繰下げを申し出た日に補足的老齢年金生活者支援給付金の認定請求があったものとみなされます。

認定請求の特例3　（令第12条の2）

　毎年10月分の年金生活者支援給付金の支給要件に該当している人が、10月1日から12月31日までの間に年金生活者支援給付金の認定請求（認定請求の特例2の認定請求を除く）を行ったときは、その年の9月30日に認定請求があったものとみなされます。

補足的老齢年金生活者支援給付金の額の改定時期

(法第13条)

　補足的老齢年金生活者支援給付金の支給を受けている人に前年所得額の変動が生じた場合には、補足的老齢年金生活者支援給付金の額の改定が10月から行われます。

老齢年金生活者支援給付金の規定の準用

(法第14条)

　老齢年金生活者支援給付金に関する支給期間・支払期月、支給の制限は、補足的老齢年金生活者支援給付金にも準用されます。また、未支払の補足的老齢年金生活者支援給付金の取扱いも、老齢年金生活者支援給付金と同様になります。第１章の❺〜❼（9〜10頁）を参照。

第3章 障害年金生活者支援給付金

 障害年金生活者支援給付金の支給要件

（法第15条、令第8条・第9条、則第31条）

　障害基礎年金の受給権者であって障害基礎年金の裁定請求をした人が、その人の前年の所得（1月から9月までの月分の障害年金生活者支援給付金については前々年の所得）がその人の同一生計配偶者および扶養親族（以下、扶養親族等）の有無および数に応じて、政令で定める額以下であるときは、その障害基礎年金の受給権者に対して障害年金生活者支援給付金が支給されます。

　この場合の所得とは、地方税法に規定する道府県民税（都民税も含む）の非課税所得以外の所得をいいます。また、この政令で定める額というのは、扶養親族等がいない場合には4,721,000円で、扶養親族等がいる場合には1人につき38万円、その扶養親族等が70歳以上の同一生計配偶者の場合または老人扶養親族の場合には1人につき48万円、その扶養親族等が特定扶養親族または19歳未満の控除対象扶養親族の場合には1人につき63万円を加算した額となります。

　なお、障害年金生活者支援給付金は、その障害基礎年金の受給権者が次の①から④のいずれかに該当するときは、支給されません。

① 　日本国内に住所を有しないとき。

② 　障害基礎年金の全額が支給停止されているとき。

③ 　刑事施設、労役場その他これらに準ずる施設に拘禁されているとき。

④ 　少年院その他これに準ずる施設に収容されているとき。

　③および④に該当する場合は、厚生労働省令によると、次のいずれかに該当するときとなります。

③' 懲役、禁錮もしくは拘留の刑の執行のためなどで刑事施設に拘置されているとき、留置施設に留置されて懲役、禁錮もしくは拘留の刑の執行を受けているとき、労役場留置の言渡しを受けて労役場に留置されているとき、監置の裁判の執行のため監置場に留置されているとき

④' 少年院に送致され、収容されているときまたは婦人補導院に収容されているとき（婦人補導院は令和6年4月1日より廃止される）

所得額の計算方法 （令第9条・第10条）

　ここでいう所得の額というのは次のようになります。なお、この所得の額は、国民年金の20歳前障害による障害基礎年金の支給停止に関する所得の額の計算と同様になっています（国民年金法施行令第6条の2）。

　その所得が生じた年の翌年の4月1日の属する年度分の以下の額の合計額。

- 道府県民税（都民税も含む）に係る地方税法で規定する総所得金額、退職所得金額および山林所得金額（地方税法第32条第1項）
- 土地等に係る事業所得等の金額（地方税法附則第33条の3第1項）
- 長期譲渡所得の金額（地方税法附則第34条第1項）
- 短期譲渡所得の金額（地方税法附則第35条第1項）
- 先物取引に係る雑所得等の金額（地方税法附則第35条の4第1項）
- 特例適用利子等の額（外国居住者等の所得に対する相互主義による所得税等の非課税等に関する法律第8条第2項。同法第12条第5項および第16条第2項において準用する場合を含む）
- 特例適用配当等の額（外国居住者等の所得に対する相互主義による所得税等の非課税等に関する法律第8条第4項。同法第12条第6項および第16条第3項において準用する場合を含む）
- 条約適用利子等の額（租税条約等の実施に伴う所得税法、法人税法及び地方税法の特例等に関する法律第3条の2の2第4項）
- 条約適用配当等の額（租税条約等の実施に伴う所得税法、法人税法及び地方税法の特例等に関する法律第3条の2の2第6項）

　また、次の①から③に該当する人は、それぞれの額を上記の合計額から控除します。

① 　当該年度分の道府県民税（都民税も含む）について地方税法第34条第1項第1号から第4号までまたは第10号の2で規定する控除を受けた人——雑損控除額、医療費控除額、社会保険料控除額、小規模企業共済等掛金控除額または配偶者特別控除額に相当する額

② 　当該年度分の道府県民税（都民税も含む）について地方税法第34条第1項第6号で規定する控除を受けた人——控除の対象となった障害者（20歳前傷病による障害基礎年金（全額支給停止されているものを除く）の受給権者を除く）1人につき27万円（その障害者が特別障害者である場合には40万円）。地方税法第34条第1項第8号で規定する控除を受けた人——控除を受けた寡婦につき27万円。地方税法第34条第1項第8号の2で規定する控除を受けた人——控除を受けたひとり親につき35万円。地方税法第34条第1項第9号で規定する控除を受けた人——控除を受けた勤労学生につき27万円

③ 　当該年度分の道府県民税（都民税も含む）について地方税法附則第6条第1項に規定する免除を受けた人——免除に係る所得の額

2 障害年金生活者支援給付金の額

（法第16条）

　障害年金生活者支援給付金は月を単位として支給され、その月額は、2級の障害等級に該当する場合は給付基準額である5,140円で、1級の障害等級に該当する場合はその1.25倍の6,425円です（この額に50銭未満の端数が生じたときは切り捨て、50銭以上1円未満の端数が生じたときは1円に切り上げます）。

 ## 3 障害年金生活者支援給付金の認定請求

（法第17条）

　障害年金生活者支援給付金の支給要件に該当して、障害年金生活者支援給付金の支給を受けようとするときは、厚生労働大臣に対して、その受給資格および障害年金生活者支援給付金の額について認定の請求をしなければなりません。

　障害年金生活者支援給付金の受給要件および給付金の額の認定を受けた人が、障害年金生活者支援給付金の支給要件に該当しなくなったあと再びその要件に該当するに至った場合には、その該当するに至ったあとの期間に係る障害年金生活者支援給付金の支給を受けようとするときは、同様の認定請求をしなければなりません。

　なお、2つ以上の年金生活者支援給付金（老齢年金生活者支援給付金、補足的老齢年金生活者支援給付金、障害年金生活者支援給付金、遺族年金生活者支援給付金）の支給要件に該当する場合には、認定請求は、いずれか1つの年金生活者支援給付金についてのみ行うことができます。（令第36条第1項）

認定請求の特例1 （令第12条第3項）

　障害基礎年金の裁定請求をした人で、その障害基礎年金の受給権を有するに至った日から起算して3か月以内に障害年金生活者支援給付金の認定請求をした場合には、障害基礎年金の受給権を有するに至った日に障害年金生活者支援給付金の認定請求があったものとみなされます。

認定請求の特例2 （令第12条の2）

　毎年10月分の年金生活者支援給付金の支給要件に該当している人が、10月1日から12月31日までの間に年金生活者支援給付金の認定請求（認定請求の特例1の認定請求を除く）を行ったときは、その年の9月30日に認定請求があったものとみなされます。

障害年金生活者支援給付金の額の改定時期

（法第18条）

　障害年金生活者支援給付金の支給を受けている人の障害の程度が増進または低下したことにより障害基礎年金の額が改定された場合には、障害年金生活者支援給付金の額も改定されます。障害年金生活者支援給付金の改定は、障害基礎年金の額が改定された日の属する月の翌月から行われます。

 ## 老齢年金生活者支援給付金の規定の準用

（法第19条）

　老齢年金生活者支援給付金に関する支給期間・支払期月、支給の制限は、障害年金生活者支援給付金にも準用されます。また、未支払の障害年金生活者支援給付金の取扱いも、老齢年金生活者支援給付金と同様になります。第1章の❺〜❼（9〜10頁）を参照。

第4章 遺族年金生活者支援給付金

 遺族年金生活者支援給付金の支給要件

（法第20条、令第8条・第9条、則第46条）

　遺族基礎年金の受給権者であってその遺族基礎年金の受給権の裁定請求をした人が、その人の前年の所得（1月から9月までの月分の遺族年金生活者支援給付金については前々年の所得）がその人の同一生計配偶者および扶養親族（以下、扶養親族等）の有無および数に応じて、政令で定める額以下であるときは、その遺族基礎年金の受給権者に対して遺族年金生活者支援給付金が支給されます。

　この場合の所得とは、地方税法に規定する道府県民税（都民税も含む）の非課税所得以外の所得をいいます。また、この政令で定める額というのは、扶養親族等がいない場合には4,721,000円で、扶養親族等がいる場合には1人につき38万円、その扶養親族等が70歳以上の同一生計配偶者の場合または老人扶養親族の場合には1人につき48万円、その扶養親族等が特定扶養親族または19歳未満の控除対象扶養親族の場合には1人につき63万円を加算した額となります。

　なお、遺族年金生活者支援給付金は、その遺族基礎年金の受給権者が次の①から④のいずれかに該当するときは、支給されません。

① 日本国内に住所を有しないとき。

② 遺族基礎年金の全額が支給停止されているとき。

③ 刑事施設、労役場その他これらに準ずる施設に拘禁されているとき。

④ 少年院その他これに準ずる施設に収容されているとき。

　③および④に該当する場合は、厚生労働省令によると、次のいずれかに該当するときとなります。

③′ 懲役、禁錮もしくは拘留の刑の執行のためなどで刑事施設に拘置されているとき、留置施設に留置されて懲役、禁錮もしくは拘留の刑の執行を受けているとき、労役場留置の言渡しを受けて労役場に留置されているとき、監置の裁判の執行のため監置場に留置されているとき

④′ 少年院に送致され、収容されているときまたは婦人補導院に収容されているとき（婦人補導院は令和6年4月1日より廃止される）

所得額の計算方法 （令第9条・第10条）

ここでいう所得の額というのは次のようになります。

その所得が生じた年の翌年の4月1日の属する年度分の以下の額の合計額。

- 道府県民税（都民税も含む）に係る地方税法で規定する総所得金額、退職所得金額および山林所得金額（地方税法第32条第1項）
- 土地等に係る事業所得等の金額（地方税法附則第33条の3第1項）
- 長期譲渡所得の金額（地方税法附則第34条第1項）
- 短期譲渡所得の金額（地方税法附則第35条第1項）
- 先物取引に係る雑所得等の金額（地方税法附則第35条の4第1項）
- 特例適用利子等の額（外国居住者等の所得に対する相互主義による所得税等の非課税等に関する法律第8条第2項。同法第12条第5項および第16条第2項において準用する場合を含む）
- 特例適用配当等の額（外国居住者等の所得に対する相互主義による所得税等の非課税等に関する法律第8条第4項。同法第12条第6項および第16条第3項において準用する場合を含む）
- 条約適用利子等の額（租税条約等の実施に伴う所得税法、法人税法及び地方税法の特例等に関する法律第3条の2の2第4項）
- 条約適用配当等の額（租税条約等の実施に伴う所得税法、法人税法及び地方税法の特例等に関する法律第3条の2の2第6項）

また、次の①から③に該当する人は、それぞれの額を上記の合計額から控除します。

① 当該年度分の道府県民税（都民税も含む）について地方税法第34条第1項第1号から第4号までまたは第10号の2で規定する控除を受けた人──雑損控除額、医療費控除額、社会保険料控除額、小規模企業共済等掛金控除額または配偶者特別控除額に相当する額

② 当該年度分の道府県民税（都民税も含む）について地方税法第34条第1項第6号で規定する控除を受けた人──控除の対象となった障害者（20歳前傷病による障害基礎年金（全額支給停止されているものを除く）の受給権者を除く）1人につき27万円（その障害者が特別障害者である場合には40万円）。地方税法第34条第1項第8号で規定する控除を受けた人──控除を受けた寡婦につき27万円。地方税法第34条第1項第8号の2で規定する控除を受けた人──控除を受けたひとり親につき35万円。地方税法第34条第1項第9号で規定する控除を受けた人──控除を受けた勤労学生につき27万円

③ 当該年度分の道府県民税（都民税も含む）について地方税法附則第6条第1項に規定する免除を受けた人──免除に係る所得の額

2　遺族年金生活者支援給付金の額

（法第21条）

　遺族年金生活者支援給付金は月を単位として支給され、その月額は給付基準額である5,140円となります。

　子だけを対象として支給される遺族基礎年金の受給権者である子の場合、支給される遺族年金生活者支援給付金は、給付基準額である5,140円をその子の数で除して得た額となります。なお、この額に50銭未満の端数が生じたときは切り捨て、50銭以上１円未満の端数が生じたときは１円に切り上げます。

3　遺族年金生活者支援給付金の認定請求

（法第22条）

　遺族年金生活者支援給付金の支給要件に該当して、遺族年金生活者支援給付金の支給を受けようとするときは、厚生労働大臣に対して、その受給資格および遺族年金生活者支援給付金の額について認定の請求をしなければなりません。

　遺族年金生活者支援給付金の受給資格および給付額の認定を受けた人が、遺族年金生活者支援給付金の支給要件に該当しなくなったあと再びその要件に該当するに至った場合には、その該当するに至ったあとの期間に係る遺族年金生活者支援給付金の支給を受けようとするときは、同様の認定請求をしなければなりません。

　なお、２つ以上の年金生活者支援給付金（老齢年金生活者支援給付金、補足的老齢年金生活者支援給付金、障害年金生活者支援給付金、遺族年金生活者支援給付金）の支給要件に該当する場合には、認定請求は、いずれか１つの年金生活者支援給付金についてのみ行うことができます。（令第36条第１項）

認定請求の特例１　（令第12条第４項）

　遺族基礎年金の裁定請求をした人で、その遺族基礎年金の受給権を有するに至った日から起算して３か月以内に遺族年金生活者支援給付金の認定請求をした場合には、遺族基礎年金の受給権を有するに至った日に遺族年金生活者支援給付金の認定請求があったものとみなされます。

認定請求の特例２　（令第12条の2）

　毎年10月分の年金生活者支援給付金の支給要件に該当している人が、10月１日から12月31日までの間に年金生活者支援給付金の認定請求（認定請求の特例１の認定請求を除く）を行っ

たときは、その年の9月30日に認定請求があったものとみなされます。

 遺族年金生活者支援給付金の額の改定時期

(法第23条)

　遺族年金生活者支援給付金の支給を受けている人について、遺族基礎年金の受給権を有する子の数に増減を生じた場合には遺族年金生活者支援給付金の額は改定されます。この遺族年金生活者支援給付金の額の改定は、その増減を生じた日の属する月の翌月から行われます。

 老齢年金生活者支援給付金の規定の準用

(法第24条)

　老齢年金生活者支援給付金に関する支給期間・支払期月、支給の制限は、遺族年金生活者支援給付金にも準用されます。また、未支払の遺族年金生活者支援給付金の取扱いも、老齢年金生活者支援給付金と同様になります。第1章の❺〜❼（9〜10頁）を参照。

第5章 旧国民年金法による老齢年金受給者等に対する経過措置

1 旧国民年金法による老齢年金受給者等に対する扱い

（法附則第11条、令第28条・第29条）

　昭和60年改正前の旧国民年金法による老齢年金等については、その年金給付を老齢基礎年金とみなし、しかもその受給権者を老齢基礎年金の受給権者とみなして、老齢年金生活者支援給付金または補足的老齢年金生活者支援給付金の規定が適用されます。

　この場合の旧国民年金法による老齢年金等には、昭和60年改正前の旧国民年金法による老齢年金および通算老齢年金、昭和60年改正前の旧厚生年金保険法による老齢年金および通算老齢年金、昭和60年改正前の旧船員保険法による老齢年金および通算老齢年金が含まれますが、旧国民年金法による旧陸軍共済組合等の組合員であった期間を有する人に対して特例的に支給される老齢年金および老齢福祉年金は除かれます。

　この旧国民年金法による老齢年金等の受給権者に対して、老齢年金生活者支援給付金または補足的老齢年金生活者支援給付金の規定を適用する場合に関しては、政令で読替えが規定されていますが、特に留意すべきものは以下の点です。

　まず、老齢年金生活者支援給付金の額の計算にあたっては、保険料納付済期間の月数に旧国民年金法の保険料納付済期間も含まれます。

　また、老齢年金生活者支援給付金の額の①および②（6頁参照）の480月というのは、旧国民年金法による老齢年金等の場合には生年月日に応じて次のように読み替えられます。

大正 6年4月1日以前に生まれた人	180
大正 6年4月2日から大正 7年4月1日までの間に生まれた人	192
大正 7年4月2日から大正 8年4月1日までの間に生まれた人	204
大正 8年4月2日から大正 9年4月1日までの間に生まれた人	216
大正 9年4月2日から大正10年4月1日までの間に生まれた人	228
大正10年4月2日から大正11年4月1日までの間に生まれた人	240
大正11年4月2日から大正12年4月1日までの間に生まれた人	252
大正12年4月2日から大正13年4月1日までの間に生まれた人	264
大正13年4月2日から大正14年4月1日までの間に生まれた人	276

大正14年4月2日から大正15年4月1日までの間に生まれた人	288
大正15年4月2日から昭和 2年4月1日までの間に生まれた人	300
昭和 2年4月2日から昭和 3年4月1日までの間に生まれた人	312
昭和 3年4月2日から昭和 4年4月1日までの間に生まれた人	324
昭和 4年4月2日から昭和 5年4月1日までの間に生まれた人	336
昭和 5年4月2日から昭和 6年4月1日までの間に生まれた人	348
昭和 6年4月2日から昭和 7年4月1日までの間に生まれた人	360
昭和 7年4月2日から昭和 8年4月1日までの間に生まれた人	372
昭和 8年4月2日から昭和 9年4月1日までの間に生まれた人	384
昭和 9年4月2日から昭和10年4月1日までの間に生まれた人	396
昭和10年4月2日から昭和11年4月1日までの間に生まれた人	408
昭和11年4月2日から昭和12年4月1日までの間に生まれた人	420
昭和12年4月2日から昭和13年4月1日までの間に生まれた人	432
昭和13年4月2日から昭和14年4月1日までの間に生まれた人	444
昭和14年4月2日から昭和15年4月1日までの間に生まれた人	456
昭和15年4月2日から昭和16年4月1日までの間に生まれた人	468
昭和16年4月2日以後に生まれた人	480

② 旧国民年金法による障害年金受給者等に対する扱い

(法附則第12条、令第30条・第31条・第36条第2項)

　旧国民年金法による障害年金等については、その年金給付を障害基礎年金とみなし、しかもその受給権者を障害基礎年金の受給権者とみなして、障害年金生活者支援給付金の規定が適用されます。

　この場合、旧国民年金法の障害年金等には、次のものが含まれます。

● 旧国民年金法による障害年金

● 旧厚生年金保険法による障害年金（障害の程度が旧厚生年金保険法別表第一に定める1級または2級に該当する人に支給されるものに限る）

● 旧船員保険法による障害年金（職務上の事由によるものについては障害の程度が旧船員保険法別表第四の上欄に定める1級から5級までのいずれかに該当する人に支給されるものに限り、職務外の事由によるものについては障害の程度が同じく別表第四の下欄に定める1級または2級に該当する人に支給されるものに限る）

　なお、旧船員保険法による障害のうち、職務上の事由による障害は、同法別表第四の1級または2級に該当するものが障害等級の1級に該当するものとみなされます。

2つ以上の障害年金生活者支援給付金の支給要件に該当する場合 （令第36条第2項）

　旧国民年金法による障害年金等の受給権者に対する経過措置の規定に該当することによって障害基礎年金の受給権者とみなされた人で、かつ旧国共済法等による障害年金等の受給権者に対する経過措置の規定に該当することによって障害基礎年金の受給権者とみなされた人の障害年金生活者支援給付金の月額は、給付基準額（令和5年度は5,140円）となります。

　ただし、次のいずれかの障害給付の区分に応じてそれぞれ障害の等級が規定されたもののうち1級の障害等級（旧船員保険法の職務上の事由によるものにあっては1級または2級の障害等級）に該当するものとしてその給付額が計算される場合には、給付基準額の100分の125に相当する額となります（令和5年度は6,425円。50銭未満の端数が生じたときは切り捨て、50銭以上1円未満の端数が生じたときは1円に切り上げます）。

① 　旧国民年金法による障害年金　　旧国民年金法別表（関係法令条文集138〜139頁参照）

② 　旧厚生年金保険法による障害年金　　旧厚生年金保険法別表第一（関係法令条文集140〜141頁参照）

③ 　旧船員保険による障害年金　　旧船員保険法別表第四（関係法令条文集141〜145頁参照）

第**6**章

旧国共済法による退職年金受給者等に対する経過措置

1 旧国共済法による退職年金受給者等に対する扱い

（法附則第13条、令第32条・第33条）

　昭和60年改正前の国家公務員等共済組合法（旧国共済法）による退職年金等については、その年金給付を老齢基礎年金とみなし、しかもその受給権者を老齢基礎年金の受給権者とみなして、老齢年金生活者支援給付金および補足的老齢年金生活者支援給付金の規定が適用されます。

　この場合、旧国共済法による退職年金等には次のものが含まれます。

- ●旧国共済法による退職年金、減額退職年金および通算退職年金
- ●旧地共済法（昭和60年改正前の地方公務員等共済組合法）による退職年金、減額退職年金および通算退職年金
- ●旧私学共済法（昭和60年改正前の私立学校教職員共済組合法）による退職年金、減額退職年金および通算退職年金
- ●移行農林年金（昭和60年改正前の農林漁業団体職員共済組合法による年金給付）のうち退職年金、減額退職年金および通算退職年金
- ●平成24年一元化法による改正前の退職共済年金のうち55歳到達者に支給される旧退職年金または減額退職年金

　なお、これらの旧国共済法による退職年金等には、旧国民年金法の老齢年金および通算老齢年金、旧厚生年金保険法の老齢年金および通算老齢年金、旧船員保険法の老齢年金および通算老齢年金は含まれません。

　また、老齢年金生活者支援給付金の額の①および②（6頁参照）の480月というのは、旧国共済法による退職年金等の場合には生年月日に応じて次のように読み替えられます。

大正 6年4月1日以前に生まれた人	180
大正 6年4月2日から大正 7年4月1日までの間に生まれた人	192
大正 7年4月2日から大正 8年4月1日までの間に生まれた人	204
大正 8年4月2日から大正 9年4月1日までの間に生まれた人	216
大正 9年4月2日から大正10年4月1日までの間に生まれた人	228
大正10年4月2日から大正11年4月1日までの間に生まれた人	240

大正11年4月2日から大正12年4月1日までの間に生まれた人	252
大正12年4月2日から大正13年4月1日までの間に生まれた人	264
大正13年4月2日から大正14年4月1日までの間に生まれた人	276
大正14年4月2日から大正15年4月1日までの間に生まれた人	288
大正15年4月2日から昭和 2年4月1日までの間に生まれた人	300
昭和 2年4月2日から昭和 3年4月1日までの間に生まれた人	312
昭和 3年4月2日から昭和 4年4月1日までの間に生まれた人	324
昭和 4年4月2日から昭和 5年4月1日までの間に生まれた人	336
昭和 5年4月2日から昭和 6年4月1日までの間に生まれた人	348
昭和 6年4月2日から昭和 7年4月1日までの間に生まれた人	360
昭和 7年4月2日から昭和 8年4月1日までの間に生まれた人	372
昭和 8年4月2日から昭和 9年4月1日までの間に生まれた人	384
昭和 9年4月2日から昭和10年4月1日までの間に生まれた人	396
昭和10年4月2日から昭和11年4月1日までの間に生まれた人	408
昭和11年4月2日から昭和12年4月1日までの間に生まれた人	420
昭和12年4月2日から昭和13年4月1日までの間に生まれた人	432
昭和13年4月2日から昭和14年4月1日までの間に生まれた人	444
昭和14年4月2日から昭和15年4月1日までの間に生まれた人	456
昭和15年4月2日から昭和16年4月1日までの間に生まれた人	468
昭和16年4月2日以後に生まれた人	480

② 旧国共済法による障害年金受給者等に対する扱い

(法附則第14条、令第34条・第35条・第36条第2項)

　旧国共済法による障害年金等については、その年金給付を障害基礎年金とみなし、しかもその受給権者を障害基礎年金の受給権者とみなして、障害年金生活者支援給付金の規定が適用されます。

　この場合、旧国共済法による障害年金等には次のものが含まれます。

● 旧国共済法による障害年金であって、障害の程度が旧国共済法別表第三に定める1級または2級に該当する場合に支給されるものに限る

● 旧地共済法による障害年金であって、障害の程度が旧地共済法別表第三に定める1級または2級に該当する場合に支給されるものに限る

● 旧私学共済法による障害年金であって、障害の程度が旧国共済法別表第三に定める1級または2級に該当する場合に支給されるものに限る

● 移行農林年金のうち障害年金であって、昭和60年改正前の農林漁業団体職員共済組合法

別表第二に定める１級または２級に該当する場合に支給されるものに限る

２つ以上の障害年金生活者支援給付金の支給要件に該当する場合 （令第36条第２項）

　旧国民年金法による障害年金等の受給権者に対する経過措置の規定に該当することによって障害基礎年金の受給権者とみなされた人で、かつ旧国共済法等による障害年金等の受給権者に対する経過措置の規定に該当することによって障害基礎年金の受給権者とみなされた人の障害年金生活者支援給付金の月額は、給付基準額（令和５年度は5,140円）となります。

　ただし、次のいずれかの障害給付の区分に応じてそれぞれ障害の等級が規定されたもののうち１級の障害等級に該当するものとしてその給付額が計算される場合には、給付基準額の100分の125に相当する額となります（令和５年度は6,425円。50銭未満の端数が生じたときは切り捨て、50銭以上１円未満の端数が生じたときは１円に切り上げます）。

① 旧国共済法による障害年金　旧国共済法別表第三(関係法令条文集148〜150頁参照)
② 旧地共済法による障害年金　旧地共済法別表第三
③ 旧私学共済法による障害年金　旧私学共済法第25条第１項において準用する旧国共済法別表第三
④ 移行農林年金のうち障害年金　改正前の農林漁業団体職員共済組合法別表第二

第7章 不服申立て、費用負担、その他雑則的事項

1 不服申立て

（法第25条、令第13条）

　厚生労働大臣が行った老齢年金生活者支援給付金、補足的老齢年金生活者支援給付金、障害年金生活者支援給付金または遺族年金生活者支援給付金の支給に関する処分は、国民年金法に基づく処分とみなされ、国民年金法で規定する不服申立ておよび審査請求の規定並びに「社会保険審査官及び社会保険審査会法」（昭和28年法律第206号）の規定が適用されます。

　また、国民年金法に基づく不服申立ての規定により老齢基礎年金、障害基礎年金または遺族基礎年金に関する処分が確定したときは、その処分についての不服を、その処分に基づく年金生活者支援給付金に関する処分についての不服の理由とすることはできません。

2 費用負担

（法第26条）

　年金生活者支援給付金の支給に要する費用は、その全額を国庫が負担します。

　また、国庫は、毎年度、予算の範囲内で、年金生活者支援給付金に関する事務の執行に要する費用を負担します。

3 支払の調整

① **内払いとみなされる場合**（法第28条）

　甲年金生活者支援給付金を支給すべき人に対して、乙年金生活者支援給付金を支給すべきでないにもかかわらず、乙年金生活者支援給付金の支給の支払いが行われたときは、その支払われた乙年金生活者支援給付金は、甲年金生活者支援給付金の内払いとみなされま

す。

　また、年金生活者支援給付金を支給すべきでないにもかかわらず、その年金生活者支援給付金としての支払いが行われたときは、その支払われた年金生活者支援給付金は、そのあとに支払われるべき年金生活者支援給付金の内払いとみなされます。

　さらに、年金生活者支援給付金の額を減額して改定すべきにもかかわらず、その改定すべき月以降の分として減額されない額の年金生活者支援給付金が支払われた場合、その年金生活者支援給付金の減額すべきであった部分についても、そのあとに支払われるべき年金生活者支援給付金の内払いとみなされます。

② **過誤払の扱い**（法第29条、則第67条）

　年金生活者支援給付金の支給を受けるべき人が死亡したため、その支給事由が消滅したにもかかわらず、その死亡の日の属する月の翌月以降の分として年金生活者支援給付金が支払われた場合には、過誤払として扱われます。

　過誤払による返還金債権に係る債務の弁済をすべき人に支払われるべき年金生活者支援給付金があるときは、次のような場合に、その年金生活者支援給付金の支払金額をその過誤払による返還金債権の金額に充当することができます。

● 遺族年金生活者支援給付金の受給者（年金生活者支援給付金の支給を受けている人の死亡を支給事由とする遺族年金生活者支援給付金の支給を受けている人に限る）が、その年金生活者支援給付金受給者の死亡に伴う年金生活者支援給付金の支払金の金額の過誤払による返還金債権に係る債務の弁済をすべき人であるとき

● 遺族年金生活者支援給付金の受給者が、同一の支給事由に基づく他の遺族年金生活者支援給付金の受給者の死亡に伴う遺族年金生活者支援給付金の金額の過誤払による返還金債権に係る債務の弁済をすべき人であるとき

4　時　効

(法第30条)

　年金生活者支援給付金の支給を受ける権利、その返還を受ける権利、徴収金を徴収する権利は、2年を経過したときは時効によって消滅します。

5 不正利得の徴収

(法第31条、法附第9条の2)

　厚生労働大臣は、偽りその他不正の手段により年金生活者支援給付金の支給を受けた人があるときは、国税徴収の例により、その人から、その支給を受けた額に相当する金額の全部または一部を徴収することができます。

　国民年金法における督促および滞納処分、延滞金、先取特権の規定は、厚生労働大臣による徴収金の徴収について準用されます。

　督促の場合、納期限の翌日か徴収金の完納または財産差押の日の翌日までの期間の日数に応じて、年14.6％の割合を乗じて計算した延滞金が徴収されます。ただし、当分の間は、この年14.6％の割合は、各年の特例基準割合（租税特別措置法で規定する特例基準割合）が7.3％に満たない場合は、その年中は特例基準割合に年7.3％を加算した割合となります。

　具体的には、納期限の翌日からから3か月を経過する日までの期間については、年7.3％と特例基準割合（令和5年は1.4％）＋1％＝2.4％のいずれか低い割合が適用されます。また、納期限の翌日から3か月を経過した日の翌日以後については、年14.6％と特例基準割合（令和5年は1.4％）＋7.3％＝8.7％のいずれか低い割合が適用されます。

6 受給権の保護

(法第32条)

　年金生活者支援給付金の支給を受ける権利は、譲り渡したり、担保に供したり、差し押さえることができません。

7 公課の禁止

(法第33条)

　年金生活者支援給付金として支給された金銭には、租税その他の公課を課すことができないものとされています。

8 届　出

(法第35条)

　年金生活者支援給付金の受給者は、厚生労働省令の定めに従って、厚生労働大臣に対して厚生労働省令で定める事項を届け出、厚生労働省令で定める書類その他の物件を提出しなければなりません。これらの届出に関しては、具体的には第10章を参照してください。

　なお、年金生活者支援給付金の受給者が死亡したときは、死亡の届出義務者はその旨を厚生労働大臣に届け出なければなりません。ただし、住民基本台帳法第30条の9に規定する機構保存本人確認情報（地方公共団体情報システム機構が保存する本人確認情報）の提供を受けることができる老齢年金生活者支援給付金の受給者が死亡した場合、または戸籍法の規定により死亡の日から7日以内に死亡の届出をした老齢年金生活者支援給付金の受給者については、届け出る必要はありません。

9 受給資格者に対する調査および資料の提供等

(法第36条・第37条、令第13条の2・第14条)

　厚生労働大臣は、必要があると認めるときは、年金生活者支援給付金の受給資格者または年金生活者支援給付金の支給要件に該当するか否かを調査する必要がある人（毎年4月1日において老齢基礎年金、障害基礎年金、遺族基礎年金の受給権者である人——以下、年金生活者支援給付金の受給者等）に対して、受給資格の有無および年金生活者支援給付金の額の決定のために必要な事項に関する書類その他の物件の提出を命じたり、担当職員にこれらの事項に関して質問させることができます。この場合、質問を行う担当職員は、その身分を示す証明書を携帯し、関係者の請求があるときはこれを提示しなければなりません。

※ここでいう老齢基礎年金、障害基礎年金には、昭和60年改正前の旧国民年金法、旧厚生年金保険法、旧船員保険法の老齢年金、通算老齢年金および障害年金、昭和60年改正前の国家公務員等共済組合法、地方公務員等共済組合法、私立学校教職員共済組合法、移行農林年金の退職年金、減額退職年金、通算退職年金等および障害年金を含みます。

　また、厚生労働大臣は、年金生活者支援給付金の支給に関する処分について必要があると認めるときは、年金生活者支援給付金の受給者等またはその受給者等が属する世帯の世帯主等の資産もしくは収入の状況、年金生活者支援給付金の受給者等に対する所得税法でいう公的年金等の支給状況について、官公署や共済組合等に対し必要な書類の閲覧もしくは資料の提供を求めたり、銀行、信託会社その他の機関もしくは年金生活者支援給付金の受給者等の雇用主その他の関係者に対して報告を求めることができます。

第**8**章 　市（区）町村長が行う事務等

 市（区）町村長が行う事務

（法第38条、令第15条、則第64条）

　年金生活者支援給付金の支給に関する事務の一部は、市（区）町村長が行うことができることになっています。具体的には次のような事務です。

① 　国民年金の第1号被保険者期間のみを有する老齢基礎年金の受給権者（厚生年金保険の離婚時みなし被保険者期間を有する人および合算対象期間のみを有し振替加算相当額の老齢基礎年金の受給権者を除く）が行う老齢年金生活者支援給付金および補足的老齢年金生活者支援給付金の認定請求の受理およびその請求に係る事実についての審査に関する事務

② 　次のアからエまでの障害基礎年金の受給権者に係る障害年金生活者支援給付金の認定請求の受理およびその請求に係る事実についての審査に関する事務。

　ア 　第1号被保険者であった間に初診日がある傷病または60歳以上65歳未満の間に初診日がある傷病（初診日が昭和61年4月1日以後にあるものに限る）による障害基礎年金

　イ 　昭和59年10月1日から昭和61年3月31日までの間に初診日があり、その初診日において国民年金の被保険者でなく、しかも65歳未満であった人に支給される障害基礎年金、あるいは初診日において国民年金の被保険者であった人または初診日において国民年金の被保険者でなく、しかも65歳未満であった人の障害であって、その障害の原因となった傷病の初診日が昭和36年4月1日から昭和59年9月30日までの間にある障害基礎年金（併給調整による障害基礎年金を除く）

　ウ 　20歳前障害による障害基礎年金

　エ 　併給調整による障害基礎年金（特定障害年金の受給権者に係るものを除く）

　　＊この場合の特定障害年金とは、①障害基礎年金と同一の支給事由に基づく年金給付で、障害厚生年金または平成24年一元化法による改正前の障害共済年金もしくは追加費用対象期間を有する人の特例に基づいて支給される障害共済年金または②昭和36年4月1日以後に支給事由が生じた旧厚生年金保険法、旧船員保険法、旧国共済法、旧地共済法、旧私学共済法による障害年金をいいます。

③ 　未支払の障害年金生活者支援給付金の請求（前述のアからエまでの障害基礎年金または国民年金の第3号被保険者であった間に初診日がある傷病による障害基礎年金（併給調整によるものを除く）の受給権者に係るものに限る）の受理および請求に係る事実について

の審査に関する事務

④　遺族年金生活者支援給付金の認定請求（遺族基礎年金の受給権者に係るものに限る。この場合の遺族基礎年金とは、第１号被保険者の死亡によるものであって、しかもその遺族基礎年金と同一の支給事由に基づく遺族厚生年金または平成24年一元化法改正前の国共済法、地共済法、私学共済法による遺族共済年金もしくは平成24年一元化法による追加費用対象期間を有する人の特例に基づいて支給される遺族共済年金の受給権を有することとなる人に係るものを除く）の受理および請求に係る事実についての審査に関する事務

⑤　未支払の遺族年金生活者支援給付金の請求（遺族基礎年金の受給権者に係るものに限る。その遺族基礎年金と同一の支給事由に基づく遺族厚生年金または平成24年一元化法改正前の遺族共済年金もしくは平成24年一元化法による追加費用対象期間を有する人の特例に基づいて支給される遺族共済年金の受給権を有することとなる人に係るものを除く）の受理および請求に係る事実についての審査に関する事務

⑥　年金生活者支援給付金の受給者が厚生労働大臣に対して行わなければならない厚生労働省令で定められた届出または書類その他の物件の提出（②のアからエまでの障害基礎年金もしくは第３号被保険者であった間に初診日がある傷病による障害に係る障害基礎年金（併合認定に基づくものを除く）の受給権者または④に規定する遺族基礎年金の受給権者に係るものに限り、次の⑦の届出等を除く）の受理および届出または書類その他の物件の提出に係る事実についての審査に関する事務

⑦　年金生活者給付金の受給者が厚生労働大臣に対して行わなければならない厚生労働省令で定められた届出または書類その他の物件の提出であって、⑥の年金生活者支援給付金の受給者または年金生活者支援給付金の受給者の属する世帯の世帯主その他その世帯に属する人の収入の状況に係る届出等の受理および届出等に係る事実についての審査に関する事務

　これらの事務は、年金生活者支援給付金の認定を受けようとする人またはその認定を受けて年金生活者支援給付金の支給を受けている人もしくは受けていた人の住所地の市（区）町村長が行います。

　市（区）町村長は、請求書または届書を受理したときは、必要な審査を行って日本年金機構に送付しなければなりません、

　これらの事務は、地方自治法で規定する第１号法定受託事務となります。

厚生労働大臣の市（区）町村に対する通知

（法第39条、令第18条、則第69条・第70条）

　市（区）町村は、厚生労働大臣から求めがあったときは、年金生活者支援給付金に関する処分について、その処分の必要な範囲内において、年金生活者支援給付金の受給者等または

年金生活者支援給付金の受給者等の属する世帯の世帯主その他その世帯に属する人の収入の状況に関する必要な情報の提供を行うものとされています。

　具体的には、次のようにして厚生労働大臣から市（区）町村に通知されます。

　厚生労働大臣は、毎年4月1日を基準日とし、この基準日における年金生活者支援給付金の受給者等に関して上記の収入の状況に関する必要な情報の提供を求めるときは、基準日の属する年の5月31日までに、その年金生活者支援給付金の受給者等が基準日において住所を有する市（区）町村に対して、その年金生活者支援給付金の受給者等の氏名および住所、その求めに係る処分の対象となる年金生活者支援給付金の種類、基礎年金番号を通知し、情報提供を求めるものとされています。

　この通知は、国民健康保険法に規定する厚生労働大臣の指定法人（国民健康保険中央会）および同法に規定する国民健康保険団体連合会の順に経由して行われるよう指定法人に伝達することにより、これらを経由して行うものとされています。

3　市（区）町村の厚生労働大臣に対する情報の提供

（令第19条、則第71条）

　市（区）町村は、厚生労働大臣から通知を受けたときは、厚生労働大臣に対し、次の①および②の場合の区分に応じて、①および②に定めるアおよびイの事項について情報の提供を行うものとされています。

① 老齢年金生活者支援給付金または補足的老齢年金生活者支援給付金の支給に関して情報提供の求めがあった場合

　ア 年金生活者支援給付金の受給者等の基準日の属する年の前年中の公的年金等の収入金額と同年の所得との合計額

　イ 年金生活者支援給付金の受給者等および基準日において年金生活者支援給付金の受給者等の属する世帯の世帯主その他その世帯に属する人について、基準日の属する年度分の市（区）町村民税が課されていない人であるか否かの別

② 障害年金生活者支援給付金または遺族年金生活者支援給付金の支給に関して情報提供の求めがあった場合

　ア 年金生活者支援給付金の受給者等の基準日の属する年の前年の所得の額

　イ 年金生活者支援給付金の受給者等の扶養親族等の有無および数（その扶養親族等が所得税法に規定する同一生計配偶者もしくは老人扶養親族または特定扶養親族等であるときは、それぞれそれらの人の数）

　厚生労働大臣の通知を受けた場合における市（区）町村による情報の提供は、国民健康保険連合会および厚生労働大臣の指定法人（国民健康保険中央会）の順に経由して行われるよ

うに国民健康保険連合会に伝達することにより、これらを経由して、厚生労働大臣の通知を受けた日の属する年の7月31日までに行うものとされています。

 事務費の交付

(法第27条)

国は、市（区）町村に対し、法律または政令の規定によって行う事務の処理に必要な費用を交付することとされています。具体的には、「年金生活者支援給付金の支給に関する法律に基づき市町村に交付する事務費に関する政令」（平成31年政令第141号—事務費政令）および「年金生活者支援給付金の事務費交付金の算定に関する省令」（平成31年厚生労働省令第66号—事務費交付金省令）によって規定されています。

毎年度、市（区）町村長が法律または政令の規定によって行う年金生活者支援給付金に係る事務の処理に必要な費用として、国が各市（区）町村に交付する交付金の額は、次に掲げる額の合計額（この合計額がその年度において現に要した費用を超える場合には現に要した費用の額）となります。

① 2,097円を基準として厚生労働大臣が市（区）町村の区域を勘案して定める額に、次のアからウに掲げる数（いずれもその市（区）町村における前年度の1月1日から当該年度の12月31日までの間に行われた数）の合計数を乗じて得た額

　ア　市（区）町村長が受理した老齢年金生活者支援給付金および補足的老齢年金生活者支援給付金の認定請求の数（令第15条第1項第1号に掲げる事務）

　イ　市（区）町村長が受理した障害年金生活者支援給付金の認定請求の数（令第15条第1項第2号に掲げる事務）

　ウ　市（区）町村長が受理した遺族年金生活者支援給付金の認定請求の数（令第15条第1項第4号に掲げる事務）

② 30円に、その市（区）町村における年金生活者支援給付金受給資格者（その市（区）町村がその収入の状況に関して情報の提供を行うものに限る）の数（前年度の1月1日から当該年度の12月31日までの間に情報の提供が行われた数）を乗じて得た額

第9章 日本年金機構が行う事務等

 ① 日本年金機構への厚生労働大臣の権限に係る事務の委任

（法第41条、則第72条～第77条）

　次の厚生労働大臣の権限に係る事務（第8章❶の市（区）町村長が行うこととされたものを除く）は、日本年金機構が行うものとされています。ただし、⑧および⑨の権限は、厚生労働大臣が自ら行うことを妨げないものとされています。

① 老齢年金生活者支援給付金および補足的老齢年金生活者支援給付金の認定請求の受理、災害その他やむを得ない理由により認定請求ができなかった場合の理由消滅15日以内の老齢年金生活者支援給付金または補足的老齢年金生活者支援給付金の認定請求の受理

② 障害年金生活者支援給付金の認定請求の受理、災害その他やむを得ない理由により認定請求ができなかった場合の理由消滅15日以内の障害年金生活者支援給付金の認定請求の受理

③ 遺族年金生活者支援給付金の認定請求の受理、災害その他やむを得ない理由により認定請求ができなかった場合の理由消滅15日以内の遺族年金生活者支援給付金の認定請求の受理

④ 不正利得の徴収の規定により国税徴収の例によるものとされる徴収に係る権限（国税通則法の規定の例による納入の告知、納付義務者に属する権利の行使、納付の猶予、その他厚生労働省令第72条で定める権限並びに次の⑤を除く）

⑤ 不正利得の徴収の規定により国税徴収法の規定による<u>質問および検査並びに捜索</u>（令和6年1月1日より、下線部は「質問、検査および提示または提出の要求、物件の留置き並びに捜索」）

⑥ 不正利得の徴収において準用する国税滞納処分の例による処分および市（区）町村に対する処分の請求

⑦ 年金生活者支援給付金の受給者が厚生労働大臣に対して行う届出の受理および年金生活者支援給付金の受給者が厚生労働大臣に対して提出する書類その他の物件の受領

⑧ 厚生労働大臣が必要と認める年金生活者支援給付金の受給資格者の受給資格の有無、年金生活者支援給付金の額決定に必要な事項に関する書類その他の物件の提出に関する命令および年金生活者支援給付金の受給資格者その他の関係者に対して行うこれらの事項に関

する質問

⑨　年金生活者支援給付金の受給資格者またはその受給資格者が属する世帯の世帯主等の資産もしくは収入の状況、年金生活者支援給付金の受給資格者に対する公的年金等の支給状況について、官公署や共済組合等に対して行う必要な書類の閲覧もしくは資料の提供の求め、銀行、信託会社その他の機関もしくは受給資格者の雇用主その他の関係者に対して行う報告書類の閲覧および資料の提供の求め並びに報告の求め

⑩　市（区）町村に対して行う年金生活者支援給付金の受給資格者またはその受給資格者が属する世帯の世帯主その他その世帯に属する人の収入状況に関する必要な情報の受領

⑪　これらのほか、厚生労働省令第73条で定める次の権限

● 過誤払が行われた場合の返還金債権、その他給付の過誤払による返還金債権に係る債権の行使に関する権限

● 老齢年金生活者支援給付金受給資格者の生存の事実について確認できる書類の提出期限の指定に関する権限

● 年金生活者支援給付金受給資格者が基礎年金受給権者であることにより基礎年金受給権者に係る金融機関の名称および預金口座の口座番号またはゆうちょ銀行の営業所等の名称および所在地の確認に関する権限

● 指定日の属する年の前年の所得および世帯に関する「老齢・補足的老齢年金生活者支援給付金所得・世帯状況届」（添付書類を含む）が提出されているときの確認または厚生労働大臣が市（区）町村から指定日の属する年の前年の所得および世帯に関する情報の提供を受けることができるときの確認に関する権限、あるいは指定日の属する年の前年の所得に関する「障害・遺族年金生活者支援給付金所得状況届」（添付書類を含む）が提出されているときの確認または厚生労働大臣が市（区）町村から指定日の属する年の前年の所得に関する情報の提供を受けることができるときの確認に関する権限

● 厚生労働省令で規定する請求書または届書を、市（区）町村長を経由しないで提出させることができる権限

● 過誤納額還付通知書の送付および還付請求書の受理に関する権限

　これらの権限の事務に係る請求、届出、その他の行為は、日本年金機構が定める年金事務所に対して行うものとされています。

　なお、日本年金機構は、上の⑤の不正利得の徴収の規定により国税徴収法の規定による質問および検査並びに捜索の権限（令和6年1月1日より、下線部は「質問、検査および提示または提出の要求、物件の留置き並びに捜索の権限」）、また⑥の不正利得の徴収において準用する国税滞納処分の例による処分および市（区）町村に対する処分の請求（以下、滞納処分等）その他の権限に係る事務を効果的に行うため必要があると認めるときは、厚生労働大臣にそれらの権限の行使に必要な情報を提供するとともに、厚生労働大臣に対して自らその権限を行うように求めることができることになっています。

　そして、日本年金機構が厚生労働大臣に対して自らその権限を行うように求めるときは、その権限の内容、その権限を行うように求める理由、その他必要な事項を、厚生労働大臣に

通知しなければなりません。

　厚生労働大臣は、自ら権限を行うように求めがあった場合に必要があると認めるとき、または日本年金機構が天災その他の事由により上記の①から⑪までのそれぞれの権限に係る事務の全部もしくは一部を行うことが困難であるか不適当となったと認めるときは、上記の①から⑪までの権限の全部または一部を自ら行うものとされています。この場合、日本年金機構は、厚生労働大臣に対してこれらの権限に係る事務の引継ぎ等を行わなければなりません。

　日本年金機構が上記の①から⑪までの権限に係る事務を実施する場合または厚生労働大臣がそれらの権限を自ら行う場合については、国民年金法で規定されている日本年金機構への厚生労働大臣の権限の事務委任の場合と同様の対応をとるものとされています。（則第75条を参照）

 ## 日本年金機構が行う滞納処分等に係る認可等

（法第42条、則第78条）

　日本年金機構は、滞納処分等を行う場合には、あらかじめ厚生労働大臣の認可を受けるとともに、「滞納処分等実施規程」に従って徴収職員に行わせなければならないことになっています。

　なお、日本年金機構が滞納処分等を行う場合には、国民年金法における日本年金機構が行う滞納処分等に係る認可等に関する規定を準用するものとされています。（則第78条を参照）

 ## 滞納処分等実施規程の認可等

（法第43条、則第79条）

　日本年金機構は、滞納処分等の実施に関する規程（「滞納処分等実施規程」）を定め、厚生労働大臣の認可を受けなければならないことになっています。また、この「滞納処分等実施規程」を変更しようとするときも、厚生労働大臣の認可を受けなければならないことになっています。

　国民年金法における滞納処分等実施規程の認可等に関する規定は、この年金生活者支援給付金の場合の「滞納処分等実施規程」の認可および変更について準用するものとされており、「滞納処分等実施規程」に記載すべき事項は厚生労働省令で規定されています。（則第79条を参照）

4 日本年金機構が行う命令等に係る認可等

(法第44条)

　日本年金機構は、本章の❶「日本年金機構への厚生労働大臣の権限に係る事務の委任」のうち⑧の権限に係る事務を行う場合には、あらかじめ、厚生労働大臣の認可を受けなければならないことになっています。

　また、日本年金機構が本章の❶の⑧の権限に係る事務を行う場合、年金生活者支援給付金の受給資格者の支給の制限に係る調査のために行う命令や質問は、日本年金機構の職員が行うものとされています。

5 地方厚生局長等への権限の委任

(法第45条、則第80条)

　年金生活者支援給付金法で規定する厚生労働大臣の権限は、地方厚生局長に委任することができることになっています。また、地方厚生局長に委任された権限は、地方厚生支局長に委任することができることになっています。

　厚生労働大臣が地方厚生局長に委任することができる権限とは、具体的には次のようなものです。

① 　本章の❶「日本年金機構への厚生労働大臣の権限に係る事務の委任」の①から⑪までの権限について、厚生労働大臣が、自ら権限を行うように日本年金機構の求めがあった場合に必要があると認めるとき、または日本年金機構が天災その他の事由によりそれらの権限に係る事務の全部もしくは一部を行うことが困難であるか不適当となったと認めるときのそれらの権限

② 　厚生労働大臣が本章の❶の①から⑪までの権限の全部または一部を自ら行うとした場合、あるいは厚生労働大臣が本章の❶の①から⑪までの権限の全部または一部を自ら行わないとした場合の公示

③ 　厚生労働大臣が自ら行うこととした滞納処分等について、日本年金機構から引き継いだその滞納処分等の対象者が特定されている場合には、その対象者に対して、厚生労働大臣が自ら滞納処分等を行うこととなる旨その他の事項の通知

④ 　日本年金機構が滞納処分等を行う場合に、日本年金機構の理事長が任命することになる徴収職員の厚生労働大臣による認可

⑤ 　日本年金機構が滞納処分等を行った場合、その結果の報告の受理

⑥ 　日本年金機構が本章の❶の⑧の権限に係る事務を行う場合の厚生労働大臣による認可

⑦ 　厚生労働大臣が、天災その他の事由により日本年金機構に委託した事務の全部または一

部の実施が困難または不適当となった場合に自ら行うこととしたときのそれらの事務に係る権限

⑧　日本年金機構が収納を行う場合に、日本年金機構の理事長が任命することになる職員の厚生労働大臣による認可

⑨　日本年金機構が行う収納に係る事務の実施状況およびその結果の報告の受理

　上記の①から⑨までの権限のうち地方厚生支局の管轄区域に係るものは、地方厚生支局長に委任されます。ただし、地方厚生局長がそれらの権限を自ら行うことは妨げられません。

⑥　日本年金機構への事務の委託

（法第46条、則第81条～第84条）

　厚生労働大臣は、日本年金機構に、市（区）町村長が行うこととされた事務を除いて次の事務を行わせることになっています。

①　老齢年金生活者支援給付金または補足的老齢年金生活者支援給付金の支給に係る事務（老齢年金生活者支援給付金または補足的老齢年金生活者支援給付金の支給の認定を除く）

②　老齢年金生活者支援給付金または補足的老齢年金生活者支援給付金の認定に係る事務（災害その他やむを得ない理由により認定請求ができなかった場合の理由消滅15日以内の老齢年金生活者支援給付金または補足的老齢年金生活者支援給付金の請求の受理および認定を除く）

③　老齢年金生活者支援給付金または補足的老齢年金生活者支援給付金の支払いの一時差止めに係る事務（その支払いの一時差止めに係る決定を除く）

④　未支払の老齢年金生活者支援給付金または補足的老齢年金生活者支援給付金の請求の内容の確認に係る事務

⑤　障害年金生活者支援給付金の支給に係る事務（障害年金生活者支援給付金の支給の認定を除く）

⑥　障害年金生活者支援給付金の認定に係る事務（災害その他やむを得ない理由により認定請求ができなかった場合の理由消滅15日以内の障害年金生活者支援給付金の請求の受理および認定を除く）

⑦　障害年金生活者支援給付金の支払いの一時差止めに係る事務（その支払いの一時差止めに係る決定を除く）

⑧　未支払の障害年金生活者支援給付金の請求の内容の確認に係る事務

⑨　遺族年金生活者支援給付金の支給に係る事務（その遺族年金生活者支援給付金の支給の認定を除く）

⑩　遺族年金生活者支援給付金の認定に係る事務（災害その他やむを得ない理由により認定請求ができなかった場合の理由消滅15日以内の遺族年金生活者支援給付金の請求の受理お

よび認定を除く）

⑪　遺族年金生活者支援給付金の支払の一時差止めに係る事務（その支払いの一時差止めに係る決定を除く）

⑫　未支払の遺族年金生活者支援給付金の請求の内容の確認に係る事務

⑬　不正利得の徴収に係る事務（日本年金機構へ委任される厚生労働大臣の権限に係る事務の④から⑥までの権限を行使する事務および日本年金機構が行う収納、督促、督促状の発行の権限を行使する事務並びに次の⑭および⑯の事務を除く）

⑭　督促に係る事務（その督促および督促状を発することを除く。ただし、督促状の発送に係る事務は含む）

⑮　延滞金の徴収に係る事務（日本年金機構へ委任される厚生労働大臣の権限に係る事務の④から⑥までの権限を行使する事務および日本年金機構が行う収納、督促、督促状の発行の権限を行使する事務並びに⑭および⑯の事務を除く）

⑯　日本年金機構へ委任される厚生労働大臣の権限に係る事務の④に規定する厚生労働省令第72条で定める権限に係る事務（その権限を行使する事務を除く）

⑰　厚生労働省令第82条で定める法律の規定による求めに応じた年金生活者支援給付金の実施に関して厚生労働大臣が保有する情報の提供に係る事務（その情報の提供および次の⑱の事務を除く）

⑱　以上のほか、厚生労働省令第83条で定める事務

　これらの委託事務に係る請求、届出、その他の行為は、日本年金機構が定める年金事務所に対して行うものとされています。

　厚生労働大臣は、日本年金機構が天災その他の事由により上記の①から⑱までの事務の全部または一部を実施することが困難であるか不適当となったと認めるときは、①から⑱までの事務の全部または一部を自ら行うものとされています。

日本年金機構が行う収納
（法第47条、令第20条〜第26条、則第85条・第86条）

　厚生労働大臣は、歳入は出納官吏でなければ収納することができないとする会計法の規定にかかわらず、次のような場合には、徴収金、年金生活者支援給付金の過誤払による返還金（それぞれ支払うべき利息がある場合には利息も含む）の収納を、日本年金機構に行わせることができるものとされています。

①　徴収金の滞納による督促を受けた人（納付義務者）が徴収金の納付を年金事務所で行うことを希望する旨の申出があった場合

②　厚生労働大臣の認可を受けて日本年金機構の理事長により任命された日本年金機構の職員（収納職員）であって、同時に徴収職員として国民年金法の規定により任命されたもの

（収納・徴収職員）が、徴収金を徴収するため納付義務者を訪問した際に、その納付義務者が収納・徴収職員による徴収金の収納を希望した場合

③　収納・徴収職員が、徴収金を徴収するため国税滞納処分の例による処分により金銭を取得した場合

④　徴収金、年金生活者支援給付金の過誤払による返還金の収納職員による収納が納付義務者の利便に資する場合

⑤　日本年金機構の職員が、徴収金等を納付しようとする納付義務者に対して窓口での現金収納を原則として行わない旨の説明をしたにもかかわらず、納付義務者が徴収金等を納付しようとする場合

⑥　納付義務者が納入告知書または納付書において指定する納付場所（年金事務所を除く）での納付が困難であると認められる場合

　厚生労働大臣は、日本年金機構に徴収金の収納を行わせるときは、その旨を公示しなければなりません。また、この公示があった場合には、日本年金機構は、徴収金等の収納を行う年金事務所の名称および住所地、年金事務所で徴収金等の収納を実施する場合を、公表しなければなりません。

　日本年金機構が国の毎会計年度所属の徴収金等を収納するのは、翌年度の4月30日限りとされています。

　そして、日本年金機構は、徴収金等について収納を行ったときは、その徴収金等の納付をした人に対して領収証書を交付しなければなりません。この場合、日本年金機構は、遅滞なく、その収納を行った旨を歳入徴収官に報告しなければなりません。

　また、日本年金機構は、収納職員による徴収金等の収納および収納をした徴収金等の日本銀行への送付に関する帳簿を備え、徴収金等の収納および送付に関する事項を記録しなければなりません。そして、日本年金機構は、徴収金等を収納したときは、送付書を添えてこれを現金収納の日またはその翌日（その翌日が休日等に当たるときはその翌日）に日本銀行（本店、支店、代理店または歳入代理店）に送付しなければなりません。

8 情報の提供等

(法第48条)

　日本年金機構は、厚生労働大臣に対し、年金生活者支援給付金の支給要件に該当する人に関する事項、その他厚生労働大臣の権限の行使に関して必要な情報の提供を行うものとされています。また、厚生労働大臣および日本年金機構は、年金生活者支援給付金の支給に関する事業が、適正かつ円滑に行われるように必要な情報交換を行うこと、その他相互の密接な連携の確保に努めるものとされています。

第**10**章 受給者が行う届出等

　年金生活者支援給付金受給者が行わなければならない主な届出には、以下のようなものがあります。これらの届出は、法第35条（第7章の❽）の規定に基づくものです。

1 不支給事由該当の届出

（則第4条、第19条、第34条、第49条）

　年金生活者支援給付金受給者は、日本国内に住所を有しなくなったとき、老齢基礎年金、障害基礎年金、遺族基礎年金の全額が支給停止されたとき、刑事施設・労役場その他これらに準ずる施設に拘禁されたときは、年金生活者支援給付金の支給が停止されます。このような場合には、速やかに届書を日本年金機構に提出しなければなりません。

　ただし、老齢基礎年金、障害基礎年金、遺族基礎年金の全額が支給停止されたときは届出は不要です。

2 生存確認のための届出等

厚生労働大臣による受給資格者の確認等 （則第5条、第20条、第35条、第50条）

　厚生労働大臣は、毎月、年金生活者支援給付金の受給資格者に関する住民基本台帳法第30条の9に規定する機構保存本人確認情報（以下、この章において同じ）の提供を受け、必要な事項について確認を行うものとされています。ただし、その受給資格者の基礎年金（老齢基礎年金または障害基礎年金または遺族基礎年金のいずれかの年金）の受給権者としての機構保存本人確認情報の提供を受けて必要な事項についての確認が行われたときは、不要となります。

　厚生労働大臣は、機構保存本人確認情報の提供を受けるために必要と認める場合は、受給資格者に対して個人番号の報告を求めることができます。

また、厚生労働大臣は、機構保存本人確認情報に関して必要な事項について確認を行った場合、受給資格者の生存もしくは死亡の事実が確認されなかったときまたは必要と認めるときには、その受給資格者に対して、その受給資格者の生存の事実について確認できる書類の提出を求めることができます。

　この書類の提出を求められた受給資格者は、厚生労働大臣が指定する期限までに書類を日本年金機構に提出しなければなりません。

機構保存本人確認情報の提供を受けられない受給資格者の届出等

（則第6条、第21条、第36条、第51条）

　厚生労働大臣は、受給資格者に係る機構保存本人確認情報の提供を受けることができない場合には、その受給資格者に対して、次の事項を記載して自ら署名した届書（自ら署名することが困難な場合はその受給資格者の代理人が署名した届書）を毎年、厚生労働大臣が指定する日までに提出することを求めることができます。ただし、その受給資格者の基礎年金（老齢基礎年金または障害基礎年金または遺族基礎年金のいずれかの年金）の受給権者としての届書の提出があったときは、不要となります。

- ●氏名、生年月日および住所
- ●個人番号または基礎年金番号

　この届書の提出を求められた受給資格者は、毎年、厚生労働大臣が指定する日までに届書を日本年金機構に提出しなければなりません。

　厚生労働大臣は、上記の届書の提出を求めた場合に、必要と認めるときには、その受給資格者に対して、その生存の事実について確認できる書類の提出を求めることができます。

　この書類の提出を求められた受給資格者は、指定期限までに日本年金機構に書類を提出しなければなりません。

3 所得・世帯状況の届出

老齢年金生活者支援給付金または補足的老齢年金生活者支援給付金の場合

（則第7条、第22条）

　老齢年金生活者支援給付金または補足的老齢年金生活者支援給付金の受給者は、毎年、厚生労働大臣が指定する日（指定日）までに、その指定日前1か月以内に作成された「老齢・補足的老齢年金生活者支援給付金所得・世帯状況届」（関係法令条文集153頁参照）および次の①から③の書類を日本年金機構に提出しなければなりません。

① 　前年（1月から9月までの月分の老齢年金生活者支援給付金または補足的老齢年金生活

者支援給付金については前々年）の所得が老齢年金生活者支援給付金の場合は781,200円（令和5年10月1日より778,900円）、補足的老齢年金生活者支援給付金の場合は881,200円（令和5年10月1日より878,900円）を超えない事実についての市（区）町村長の証明書

② 請求者と同一の世帯に属する人であることを明らかにする市（区）町村長の証明書

③ 請求者および請求者と同一の世帯に属する人が、その年（1月から9月までの月分の老齢年金生活者支援給付金または補足的老齢年金生活者支援給付金については前年）の4月1日の属する年度分の市（区）町村民税が課されていない事実についての市（区）町村長の証明書またはその事実についての申立書

　ただし、指定日の属する年の前年の所得および世帯に関する書類が提出されているときまたは厚生労働大臣が市（区）町村から指定日の属する年の前年の所得および世帯に関する情報の提供を受けることができるときは、提出の必要はありません。

障害年金生活者支援給付金または遺族年金生活者支援給付金の場合

（則第37条、第52条）

　障害年金生活者支援給付金または遺族年金生活者支援給付金の受給者は、毎年、厚生労働大臣が指定する日（指定日）までに、その指定日前1か月以内に作成された「障害・遺族年金生活者支援給付金所得状況届」（関係法令条文集154頁参照）および次の①および②の書類を日本年金機構に提出しなければなりません。

① 前年（1月から9月までの月分の障害年金生活者支援給付金または遺族年金生活者支援給付金については前々年）の所得が4,721,000円を超えない請求者の場合は、その事実についての市（区）町村長の証明書

② 前年の所得が4,721,000円を超える受給権者の場合は次の書類

　ア　請求者の前年の所得の額並びに扶養親族等の有無および数並びに同一生計配偶者（70歳以上に限る）、老人扶養親族または特定扶養親族の有無および数についての市（区）町村長の証明書

　イ　請求者の控除対象扶養親族（19歳未満に限る）の有無および数についての市（区）町村長の証明書その他のその事実を明らかにすることができる書類

　ウ　受給権者が障害年金生活者支援給付金または遺族年金生活者支援給付金の所得額の計算方法の①から③に該当するとき（16頁・20頁）はその事実を明らかにすることができる市（区）町村長の証明書

　ただし、指定日の属する年の前年の所得に関する書類が提出されているときまたは厚生労働大臣が市（区）町村から指定日の属する年の前年の所得に関する情報の提供を受けることができるときは、提出の必要はありません。

氏名変更の届出

（則第8条、第23条、第38条、第53条・第54条）

　年金生活者支援給付金受給者は、氏名を変更したときには、14日以内に日本年金機構に届書を提出しなければなりません。ただし、厚生労働大臣が機構保存本人確認情報の提供を受けることができる人および基礎年金（老齢基礎年金または障害基礎年金または遺族基礎年金）に係る「年金受給権者氏名変更届」を提出した人は、この届出を行ったものとみなされます。

　なお、遺族年金生活者支援給付金受給者で、機構保存本人確認情報の提供により氏名変更の届出の提出の必要がない場合でも、氏名の変更をした日から14日以内に氏名変更の理由を届け出なければなりません。ただし、遺族基礎年金に係る氏名変更の理由を届け出ている場合は不要となります。

 ## 住所変更の届出

（則第9条、第24条、第39条、第55条）

　年金生活者支援給付金受給者は、住所を変更したときには、14日以内に日本年金機構に届書を提出しなければなりません。ただし、基礎年金（老齢基礎年金または障害基礎年金または遺族基礎年金）に係る「年金受給権者住所変更届」を提出した人は、この届出を行ったものとみなされます。

 ## 個人番号変更の届出

（則第10条、第25条、第40条、第56条）

　年金生活者支援給付金受給者は、個人番号を変更したときには、速やかに日本年金機構に届書を提出しなければなりません。ただし、基礎年金（老齢基礎年金または障害基礎年金または遺族基礎年金）に係る個人番号の変更の届出を行った人は、この届出を行ったものとみなされます。

払渡方法等の変更の届出

（則第11条、第26条、第41条、第57条）

　年金生活者支援給付金受給者は、給付金の払渡しを希望する機関またはその機関の預金口座の名義を変更しようとするときは、届書を日本年金機構に提出しなければなりません。

　この場合、届書には次の書類を添付しなければなりません。

● 届書に基礎年金番号を記載する場合には基礎年金番号通知書または年金手帳その他の基礎年金番号を明らかにすることができる書類

● 払渡しを受ける機関が金融機関である場合には、預金口座の名義および口座番号についての金融機関の証明書、預金通帳の写しその他の預金口座の名義および口座番号を明らかにすることができる書類

　ただし、基礎年金（老齢基礎年金または障害基礎年金または遺族基礎年金）に係る払渡方法等の変更の届出を行ったときは、この届出を行ったものとみなされます。

 所在不明の届出

（則第12条、第27条、第42条、第58条）

　年金生活者支援給付金受給者の属する世帯の世帯主その他その世帯に属する人は、年金生活者支援給付金受給者の所在が1月以上明らかでないときは、速やかに日本年金機構に届書を提出しなければなりません。

　この届書には、年金生活者支援給付金受給者の基礎年金番号通知書または年金手帳その他の年金生活者支援給付金受給者の基礎年金番号を明らかにすることができる書類を添付しなければなりません。また、厚生労働大臣が必要と認めるときは、年金生活者支援給付金受給者の生存の事実について確認できる書類の提出を求めることができるものとされています。

　ただし、基礎年金（老齢基礎年金または障害基礎年金または遺族基礎年金）に係る所在不明の届出を行ったときは、この届出が行われたものとみなされます。

 死亡届

（則第13条、第28条、第43条、第59条）

　年金生活者支援給付金受給者が死亡した場合は、死亡した日から14日以内に、届書を日本年金機構に提出しなければなりません。

この届書には次の書類を添付しなければなりません。

● 届書に基礎年金番号を記載する場合には年金生活者支援給付金受給者の基礎年金番号通知書または年金手帳その他の基礎年金番号を明らかにすることができる書類

● 年金生活者支援給付金受給者の死亡を明らかにすることができる書類

ただし、基礎年金（老齢基礎年金または障害基礎年金または遺族基礎年金）に係る「年金受給権者死亡届」が提出されたときは、この届出が行われたものとみなされます。

なお、厚生労働大臣が機構保存本人確認情報の提供を受けることができる年金生活者支援給付金受給者の死亡の場合は、この届出が行われたものとみなされます。また、戸籍法による死亡の届出が行われた場合、つまり、年金生活者支援給付金受給者の死亡の日から7日以内にその年金生活者支援給付金受給者に係る死亡の届出が行われた場合は、この届出が行われたものとみなされます。

 # 10 未支払の年金生活者支援給付金の請求
（法第9条、令第5条、則第15条、法第14条、第30条、法第19条、第45条、法第24条、第61条）

未支払の年金生活者支援給付金の支給の請求は、請求書を日本年金機構に提出することによって行わなければなりません。

この請求書には、次の書類を添付しなければなりません。

● 年金生活者支援給付金受給者の死亡の当時における年金生活者支援給付金受給者および請求者の相互の身分関係を明らかにすることができる書類

● 年金生活者支援給付金受給者の死亡の当時、年金生活者支援給付金受給者が請求者と生計を同じくしていたことを明らかにすることができる書類

● 請求書に基礎年金番号を記載する場合には、年金生活者支援給付金受給者の基礎年金番号通知書または年金手帳その他の基礎年金番号を明らかにすることができる書類

● 払渡機関に金融機関を希望する場合は、預金口座の口座番号についての払渡希望金融機関の証明書、預金通帳の写しその他の預金口座の口座番号を明らかにすることができる書類

この未支払の年金生活者支援給付金の請求は、基礎年金（老齢基礎年金または障害基礎年金または遺族基礎年金）等に係る未支給年金の請求とあわせて行わなければなりません。この場合、未支払の年金生活者支援給付金の請求書に記載することとされた事項（氏名以外の事項）および未支払の年金生活者支援給付金の請求書に添付しなければならない書類のうち、未支給年金の請求書に記載または添付したものについては、未支払の年金生活者支援給付金の請求書には記載または添付する必要はないものとされています。

第11章 制度実施後の事務処理関係

（厚生労働省年金局事業管理課長通知　平成30年12月28日年管管発1228第1号・第2号／最終改正令和5年3月31日年管管発0331第5号・第6号）

1 既受給者・受給候補者に係る所得情報等の提供

（年管管発0331第5号・第6号　第1－1）

●**概略**

　日本年金機構は、毎年4月1日における年金生活者支援給付金の受給者（既受給者）および毎年新たに年金生活者支援給付金の支給対象となり得る人（受給候補者）に係る所得情報等について、市（区）町村に対して国民健康保険中央会（国保中央会）を通して照会を行い（国保中央会ルート）、市（区）町村からその情報提供を受けることとされています（法第37条・第39条、令第18条・第19条）。一方、日本年金機構から市（区）町村に対する通知については、毎年5月31日までに、4月1日において年金生活者支援給付金受給資格者が住所を有する市（区）町村に対し、年金生活者支援給付金受給資格者の氏名、住所、年金生活者支援給付金の種類および基礎年金番号を通知して行うこととされています。

●**既受給者に係る事務処理の内容**

　日本年金機構は、既受給者（毎年4月1日における年金生活者支援給付金の受給者）に係る所得情報等について、市（区）町村に対して国保中央会ルート（国民健康保険中央会および国民健康保険団体連合会を経由する方法）により照会を行い、市（区）町村からその情報の提供を受けることになります。日本年金機構は、国保中央会ルートにより取得した所得情報等に基づいて、既受給者が年金生活者支援給付金の支給要件に該当するか否かについて判定を行い、引き続き支給要件に該当すると判定された既受給者については、継続認定処理を行います。

　この際、支給要件不該当となった既受給者については、再度、日本年金機構において9月30日を指定して個人番号（マイナンバー）を活用した情報連携（特定個人情報の提供の求めおよび提供）にて所得情報等を照会したうえで、再度不該当となった人に対して、年金生活者支援給付金不該当通知書を送付します。また、継続認定処理が行われた人のうち、支給額に変更がある人に対しては年金生活者支援給付金支給金額変更通知書を送付します。

　なお、国保中央会ルートで所得情報等を取得できなかった場合は、個人番号を活用した情報連携により所得情報等を取得し、継続認定処理等を国保中央会ルートによるものと同

様に行うことになります。

●**受給候補者に係る事務処理の内容**

　日本年金機構は、受給候補者（毎年新たに年金生活者支援給付金の支給対象となり得る人）に係る所得情報等については、受給候補者が毎年４月１日時点に住所を有する市（区）町村に対して、国保中央会ルートにより照会を行い、市（区）町村から所得情報等の提供を受けることになります。日本年金機構は、提供を受けた情報に基づき、受給候補者に対して、次の①または②の方法によって請求書を送付し、認定請求を促すことになります。

①　簡易な請求書（はがき型）の送付

　国保中央会ルートにより市（区）町村から提供を受けた所得情報等に基づき判定を行った結果、支給要件に該当する受給候補者に対しては、氏名等のみの記載により請求が可能な簡易な請求書（はがき型）の送付を行います。また、市（区）町村から所得情報等の提供を受けられなかった場合は、個人番号（マイナンバー）を活用した情報連携により取得を行い、支給要件に該当する人に対しては、簡易な請求書（はがき型）の送付を行います。

②　通常の認定請求書の送付

　日本年金機構は、国保中央会ルートにより所得情報等を取得できなかった人については、個人番号を活用した情報連携により所得情報等を取得します。個人番号を活用した情報連携によっても取得できなかった場合は、請求書および所得状況届を送付して取得することになります。さらに、日本年金機構は、必要に応じて市（区）町村に対して、紙媒体による所得証明を求めることもあります。

●**事務処理の留意事項**

　国保中央会ルートにより所得情報等を取得できなかった場合は、個人番号を活用した情報連携により所得情報等を取得することになりますが、この情報連携による所得情報等の照会は、９月30日以前に行う場合は直近時点を、10月１日以降に行う場合は９月30日を指定して実施することになります。

　また、既受給者の継続認定および受給候補者の新規認定を行う際にこの方法では所得情報等が取得できない場合は、既受給者および受給候補者へ所得状況届を送付し、既受給者および受給候補者から提出される所得状況届に基づいて支給要件を判定することになります。

　さらに、日本年金機構は、必要に応じて市（区）町村に対して、紙媒体による所得証明を求めることとされています。

　なお、市（区）町村において所得等の証明を行う際は、個人番号を活用した情報連携を用いて所得情報等を取得した人と同様に、９月30日以前に所得等の証明を行う場合は直近時点を、10月１日以降に所得等の証明を行う場合は９月30日を指定して行うことが望ましいものとされています。

●**スケジュール**

　所得情報等の提供は、介護保険の特別徴収事務を行う際に使用している現行のシステム

を活用することとして、国保中央会ルートにより行うこととされています。

　毎年の所得情報等の提供は、以下のスケジュールで実施することになります（このデータの流れを国保中央会ルートと呼びます）。

○4〜5月：　日本年金機構は毎年4月1日時点の年金生活者支援給付金の既受給者および受給候補者の抽出を行い、国民健康保険中央会へデータを回付します。

○5月　　：　国民健康保険中央会は、都道府県の国民健康保険団体連合会へデータを回付します。国民健康保険団体連合会は、5月末までに各市（区）町村へデータを回付します。

○6〜7月：　各市（区）町村は、回付されたデータに照会年の前年中の所得情報等を収録し、指定日までに国民健康保険団体連合会へ回付します。

○7月　　：　国民健康保険団体連合会は、国民健康保険中央会へデータを回付します。国民健康保険中央会は、7月末までに日本年金機構へデータを回付します。

　市（区）町村に対する通知については、毎年5月31日までに、同年4月1日において年金生活者支援給付金の既受給者および受給候補者が住所を有する市（区）町村に対して行うものとされていることから、市（区）町村は、通知を受けた後、日本年金機構へ毎年7月31日までに所得情報の提供がなされるようにおおむね3〜4週間の期間で照会年の前年中の所得情報等を収録し、国民健康保険団体連合会へ回付することとされています。

●**市（区）町村が日本年金機構に対して提供する所得情報等**

　通知を受けた市（区）町村は、通知のあった年金生活者支援給付金の既受給者および受給候補者ごとに、その支給要件に係る調査の対象となる年金生活者支援給付金の種類に応じた必要な所得情報等を以下のように提供することとされています。

① 　老齢年金生活者支援給付金または補足的老齢年金生活者支援給付金に関して必要な所得情報等

　ア　既受給者・受給候補者の照会年の前年中の所得額

　　○公的年金等の収入金額（所得税法第35条第3項）

　　○合計所得金額（地方税法第292条第1項第13号）

　　○公的年金等に係る雑所得（所得税法第35条第2項第1号）

　イ　既受給者・受給候補者および既受給者・受給候補者の世帯主等に係る照会年度の市（区）町村民税の課税状況

　　○照会年度の市（区）町村民税が世帯課税であるか世帯非課税であるかの別

② 　障害年金生活者支援給付金または遺族年金生活者支援給付金に関して必要な所得情報等

　ア　既受給者・受給候補者の照会年の前年中の所得額

　　○総所得金額、退職所得金額、山林所得金額等の合計額（令第10条第1項）

　　○次の所得控除額等（令第10条第2項）

　　　●雑損控除額、医療費控除額、社会保険料控除額、小規模企業共済等掛金控除額および配偶者特別控除額に相当する額

- ●障害者控除、特別障害者控除、寡婦控除、ひとり親控除および勤労学生控除
- ●地方税法附則第6条第1項に規定する課税の特例により免除された所得額

イ　次に掲げる扶養親族等それぞれの人数
- ○同一生計配偶者および扶養親族
- ○同一生計配偶者のうち70歳以上の人
- ○老人扶養親族
- ○特定扶養親族
- ○16歳以上19歳未満の扶養親族

＊なお、障害年金生活者支援給付金または遺族年金生活者支援給付金の支給要件に係る所得額は、政令第10条によって計算することとされています。これは、国民年金法施行令第6条の2で規定されている20歳前障害による障害基礎年金の支給停止の場合の所得額の計算方法と同様の取扱いとなっています。

●所得情報等の収録・提供の形式

　所得情報等の収録・提供の形式は、「年金生活者支援給付金に関する所得情報等情報交換のための媒体仕様書の送付について」（令和3年1月7日付年管管発0107第2号）により示された「年金生活者支援給付金の支給における情報交換媒体作成仕様書（国保連合会―市町村間）」によることとされています。

　市（区）町村においては、次の「市（区）町村における所得情報等の収録の際の留意事項」を踏まえて所得情報等の収録・提供を行うこととされています。

2 市（区）町村における所得情報等の収録の際の留意事項

（年管管発0331第5号・第6号　第1－4）

●市（区）町村から日本年金機構へ提供する所得情報等の作成

　市（区）町村は、法令等で規定されているもののほか、上記の「情報交換媒体作成仕様書」に基づいて所得情報等データ（71通知）を作成することとされています。また、「令和5年度における年金生活者支援給付金にかかる市町村から日本年金機構への所得情報等データの提供に関する事務について」（令和5年3月29日付厚生労働省年金局事業管理課長事務連絡）も参照したうえで作業を行うこととされています。

●日本年金機構からの提供依頼データと市（区）町村保有情報との突合方法

　所得情報等データの提供における個人の特定方法は、まずは基礎年金番号により突合し、基礎年金番号を保有していない人については、本人特定のための4情報（氏名、生年月日、性別および住所）により突合します。この基礎年金番号による突合を行うにあたっては、介護保険等の特別徴収の際に用いる情報も活用し、本人特定を行うように努めます。なお、

システム上、介護保険等の特別徴収の際に用いる情報による突合を行うことができない市（区）町村においては、本人特定に至らなかった人について、可能な範囲で目視等によりその人が介護保険等の特別徴収の対象者であるか否かを確認し、対象者であることを確認した場合は所得情報等を回答するように努めることとされています。

　また、日本年金機構からの提供依頼データのうち住所データは、その漢字の情報を地方公共団体情報システム機構（Ｊ－ＬＩＳ）から取得した情報であるのに対して、カナの情報は日本年金機構が独自に保有する情報であることから、市（区）町村において、日本年金機構からの提供依頼データと市（区）町村保有情報とを突合する際には、漢字の情報によって行うこととし、カナの情報は参考として用いることとされています。

●市（区）町村が日本年金機構に対し提供する情報の世帯の判定日について

　日本年金機構が市（区）町村に対し所得情報等の提供を求めるにあたっては、毎年４月１日が照会の基準日とされており、市（区）町村は基準日における世帯情報を提供することになりますが、基準日前に基準日後の転出予定の転出届を受理した場合や基準日後に基準日前の転入届を受理した場合についても、世帯の判定日は基準日である以上、可能な限り基準日における住所地の市（区）町村において基準日における世帯情報の提供を行うこととされています。

●市（区）町村の介護保険担当部局等との連携について

　市（区）町村への年金生活者支援給付金の既受給者または受給候補者に係る通知は、毎年５月31日までに到達するものと見込まれています。国民健康保険団体連合会から市（区）町村の介護保険担当部局等に対し、特別徴収に係る通知とあわせて年金生活者支援給付金の既受給者または受給候補者に係る通知が到達することが想定されるため、市（区）町村の国民年金担当部局においては、必要に応じて介護保険担当部局等と調整のうえ、収録作業の開始に遺漏がないようにする必要があります。

●国民健康保険団体連合会による受付チェックの際にエラーが確認された場合の取扱い

　市（区）町村から国民健康保険団体連合会に送付された所得情報等を収録した媒体について、国民健康保険団体連合会による受付チェックの際にエラーが確認された場合には、「年金生活者支援給付金の支給における情報交換媒体作成仕様書（国保連合会―市町村間）」の「４．２エラーの取り扱いについて」に基づいて、国民健康保険団体連合会から市（区）町村に対して連絡することになるため、これに従って対応するものとされています。

第12章 事務処理における留意事項

（厚生労働省年金局事業管理課長通知　平成30年12月28日年管管発1228第1号・第2号／最終改正令和5年3月31日年管管発0331第5号・第6号）

1 年金生活者支援給付金の受給権の性質等

（年管管発0331第5号・第6号　第3−1）

　厚生労働省年金局事業管理課長通知（年管管発1228第1号・第2号、平成30年12月28日／最終改正年管管発0331第5号・第6号、令和5年3月31日）によれば、「年金生活者支援給付金は、支給要件やその支給額の決定方法について年金制度と密接に関係しており、機構〔日本年金機構〕がその支給実務を担っているものの、福祉的給付の制度であることから、年金生活者支援給付金の受給権等は年金制度と異なる点がある」とされています。したがって、年金生活者支援給付金の事務に関しては、以下のような点に留意したうえで、事務を取り扱われたいとされています。

●受給権の性質

　年金生活者支援給付金の支給を受ける権利は、その支給要件に該当したときから潜在的に発生しているものではなく、法律の規定に基づいて厚生労働大臣の認定を受けることによってはじめて発生するものです。この点、裁定を受けているか否かにかかわらず、要件を満たしていれば受給権が発生する年金制度とは異なっていることに留意する必要があります。

●年金生活者支援給付金の額の改定等

　ほかの福祉的給付の制度においては、額の改定等について法律の規定によって請求主義がとられていますが、年金生活者支援給付金法では、年金生活者支援給付金の額の改定事由、改定時期等が定められているだけであって、額の改定の請求等については規定が設けられていません。

　これは、年金生活者支援給付金の額の改定契機等については、国民年金法等に基づく事務や年金生活者支援給付金法に基づく事務のなかで、日本年金機構が把握可能であることから、受給者からの請求を必要とせずに職権をもって行うことを年金生活者支援給付金法が予定しているためです。したがって、障害の程度が変化したことによる障害基礎年金の改定の請求や遺族基礎年金の対象となる子の数が増減したことによる遺族基礎年金の改定の請求など年金制度で額の改定等が行われる場合に求めている請求については、年金生活者支援給付金法に基づく事務においては求めないこととされている点に留意する必要があります。

2 年金生活者支援給付金の支給要件の判定

（年管管発0331第5号・第6号　第3－2）

　日本年金機構が年金生活者支援給付金の支給要件を判定するにあたっては、「基礎年金の受給情報」という日本年金機構が保有する情報に加えて、所得情報等という日本年金機構が保有していない情報が必要となります。後者の、日本年金機構が保有していない所得情報等は、市（区）町村が保有する情報であるため、日本年金機構がそれらの情報を把握するには市（区）町村と所得情報等を交換するなどの実務が必要となります。このことを踏まえて、年金生活者支援給付金の支給要件の判定にあたっては、次の点に留意する必要があります。

●**既受給者・受給候補者に対する認定時の支給要件の判定**

　既受給者・受給候補者に対しては、国保中央会ルート（50頁参照）によって市（区）町村から所得情報等の提供を受けることとされています。このため、既受給者・受給候補者が年金生活者支援給付金の認定請求を行った場合には、国保中央会ルートにより事前に所得情報等が確認できるときは、原則として、その情報を用いた支給要件の判定を行い、認定事務を実施することとされています。

　なお、国保中央会ルートでは所得情報等を把握できなかった場合には、個人番号を活用した情報連携や既受給者・受給候補者から所得証明書等の添付書類を求める方法等により所得情報等を把握することになりますが、その場合は、51頁の「事務処理の留意事項」に基づいて実施します。

●**既受給者・受給候補者以外の人に対する認定時の支給要件の判定**

　既受給者・受給候補者以外の人（毎年4月2日以後に65歳に到達し、年金生活者支援給付金の認定請求を行う人など）については、個人番号を活用した情報連携や請求者から所得証明書等の添付書類を求める方法等により所得情報等を把握し、その把握した時点の情報を用いて支給要件の判定を行い、認定事務を実施することとされています。

　なお、9月30日までに認定された人の10月分以降の継続認定処理は、国保中央会ルートにより取得した所得情報等に基づいて支給要件に該当するか否かについて判定を行います。そして、支給要件不該当となった場合には、10月分以降の年金生活者支援給付金の支給にかかる前年所得等の確認は、個人番号を活用して9月30日時点の状況で行うこととされています。

●**所得情報等の変動が生じた場合の事務処理**

　年金生活者支援給付金の支給要件における「所得」とは、1月から9月までの月分の年金生活者支援給付金については前々年の所得、10月から12月までの月分の年金生活者支援給付金については前年の所得とされています。また、補足的老齢年金生活者支援給付金受給者について、前年所得額の変動が生じた場合には、補足的老齢年金生活者支援給付金の額の改定は10月から行うこととされています。

　法律、政令および省令では、前年の所得情報等の変動を把握するため、毎年4月1日時

点での所得情報等の交換を国保中央会ルートにより行い、これによって日本年金機構は前年の所得情報等を把握することとされています。

　国保中央会ルートにより把握される前年の所得情報等は、市（区）町村において毎年5〜6月頃に確定する地方税情報が毎年7月31日までに日本年金機構へ提供されることを踏まえて、国保中央会ルートの情報により年金生活者支援給付金受給者が年金生活者支援給付金の支給要件に該当しなくなったことが確認された場合には、10月分の年金生活者支援給付金から支給しないこととされています。

　また、国保中央会ルートの情報により補足的老齢年金生活者支援給付金受給者の前年所得額の変動が生じた場合には、10月分の補足的老齢年金生活者支援給付金から額の改定を行うこととされています。

　なお、所得情報等に関しては、市（区）町村から所得情報等の提供を受けて支給要件の判定が行われることを想定しており、所得情報等の変動が生じたことについて年金生活者支援給付金受給者に届出義務を課する規定等は設けられていません。しかし、日本年金機構において所得情報等の変動の事実を実務上把握した場合には、支給要件に不該当であった期間について遡及して処分を行い、必要があれば不当利得の返還請求を行うこととされています。

●所得情報等の変動を踏まえた老齢年金生活者支援給付金および補足的老齢年金生活者支援給付金に係る事務処理

　9月分の老齢年金生活者支援給付金の支給要件に該当している人であって、老齢年金生活者支援給付金の認定を受けている人が、その年の10月分の補足的老齢年金生活者支援給付金の支給要件に該当するときは、その年の9月30日において補足的老齢年金生活者支援給付金の認定請求があったものとみなし、新たに補足的老齢年金生活者支援給付金の認定請求を行うことは不要とされています。（7頁参照）

　また、9月分の補足的老齢年金生活者支援給付金の支給要件に該当している人であって、補足的老齢年金生活者支援給付金の認定を受けている人が、その年の10月分の老齢年金生活者支援給付金の支給要件に該当するときは、その年の9月30日において老齢年金生活者支援給付金の認定請求があったものとみなし、新たに老齢年金生活者支援給付金の認定請求を行うことは不要とされています。（13頁参照）

　これらの取扱いは、上述の所得情報等の変動が生じた場合の事務処理と同様に、所得情報の変動が生じることを踏まえた事務処理であることに留意し、適切に事務を取り扱うこととされています。

●未申告者の取扱い

　国保中央会ルート等により日本年金機構が市（区）町村から提供を受ける所得情報等は、原則として市（区）町村が保有する都道府県民税または市（区）町村民税に関する情報が用いられています。これらの税の申告を行っていない人（未申告者）であることなどにより、市（区）町村がそれらの情報を日本年金機構に提供することが困難である場合には、市（区）町村は、その人に改めて所得の申告を求めるのではなく、「未申告」として所得

情報を収録し、日本年金機構に提供することとされています。

　なお、この場合、日本年金機構は、所得の申告義務が課されている人は適切に申告を行っているとの理解等のもと、年金生活者支援給付金の支給要件の判定においては、未申告者を非課税者として取り扱うこととされています。

　次の①および②の人は、地方税法（第317条の２）により所得の申告義務を有しない人として規定されています。②の人については、多くの市（区）町村が条例で独自に地方税法上の申告義務を課さない人を定めています。

①　給与または公的年金等の支払を受けている人であって前年中において給与所得以外の所得または公的年金等に係る所得以外の所得を有しなかった人

②　所得割の納税義務を負わないと認められる人のうち市（区）町村の条例で定める人

●請求者または受給者から年金生活者支援給付金の請求取下げの申出があった場合の取扱い

①　年金生活者支援給付金支給決定通知書を送付する前に請求者から書面で取下げの申出があった場合には、請求に対する決定処分を行う前の申出となることから、簡易な請求書（はがき型）等の請求書は提出されなかったものとして取り扱うものとされています。

②　年金生活者支援給付金支給決定通知書を送付した後に受給者から書面で取下げの申出があった場合には、請求に対する決定処分を行った後の申出となることから、決定処分の取消しは行わず、申出を受理した日の属する月の翌月分の年金生活者支援給付金から不支給とする取扱いをするものとされています。

給付基準額の改定

（年管管発0331第５号・第６号　第３－３）

　給付基準額は、令和元年10月１日の法施行時点においては、5,000円（法定額）とされていました。なお、給付基準額は、年平均の全国消費者物価指数に応じて改定するものとされていることから、各年度における給付基準額は、別途通知されることになります。令和５年度の給付基準額は5,140円となっています。（７頁参照）

年金生活者支援給付金の認定

（年管管発0331第５号・第６号　第３－４）

　年金生活者支援給付金の受給権の性質などに起因して、年金生活者支援給付金の「認定」には、年金制度における「裁定」とは性格を異にする点があります。このため、年金生活者支援給付金の認定の事務処理を行うにあたっては、次の点に留意する必要があります。

●認定の性質

　年金生活者支援給付金法の規定に基づく「認定」は、請求者の受給資格および年金生活者支援給付金の額について行うものですが、これは単なる確認行為ではなく、認定を行うことにより、所定の月（認定請求をした日の属する月の翌月）から年金生活者支援給付金の支給が開始されるという、新たな法律上の権利を付与する形成的行為となります。この点、年金制度において受給権が存在することを確認する行為である「裁定」とは、性格を異にしているものであることに留意する必要があります。

●認定と支給の関係

　年金生活者支援給付金法の規定に基づく認定請求がなされた際に、請求者が支給要件に該当しているか否かを審査し、支給要件に該当する場合に認定を行うこととなりますが、認定後においては、支給要件に該当する状態が続く限り年金生活者支援給付金の支給が行われます。このため、年金生活者支援給付金受給者が支給要件に該当し続けている限り、毎月または毎年、受給者が認定請求を行う必要はありません。

　また、年金生活者支援給付金の支給は、受給資格者が認定請求をした日の属する月の翌月から始まり、支給事由が消滅した日の属する月で終わることとされており、受給者が支給要件に該当し続けている限り、新たに認定を行う必要はありません。

　日本年金機構は、毎年、国保中央会ルートにより前年の所得情報等を把握しますが、これによって、年金生活者支援給付金受給者が支給要件に該当していることを改めて認定するのではなく、上述の所得情報等の変動が生じた場合の事務処理のように、年金生活者支援給付金の支給要件に該当しなくなったことが確認された場合には、10月分の年金生活者支援給付金から支給しないこととするに留まる点に留意する必要があります。

●不支給となった場合の再度の認定請求

　年金生活者支援給付金の支給は、支給要件を満たさなくなれば終了しますが、その後、再度支給要件に該当することとなった場合には、改めて法律に基づく認定請求を行い、認定を受けることが必要です。

●年金生活者支援給付金の職権による種別変更

　基礎年金と年金生活者支援給付金を受給している人について、新たに別の事由に基づく基礎年金（後発年金）が遡及裁定され、後発年金に選択替えが行われた場合には、当初に受給していた基礎年金に係る年金生活者支援給付金（先発給付金）の認定請求日または後発年金の遡及受給権発生日のいずれか遅い日において、後発年金に係る年金生活者支援給付金（後発給付金）の認定請求があったものとして取り扱い、その日の属する月の翌月以降の期間について、職権により認定が行われます。また、認定された期間のうち時効未消滅の期間（２年以内）については、先発給付金の過払および後発給付金の未払が生じていることから、これらを内払調整のうえ、支払を行うこととされています。

　なお、この取扱いは、先発給付金の認定請求の際に年金生活者支援給付金の支給を受ける受給意思が確認されていること、年金生活者支援給付金の種別は基礎年金の種別に応じて他律的に決定されるものであること、後発年金の遡及裁定という給付金制度外の事情変

更でありさかのぼって認定請求を行うことができない点で、本人に帰責性（責めに帰すべき事由）がないことを踏まえた取扱いであることに留意する必要があります。

●**過去に支給した年金生活者支援給付金について支給要件に該当しなかったことが判明した場合の事務処理**

　過去に支給した年金生活者支援給付金について支給要件に該当しなかったことが判明した場合には、支給要件に不該当であった期間について遡及して処分を行い、必要があれば不当利得の返還請求を行うこととされています。

　なお、年金生活者支援給付金の支給要件に該当しなくなったあと、再びその要件に該当することとなった場合、その該当することとなったあとの期間に係る年金生活者支援給付金の支給を受けようとするときは、上述の不支給となった場合の再度の認定請求のように改めて認定請求が必要となります。しかし、改めての認定請求を行うことができない点で本人に帰責性がない場合には、再びその要件に該当することとなった時点において、改めての認定請求があったものとして取り扱い、職権により認定を行うこととされています。

 ## 5　年金生活者支援給付金の額の改定時期

（年管管発0331第5号・第6号　第3−5）

　前述の「❶年金生活者支援給付金の受給権の性質等」の「年金生活者支援給付金の額の改定等」（55頁）にあるように、年金生活者支援給付金の額の改定契機については、日本年金機構が把握可能であることから、日本年金機構は、法第13条（補足的老齢年金生活者支援給付金の額の改定時期）、第18条（障害年金生活者支援給付金の額の改定時期）、第23条（遺族年金生活者支援給付金の額の改定時期）および附則第10条（老齢年金生活者支援給付金等の額の改定時期）に定める改定事由を把握した場合には、これらの規定で定められている改定時期から、職権により適切に改定を行うこととされています。また、改定を行ったときは、年金生活者支援給付金受給者に対して、年金生活者支援給付金支給額変更通知書により通知することとされています。

 ## 6　支給期間および支払期月

（年管管発0331第5号・第6号　第3−6）

●**年金生活者支援給付金の支給日**

　年金生活者支援給付金の支給日は、基礎年金の支給日と同日とされています。

●**年金生活者支援給付金の支給開始月**

年金生活者支援給付金の支給開始月は、認定請求をした日の属する月の翌月からが原則ですが、以下のような場合には遡及が認められるものとされています。

①　基礎年金の新規裁定時の特例（令第12条）

　基礎年金の新規の裁定請求をした人から、その基礎年金の受給権発生日から3月以内に年金生活者支援給付金の認定請求が行われたときは、基礎年金の受給権を有するに至った日にその年金生活者支援給付金の認定請求があったものとみなされます。

②　簡易な請求書（はがき型）を送付された人などに係る認定請求の特例（令第12条の2）

　簡易な請求書（はがき型）の提出期間を十分に確保し、年金生活者支援給付金の未支給が生じないようにする観点から、毎年10月分の年金生活者支援給付金の支給要件に該当している人から、各年の10月1日から12月31日までの間に、簡易な請求書（はがき型）等の返送により認定請求が行われた場合には、その請求書を送付した年の9月30日に認定請求があったものとみなされて、10月分からの支給が行われます。

●やむを得ない理由により認定の請求ができない場合の特例

　上述のとおり支給開始月の特例が設けられていますが、日本年金機構における事務手続上の事情等により、受給候補者に対する簡易な請求書（はがき型）または通常の認定請求書の送付が遅れ、本人に帰責性がなく請求書を送付した年の12月31日までに請求を行うことが困難となることが考えられます。

　このように受給候補者に対して日本年金機構からの請求書の送付が遅れ、認定請求が請求書を送付した年の翌年の1月1日以降となる場合については、「やむを得ない理由により前条の規定による認定の請求をすることができなかった場合」（法第6条第2項）に該当するものとして、その理由がやんだ後、具体的には簡易な請求書（はがき型）等の到達後15日以内に認定請求が行われたときは、その請求書が送付された年の10月分の年金生活者支援給付金から支給が行われることになっています。

7　旧法年金受給者で2つ以上の年金生活者支援給付金の支給要件に該当する場合の取扱い

（年管管発0331第5号・第6号　第3−8）

　旧法年金受給者で2つ以上の年金生活者支援給付金の支給要件に該当する人についても、いずれか1つの年金生活者支援給付金についてのみ認定請求を行うことができるものとされています。したがって、年金生活者支援給付金受給者が複数の種別の年金生活者支援給付金を受給することはない点に留意する必要があります。

■令和2年の法律改正による改正内容

　6月5日に公布された「年金制度の機能強化のための国民年金法等の一部を改正する法律」（令和2年法律第40号）では、年金生活者支援給付金について2つの改正事項が盛り込まれています。

＜支給要件調査対象者の拡大＞

　1つは、支給要件の調査のために所得情報等を取得する対象者の範囲を、支給要件に該当する可能性のある人（毎年4月1日において老齢基礎年金、障害基礎年金、遺族基礎年金の受給権者である人）にまで拡大することによって、支給要件に該当する可能性のある人に対しても簡易な請求書（はがき型）の送付ができるようにするものです。この見直しが実施される最初の年度（令和2年度）は、この改正事項の施行日である令和2年6月5日以後に所得情報等を得ることになるため、経過措置が設けられました。

＜所得情報等の切替時期の変更＞

　もう1つは、所得情報等の切替時期（給付金の支給サイクル）を2か月延長するものです。

　市（区）町村民税の課税所得が確定するのは毎年6月頃となります。そのため、日本年金機構が国保中央会ルートで所得情報等を取得するのは7月となり、受給候補者となる人の所得情報等を把握して判定処理ができるのは8月となります。そこから簡易な請求書（はがき型）を作成して9月に送付を行うことになるので、年金生活者支援給付金の支払いは10月以後とならざるを得ません。

　そのため、制度実施時には8月から翌年7月までとされていた所得情報等の切替時期が、10月から翌年9月までに変更されました。これによって、実施初年度と同様に、本人からの認定請求がなくても市（区）町村からの所得情報等を基に要件判定を行い、簡易な請求書（はがき型）の送付が可能となります。

　この切替時期の変更は、市（区）町村における周知期間を考慮して、令和3年8月1日から実施されています。

令和2年法律改正における所得情報の切替時期の変更

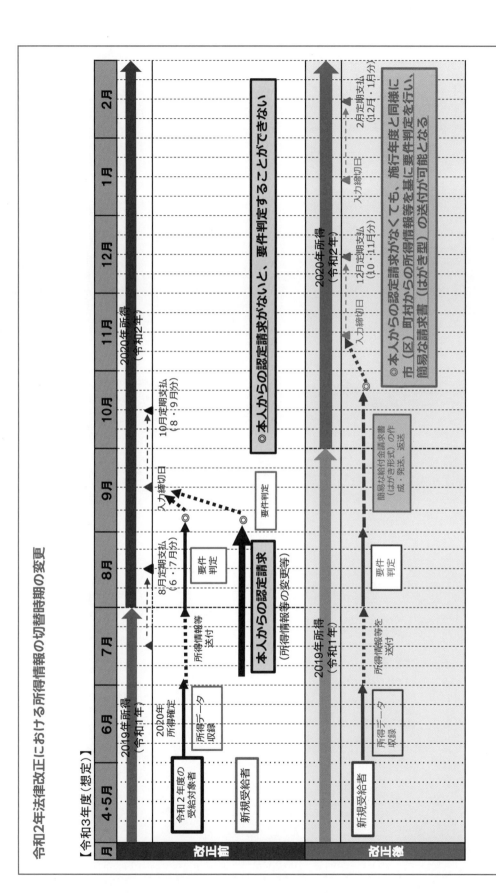

（出典：第15回社会保障審議会 年金部会 2019年12月25日、資料2（https://www.mhlw.go.jp/content/12601000/000580825.pdf）、72頁。一部改変）

関係法令条文集

年金生活者支援給付金の支給に関する法律関係法令条文集　凡例

1．年金生活者支援給付金の支給に関する法律を第1条から順次掲載し、その条文に直接関わる政令および省令がある場合は、その法律の条文の後に掲載しています。

2．条文の冒頭に「法」、「令」、「則」と略記した法令の正式名称は次のとおりです。
- ・法……年金生活者支援給付金の支給に関する法律（平成24年法律第102号）
- ・令……年金生活者支援給付金の支給に関する法律施行令（平成30年政令第364号）
- ・則……年金生活者支援給付金の支給に関する法律施行規則（平成30年厚生労働省令第151号）

3．これらのほかに、年金生活者支援給付金の支給に関する法律の各条文または年金生活者支援給付金の支給に関する法律施行令および年金生活者支援給付金の支給に関する法律施行規則の各条文で言及されている法令については、上記1によって政令・省令を掲載した後に【参考条文】として該当する条文などを収載しています。

　【参考条文】として具体的に収載している条文は以下のとおりです（国民年金関連法令、その他の法令の順に掲載し、法律、政令、省令そして公布番号順に掲載）。
- ・国民年金法（昭和34年法律第141号）
- ・昭和60年改正法附則（国民年金法等の一部を改正する法律附則、昭和60年法律第34号）
- ・平成6年改正法附則（国民年金法等の一部を改正する法律附則、平成6年法律第95号）
- ・平成16年改正法附則（国民年金法等の一部を改正する法律附則、平成16年法律第104号）
- ・平成24年一元化法附則（被用者年金制度の一元化等を図るための厚生年金保険法等の一部を改正する法律附則、平成24年法律第63号）
- ・国民年金法施行令（昭和34年政令第184号）
- ・昭和61年経過措置政令（国民年金法等の一部を改正する法律の施行に伴う経過措置に関する政令、昭和61年政令第54号）
- ・中国残留邦人等の円滑な帰国の促進並びに永住帰国した中国残留邦人等及び特定配偶者の自立の支援に関する法律施行令（平成8年政令第18号）
- ・北朝鮮当局によって拉致された被害者等の支援に関する法律施行令（平成14年政令第407号）
- ・死刑再審無罪者に対し国民年金の給付等を行うための国民年金の保険料の納付の特例等に関する法律施行令（平成25年政令第280号）
- ・国民年金法施行規則（昭和35年厚生省令第12号）
- ・厚生年金保険法施行規則（昭和29年厚生省令第37号）
- ・民法（明治29年法律第89号）
- ・健康保険法（大正11年法律第70号）
- ・船員保険法（昭和14年法律第73号）
- ・会計法（昭和22年法律第35号）
- ・労働者災害補償保険法（昭和22年法律第50号）
- ・地方自治法（昭和22年法律第67号）
- ・戸籍法（昭和22年法律第224号）
- ・少年法（昭和23年法律第168号）
- ・簡易郵便局法（昭和24年法律第213号）

- 地方税法（昭和25年奉律第226号）
- 私立学校教職員共済法（昭和28年法律第245号）
- 売春防止法（昭和31年法律第118号）
- 租税特別措置法（昭和32年法律第26号）
- 廃止前農林共済法（厚生年金保険制度及び農林漁業団体職員共済組合制度の統合を図るための農林漁業団体職員共済組合法等を廃止する等の法律（平成13年法律第101号）による廃止前の農林漁業団体職員共済組合法、昭和33年法律第99号）
- 国家公務員共済組合法（昭和33年法律第128号）
- 国民健康保険法（昭和33年法律第192号）
- 国税徴収法（昭和34年法律第147号）
- 児童扶養手当法（昭和36年法律第238号）
- 国税通則法（昭和37年法律第66号）
- 外国居住者等の所得に対する相互主義による所得税等の非課税等に関する法律（昭和37年法律第144号）
- 地方公務員等共済組合法（昭和37年法律第152号）
- 特別児童扶養手当等の支給に関する法律（昭和39年法律第134号）
- 所得税法（昭和40年法律第33号）
- 住民基本台帳法（昭和42年法律第81号）
- 租税条約等の実施に伴う所得税法、法人税法及び地方税法の特例等に関する法律（昭和44年法律第46号）
- 労働保険の保険料の徴収等に関する法律（昭和44年法律第84号）
- 雇用の分野における男女の均等な機会及び待遇の確保等に関する法律（昭和47年法律第113号）
- 賃金の支払の確保等に関する法律（昭和51年法律第34号）
- 銀行法（昭和56年法律第59号）
- 高齢者の医療の確保に関する法律（昭和57年法律第80号）
- 介護保険法（平成 9 年法律第123号）
- 郵政民営化法（平成17年法律第97号）
- 統計法（平成19年法律第53号）
- 社会保障の安定財源の確保等を図る税制の抜本的な改革を行うための消費税法の一部を改正する等の法律（平成24年法律第68号）
- 行政手続における特定の個人を識別するための番号の利用等に関する法律（平成25年法律第27号）
- 歳入徴収官事務規程（昭和27年大蔵省令第141号）

※本書に収録している法令は、令和 5 年 7 月31日時点のものです。

○年金生活者支援給付金の支給に関する法律

（平成24年法律第102号）

目　次

第1章　総則

（目的）

法第1条　この法律は、公的年金等の収入金額と一定の所得との合計額が一定の基準以下の老齢基礎年金の受給者に国民年金の保険料納付済期間及び保険料免除期間を基礎とした老齢年金生活者支援給付金又は保険料納付済期間を基礎とした補足的老齢年金生活者支援給付金を支給するとともに、所得の額が一定の基準以下の障害基礎年金又は遺族基礎年金の受給者に障害年金生活者支援給付金又は遺族年金生活者支援給付金を支給することにより、これらの者の生活の支援を図ることを目的とする。

第2章　老齢年金生活者支援給付金及び補足的老齢年金生活者支援給付金

（老齢年金生活者支援給付金の支給要件）

法第2条　国は、国民年金法（昭和34年法律第141号）の規定による老齢基礎年金（以下単に「老齢基礎年金」という。）の受給権者であって当該老齢基礎年金を受ける権利について同法第16条の規定による裁定の請求をしたもの（以下この条、第10条及び第11条において「老齢基礎年金受給権者」という。）が、その者の前年（1月から9月までの月分のこの項に規定する老齢年金生活者支援給付金については、前々年とする。以下この項において同じ。）中の公的年金等の収入金額（所得税法（昭和40年法律第33号）第35条第2項第1号に規定する公的年金等の収入金額をいう。）と前年の所得との合計額（政令で定める場合にあっては、当該合計額を基準として政令で定めるところにより算定した額とする。以下「前年所得額」という。）が国民年金法第27条本文に規定する老齢基礎年金の額を勘案して政令で定める額（第10条第1項において「所得基準額」という。）以下であることその他その者及びその者と同一の世帯に属する者の所得の状況を勘案して政令で定める要件に該当するときは、当該老齢基礎年金受給権者に対し、老齢年金生活者支援給付金を支給する。

2　前項の規定にかかわらず、老齢年金生活者支援給付金は、当該老齢基礎年金受給権者が次の各号のいずれかに該当するとき（第3号に該当する場合にあっては、厚生労働省令で定めるときに

限る。）は、支給しない。

一　日本国内に住所を有しないとき。

二　当該老齢基礎年金の全額につきその支給が停止されているとき。

三　刑事施設、労役場その他これらに準ずる施設に拘禁されているとき。

3　第1項に規定する所得の範囲及びその額の計算方法は、政令で定める。

（法第2条第1項に規定する政令で定める額）

令第1条　年金生活者支援給付金の支給に関する法律（以下「法」という。）第2条第1項に規定する政令で定める額は、78万1,200円とする。〔下線部は、令和5年10月1日より77万8,900円。令和5年10月以後の月分の老齢年金生活者支援給付金および補足的老齢年金生活者支援給付金の支給について適用。同年9月以前の月分の支給については、従前の例による〕

（法第2条第1項及び第10条第1項に規定する政令で定める要件）

令第2条　法第2条第1項及び第10条第1項に規定する政令で定める要件は、法第2条第1項に規定する老齢基礎年金受給権者（以下この条及び第7条において単に「老齢基礎年金受給権者」という。）及び当該老齢基礎年金受給権者と同一の世帯に属する者が、その年（1月から9月までの月分の老齢年金生活者支援給付金及び1月から9月までの月分の補足的老齢年金生活者支援給付金については、前年）の4月1日の属する年度分の地方税法（昭和25年法律第226号）第5条第2項第1号に掲げる市町村民税（特別区が同法第1条第2項の規定によって課する同号に掲げる税を含む。以下同じ。）が課されていない者であることとする。

（法第2条第1項に規定する所得の範囲）

令第3条　法第2条第1項に規定する所得は、市町村民税についての地方税法その他の市町村民税に関する法令の規定による非課税所得以外の所得とする。

（法第2条第1項に規定する所得の額の計算方法）

令第4条　法第2条第1項に規定する所得の額は、その所得が生じた年の翌年の4月1日の属する年度分の市町村民税に係る地方税法第292条第1項第13号に規定する合計所得金額から所得税法（昭和40年法律第33号）第35条第2項第1号に掲げる金額を控除して得た額（その額が零を下回る場合には、零とする。）とする。

（法第2条第2項に規定する厚生労働省令で定めるとき）

則第1条　年金生活者支援給付金の支給に関する法律（平成24年法律第102号。以下「法」という。）第2条第2項に規定する厚生労働省令で定めるときは、懲役、禁錮若しくは拘留の刑の執行のため若しくは死刑の言渡しを受けて刑事施設に拘置されているとき若しくは留置施設に留置されて懲役、禁錮若しくは拘留の刑の執行を受けているとき、労役場留置の言渡しを受けて労役場に留置されているとき又は監置の裁判の執行のため監置場に留置されているときとする。

【参考条文】

国民年金法第16条　給付を受ける権利は、その権利を有する者（以下「受給権者」という。）の請求に基いて、厚生労働大臣が裁定する。

（年金額）

国民年金法第27条　老齢基礎年金の額は、78万900円に改定率（次条第1項の規定により設定し、同条（第1項を除く。）から第27条の5までの規定により改定した率をいう。以下同じ。）を乗じて得た額（その額に50円未満の端数が生じたときは、これを切り捨て、50円以上100円未満の端数が生じたときは、これを100円に切り上げるものとする。）とする。ただし、保険料納付済期間の月数が480に満たない者に支給する場合は、当該額に、次の各号に掲げる月数を合算した月数（480を限度とする。）を480で除して得た数を乗じて得た額とする。

　　一　保険料納付済期間の月数

　　二　保険料 4 分の 1 免除期間の月数（480 から保険料納付済期間の月数を控除して得た月数を限度とする。）の 8 分の 7 に相当する月数

　　三　保険料 4 分の 1 免除期間の月数から前号に規定する保険料 4 分の 1 免除期間の月数を控除して得た月数の 8 分の 3 に相当する月数

　　四　保険料半額免除期間の月数（480 から保険料納付済期間の月数及び保険料 4 分の 1 免除期間の月数を合算した月数を控除して得た月数を限度とする。）の 4 分の 3 に相当する月数

　　五　保険料半額免除期間の月数から前号に規定する保険料半額免除期間の月数を控除して得た月数の 4 分の 1 に相当する月数

　　六　保険料 4 分の 3 免除期間の月数（480 から保険料納付済期間の月数、保険料 4 分の 1 免除期間の月数及び保険料半額免除期間の月数を合算した月数を控除して得た月数を限度とする。）の 8 分の 5 に相当する月数

　　七　保険料 4 分の 3 免除期間の月数から前号に規定する保険料 4 分の 3 免除期間の月数を控除して得た月数の 8 分の 1 に相当する月数

　　八　保険料全額免除期間（第90条の 3 第 1 項の規定により納付することを要しないものとされた保険料に係るものを除く。）の月数（480 から保険料納付済期間の月数、保険料 4 分の 1 免除期間の月数、保険料半額免除期間の月数及び保険料 4 分の 3 免除期間の月数を合算した月数を控除して得た月数を限度とする。）の 2 分の 1 に相当する月数

（雑所得）

所得税法第35条　雑所得とは、利子所得、配当所得、不動産所得、事業所得、給与所得、退職所得、山林所得、譲渡所得及び一時所得のいずれにも該当しない所得をいう。

2　雑所得の金額は、次の各号に掲げる金額の合計額とする。

　　一　その年中の公的年金等の収入金額から公的年金等控除額を控除した残額

　　二　その年中の雑所得（公的年金等に係るものを除く。）に係る総収入金額から必要経費を控除した金額

（市町村が課することができる税目）

地方税法第 5 条　市町村税は、普通税及び目的税とする。

2　市町村は、普通税として、次に掲げるものを課するものとする。ただし、徴収に要すべき経費が徴収すべき税額に比して多額であると認められるものその他特別の事情があるものについては、この限りでない。

　　一　市町村民税

　　二　固定資産税

　　三　軽自動車税

　　四　市町村たばこ税

　　五　鉱産税

　　六　特別土地保有税

（市町村民税に関する用語の意義）

地方税法第292条　市町村民税について、次の各号に掲げる用語の意義は、それぞれ当該各号に定めるところによる。

　　十三　合計所得金額　第313条第 8 項及び第 9 項の規定による控除前の同条第 1 項の総所得金額、退職所得金額及び山林所得金額の合計額をいう。

（老齢年金生活者支援給付金の額）

法第 3 条　老齢年金生活者支援給付金は、月を単位として支給するものとし、その月額は、次に掲

げる額（その額に50銭未満の端数が生じたときは、これを切り捨て、50銭以上1円未満の端数が生じたときは、これを1円に切り上げるものとする。）を合算した額とする。

一　給付基準額に、その者の保険料納付済期間（国民年金法第5条第1項に規定する保険料納付済期間をいい、他の法令の規定により同項に規定する保険料納付済期間とみなされた期間を含む。）の月数を480で除して得た数（その数が1を上回るときは、1）を乗じて得た額

二　国民年金法第27条本文に規定する老齢基礎年金の額に、その者の保険料免除期間（同法第5条第2項に規定する保険料免除期間をいい、他の法令の規定により同項に規定する保険料免除期間とみなされた期間を含み、同法第90条の3第1項の規定により納付することを要しないものとされた保険料に係る期間を除く。）の月数の6分の1（同法第5条第6項に規定する保険料4分の1免除期間にあっては、同項に規定する保険料4分の1免除期間の月数の12分の1）に相当する月数（当該月数と同法第27条各号に掲げる月数を合算した月数（480を限度とする。以下この号において同じ。）とを合算した月数が480を超えるときは、480から当該各号に掲げる月数を合算した月数を控除した月数を限度とする。）を480で除して得た数を乗じて得た額を12で除して得た額

【参考条文】
（用語の定義）
国民年金法第5条　この法律において、「保険料納付済期間」とは、第7条第1項第1号に規定する被保険者としての被保険者期間のうち納付された保険料（第96条の規定により徴収された保険料を含み、第90条の2第1項から第3項までの規定によりその一部の額につき納付することを要しないものとされた保険料につきその残余の額が納付又は徴収されたものを除く。以下同じ。）に係るもの及び第88条の2の規定により納付することを要しないものとされた保険料に係るもの、第7条第1項第2号に規定する被保険者としての被保険者期間並びに同項第3号に規定する被保険者としての被保険者期間を合算した期間をいう。

2　この法律において、「保険料免除期間」とは、保険料全額免除期間、保険料4分の3免除期間、保険料半額免除期間及び保険料4分の1免除期間を合算した期間をいう。

6　この法律において、「保険料4分の1免除期間」とは、第7条第1項第1号に規定する被保険者としての被保険者期間であつて第90条の2第3項の規定によりその4分の1の額につき納付することを要しないものとされた保険料（納付することを要しないものとされた4分の1の額以外の4分の3の額につき納付されたものに限る。）に係るもののうち、第94条第4項の規定により納付されたものとみなされる保険料に係る被保険者期間を除いたものを合算した期間をいう。

国民年金法第90条の3　次の各号のいずれかに該当する学生等である被保険者又は学生等であつた被保険者等から申請があつたときは、厚生労働大臣は、その指定する期間（学生等である期間又は学生等であつた期間に限る。）に係る保険料につき、既に納付されたものを除き、これを納付することを要しないものとし、申請のあつた日以後、当該保険料に係る期間を第5条第3項に規定する保険料全額免除期間（第94条第1項の規定により追納が行われた場合にあつては、当該追納に係る期間を除く。）に算入することができる。

一　当該保険料を納付することを要しないものとすべき月の属する年の前年の所得が、その者の扶養親族等の有無及び数に応じて、政令で定める額以下であるとき。

二　第90条第1項第2号から第3号までに該当するとき。

三　保険料を納付することが著しく困難である場合として天災その他の厚生労働省令で定める事由があるとき。

（給付基準額）

法第 4 条 給付基準額（前条第 1 号に規定する給付基準額をいう。以下同じ。）は、5,000円とする。

2 給付基準額については、総務省において作成する年平均の全国消費者物価指数（以下この項において「物価指数」という。）がこの法律の施行の日の属する年の前年（この項の規定による給付基準額の改定の措置が講じられたときは、直近の当該措置が講じられた年の前年）の物価指数を超え、又は下回るに至った場合においては、その上昇し、又は低下した比率を基準として、その翌年の 4 月以降の給付基準額を改定する。

3 前項の規定による給付基準額の改定の措置は、政令で定める。

（給付基準額の改定）

令第 4 条の 2 令和 5 年 4 月以降の月分の給付基準額（法第 3 条第 1 号に規定する給付基準額をいう。）については、法第 4 条第 1 項中「5,000円」とあるのは、「5,140円」と読み替えて、法の規定を適用する。

（認定）

法第 5 条 老齢年金生活者支援給付金の支給要件に該当する者（次条第 1 項及び第 2 項、第 7 条、第 9 条第 1 項並びに第11条において「受給資格者」という。）は、老齢年金生活者支援給付金の支給を受けようとするときは、厚生労働大臣に対し、その受給資格及び老齢年金生活者支援給付金の額について認定の請求をしなければならない。

2 前項の認定を受けた者が、老齢年金生活者支援給付金の支給要件に該当しなくなった後再びその要件に該当するに至った場合において、その該当するに至った後の期間に係る老齢年金生活者支援給付金の支給を受けようとするときも、同項と同様とする。

（老齢年金生活者支援給付金の支給要件に該当する者が補足的老齢年金生活者支援給付金の支給要件に該当することとなる場合等の認定の請求の特例）

令第11条 各年の 9 月分の老齢年金生活者支援給付金の支給要件に該当している者であって、法第 5 条の規定による認定を受けているものが、当該各年の10月分の補足的老齢年金生活者支援給付金の支給要件に該当するときは、法第12条の規定にかかわらず、当該各年の 9 月30日において同条の規定による認定の請求があったものとみなす。

（老齢基礎年金の受給権を有するに至った日から 3 月以内に老齢年金生活者支援給付金の認定の請求があった場合等の認定の請求の特例）

令第12条 国民年金法第16条の規定により同法の規定による老齢基礎年金（法附則第11条又は第13条の規定により老齢基礎年金とみなされたこれらの規定に規定する政令で定める年金たる給付を含む。以下この項において同じ。）を受ける権利の裁定の請求（当該政令で定める年金たる給付を受ける権利の裁定又は決定の請求を含む。）をした者から法第 5 条第 1 項の規定による認定の請求があったとき（当該老齢基礎年金の受給権を有するに至った日（国民年金法附則第 9 条の 2 第 1 項若しくは第 9 条の 2 の 2 第 1 項又は国民年金法等の一部を改正する法律（平成 6 年法律第95号。第15条第 1 項第 1 号において「平成 6 年国民年金等改正法」という。）附則第27条第 1 項の請求を行った者については65歳に到達した日とし、国民年金法第28条第 1 項（国民年金法等の一部を改正する法律（昭和60年法律第34号。以下「昭和60年国民年金等改正法」という。）附則第18条第 5 項の規定により読み替えて適用する場合を含む。）の規定による申出を行った者については当該申出を行った日（国民年金法第28条第 2 項各号（昭和60年国民年金等改正法附則第18条第 5 項の規定により読み替えて適用する場合を含む。）に掲げる者については当該各号に定める日）とする。以下この項において同じ。）から起算して 3 月以内に当該認定の請求があったときに限る。）は、当該老齢基礎年金の受給権を有するに至った日に当該認定の請求があったものとみなす。

2　前項の規定は、法第12条第 1 項の規定による認定の請求について準用する。

（年金生活者支援給付金の支給要件に該当する者から各年の12月31日までに認定の請求があった場合の認定の請求の特例）

令第12条の 2　各年の10月分の年金生活者支援給付金（法第25条第 1 項に規定する年金生活者支援給付金をいう。以下同じ。）の支給要件に該当している者から、当該各年の10月 1 日から12月31日までの間に法第 5 条、第12条、第17条又は第22条の規定による認定の請求（前条各項に規定する認定の請求を除く。）があったときは、当該各年の 9 月30日に当該認定の請求があったものとみなす。

（ 2 以上の年金生活者支援給付金の支給要件に該当する場合等における年金生活者支援給付金の取扱い）

令第36条　 2 以上の年金生活者支援給付金の支給要件に該当する者に係る法第 5 条、第12条、第17条及び第22条の規定による認定の請求は、これらの規定にかかわらず、いずれか 1 の年金生活者支援給付金についてのみ行うことができるものとする。

（認定の請求）

則第 2 条　法第 5 条第 1 項の規定による老齢年金生活者支援給付金の受給資格及びその額についての認定の請求は、次に掲げる事項を記載した請求書を日本年金機構（以下「機構」という。）に提出することによって行わなければならない。

一　氏名、生年月日及び住所

二　行政手続における特定の個人を識別するための番号の利用等に関する法律（平成25年法律第27号。第83条第 6 号において「番号利用法」という。）第 2 条第 5 項に規定する個人番号（以下「個人番号」という。）又は国民年金法（昭和34年法律第141号）第14条に規定する基礎年金番号（以下「基礎年金番号」という。）

二の二　請求者と同一の世帯に属する者（厚生労働大臣が住民基本台帳法（昭和42年法律第81号）第30条の 9 の規定により機構保存本人確認情報（同条に規定する機構保存本人確認情報をいう。以下同じ。）の提供を受けることができるものを除く。）の氏名、生年月日及び個人番号

三　年金生活者支援給付金の支給に関する法律施行令（平成30年政令第364号。以下「令」という。）第32条各号に掲げる年金たる給付を受ける権利を有する者にあっては、当該給付の名称、当該給付に係る制度の名称及びその管掌機関、その支給を受けることができることとなった年月日並びにその年金証書又はこれらに準ずる書類の年金コード又は記号番号若しくは番号

四　次のイからハまでに掲げる者の区分に応じ、当該イからハまでに定める事項

イ　払渡しを受ける機関に金融機関を希望する者（ロ及びハに規定する者を除く。）　払渡希望金融機関の名称及び預金口座の口座番号

ロ　払渡しを受ける機関に郵便貯金銀行（郵政民営化法（平成17年法律第97号）第94条に規定する郵便貯金銀行をいう。以下同じ。）の営業所又は郵便局（簡易郵便局法（昭和24年法律第213号）第 2 条に規定する郵便窓口業務を行う日本郵便株式会社の営業所であって郵便貯金銀行を所属銀行とする銀行代理業（銀行法（昭和56年法律第59号）第 2 条第14項に規定する銀行代理業をいう。）の業務を行うものをいう。）（以下「郵便貯金銀行の営業所等」という。）を希望する者（預金口座への払込みを希望する者を除く。）　払渡希望郵便貯金銀行の営業所等の名称及び所在地

ハ　公的給付の支給等の迅速かつ確実な実施のための預貯金口座の登録等に関する法律（令和 3 年法律第38号）第 3 条第 1 項、第 4 条第 1 項及び第 5 条第 2 項の規定による登録に係る預貯金口座（以下「公金受取口座」という。）への払込みを希望する者　払渡希望金融機関の名称及び公金受取口座の口座番号並びに公金受取口座への払込みを希望する旨

2　前項の請求書には、次に掲げる書類等を添えなければならない。

一　生年月日に関する市町村長（特別区の区長を含むものとし、地方自治法（昭和22年法律第67号）第252条の19第 1 項の指定都市にあっては、区長又は総合区長とする。以下この章から第 3 章までにおいて同じ。）の証明書又は戸籍の抄本（厚生労働大臣が住民基本台帳法第30条の 9 の規定によ

り請求者に係る機構保存本人確認情報の提供を受けることができないときに限る。）
二　前項の規定により同項の請求書に基礎年金番号を記載する者にあっては、基礎年金番号通知書その他の基礎年金番号を明らかにすることができる書類
三　老齢・補足的老齢年金生活者支援給付金所得・世帯状況届（様式第1号）〔153頁参照〕
四　令第32条各号に掲げる年金たる給付を受ける権利を有する者にあっては、当該給付を受ける権利について裁定又は支給決定を受けたことを明らかにすることができる書類
五　前項第4号イに掲げる者にあっては、預金口座の口座番号についての当該払渡希望金融機関の証明書、預金通帳の写しその他の預金口座の口座番号を明らかにすることができる書類

3　前項第3号の老齢・補足的老齢年金生活者支援給付金所得・世帯状況届には、次に掲げる書類を添えなければならない。
一　前年（1月から9月までの月分の老齢年金生活者支援給付金については、前々年）の所得（令第4条の規定によって計算した所得の額をいう。第17条第3項において同じ。）が法第2条第1項に規定する政令で定める額を超えない事実についての市町村長の証明書
二　請求者と同一の世帯に属する者を明らかにする市町村長の証明書
三　請求者及び請求者と同一の世帯に属する者が、その年（1月から9月までの月分の老齢年金生活者支援給付金については、前年）の4月1日の属する年度分の地方税法（昭和25年法律第226号）第5条第2項第1号に掲げる市町村民税（特別区が同法第1条第2項の規定によって課する同号に掲げる税を含む。以下同じ。）が課されていない者である事実についての市町村長の証明書又は当該事実についての申立書

4　老齢年金生活者支援給付金の支給要件に該当する者（以下「老齢年金生活者支援給付金受給資格者」という。）が老齢基礎年金受給権者（法第2条第1項に規定する老齢基礎年金受給権者をいう。以下同じ。）であることにより、厚生労働大臣が老齢基礎年金受給権者に係る金融機関の名称及び預金口座の口座番号又は郵便貯金銀行の営業所等の名称及び所在地を確認することができるときは、第1項及び第2項の規定にかかわらず、第1項の請求書に同項第4号に掲げる事項を記載し、及び第2項第5号に掲げる書類を添えることを要しないものとする。

5　老齢年金生活者支援給付金受給資格者が、老齢基礎年金（法第2条第1項に規定する老齢基礎年金をいう。以下同じ。）を受ける権利についての国民年金法第16条の規定による裁定の請求に併せて第1項の認定の請求を行うときは、第1項の請求書に記載することとされた事項（氏名を除く。）及び第2項の規定により第1項の請求書に添えなければならないこととされた書類等のうち当該老齢基礎年金の裁定請求書に記載し、又は添えたものについては、第1項及び第2項の規定にかかわらず、第1項の請求書に記載し、又は添えることを要しないものとする。

6　市町村（特別区を含む。以下同じ。）から提供を受けた所得及び世帯の情報その他の情報により厚生労働大臣が老齢年金生活者支援給付金の支給要件に該当する蓋然性が高いと認める者に係る法第5条第1項の規定による老齢年金生活者支援給付金の受給資格及びその額についての認定の請求は、第1項の規定にかかわらず、氏名を記載した請求書を機構に提出することによって行うことができる。この場合において、第2項の規定にかかわらず、同項各号に掲げる書類を添えることを要しないものとする。

（認定の通知等）
則第3条　厚生労働大臣は、老齢年金生活者支援給付金の受給資格及び額の認定の請求があった場合において、その認定をしたときは、請求者に、当該者が老齢年金生活者支援給付金の受給資格について認定を受けた者であることを証する書類を交付しなければならない。
2　厚生労働大臣は、老齢年金生活者支援給付金の受給資格及び額の認定の請求があった場合において、その受給資格がないと認めたときは、請求者に、文書でその旨を通知しなければならない。
3　厚生労働大臣は、老齢年金生活者支援給付金の支給の制限に関する処分その他支給に関する処分

を行ったときは、文書で、その内容を老齢年金生活者支援給付金受給資格者に通知しなければならない。

【参考条文】

（国民年金原簿）

国民年金法第14条　厚生労働大臣は、国民年金原簿を備え、これに被保険者の氏名、資格の取得及び喪失、種別の変更、保険料の納付状況、基礎年金番号（政府管掌年金事業（政府が管掌する国民年金事業及び厚生年金保険事業をいう。）の運営に関する事務その他当該事業に関連する事務であつて厚生労働省令で定めるものを遂行するために用いる記号及び番号であつて厚生労働省令で定めるものをいう。）その他厚生労働省令で定める事項を記録するものとする。

国民年金法第16条　給付を受ける権利は、その権利を有する者（以下「受給権者」という。）の請求に基いて、厚生労働大臣が裁定する。

（支給の繰下げ）

国民年金法第28条　老齢基礎年金の受給権を有する者であつて66歳に達する前に当該老齢基礎年金を請求していなかつたものは、厚生労働大臣に当該老齢基礎年金の支給繰下げの申出をすることができる。ただし、その者が65歳に達したときに、他の年金たる給付（他の年金給付（付加年金を除く。）又は厚生年金保険法による年金たる保険給付（老齢を支給事由とするものを除く。）をいう。以下この条において同じ。）の受給権者であつたとき、又は65歳に達した日から66歳に達した日までの間において他の年金たる給付の受給権者となつたときは、この限りでない。

2　66歳に達した日後に次の各号に掲げる者が前項の申出（第5項の規定により前項の申出があつたものとみなされた場合における当該申出を除く。以下この項において同じ。）をしたときは、当該各号に定める日において、前項の申出があつたものとみなす。

（老齢基礎年金の支給の繰上げ）

国民年金法附則第9条の2　保険料納付済期間又は保険料免除期間を有する者であつて、60歳以上65歳未満であるもの（附則第5条第1項の規定による被保険者〔任意加入被保険者〕でないものに限るものとし、次条第1項に規定する支給繰上げの請求をすることができるものを除く。）は、当分の間、65歳に達する前に、厚生労働大臣に老齢基礎年金の支給繰上げの請求をすることができる。ただし、その者が、その請求があつた日の前日において、第26条ただし書に該当したときは、この限りでない。

（老齢厚生年金の支給繰上げの請求ができる者等に係る老齢基礎年金の支給の繰上げの特例）

国民年金法附則第9条の2の2　保険料納付済期間又は保険料免除期間を有する者であつて、厚生年金保険法附則第8条の2各項に規定する者（同条第3項に規定する者その他政令で定めるものに限るものとし、同条各項の表の下欄に掲げる年齢に達していないものに限る。）に該当するもの（60歳以上の者であつて、かつ、附則第5条第1項の規定による被保険者でないものに限る。）は、当分の間、厚生労働大臣に老齢基礎年金の一部の支給繰上げの請求をすることができる。ただし、その者が、その請求があつた日の前日において、第26条ただし書に該当したときは、この限りでない。

（65歳以上の国民年金の被保険者等に係る老齢基礎年金の特例）

昭和60年改正法附則第18条　65歳に達した日において、保険料納付済期間（附則第8条第1項又は第2項の規定により保険料納付済期間とみなすこととされたものを含み、同条第4項に規定するものを除く。以下この項において同じ。）又は保険料免除期間（同条第1項の規定により保険料免除期間とみなすこととされたものを含み、国民年金法第90条の3第1項の規定により納付することを要しないものとされた保険料に係るものを除く。）を有する者であつて次の各号のいずれにも該当しなかつたものが、同日以後の国民年金の被保険者期間を有するに至つたことにより次の各号のいずれかに該当することとなつたときは、同法第26条に定める老齢基礎年金の支給要件に該当するものとみ

なして、その者に老齢基礎年金を支給する。

一　保険料納付済期間、保険料免除期間（附則第8条第1項の規定により保険料免除期間とみなすこととされたものを含む。）及び合算対象期間（同条第4項及び第5項の規定により当該期間に算入することとされたものを含む。）を合算した期間が、10年以上であること。

二　附則第12条第1項第2号から第7号まで及び第18号から第20号までのいずれかに該当すること。

5　第1項の規定による老齢基礎年金の受給権者に対する国民年金法第28条の規定の適用については、同条第1項中「66歳に達する」とあるのは「その受給権を取得した日から起算して1年を経過した日（以下この条において「1年を経過した日」という。）」と、「65歳に達した」とあるのは「当該老齢基礎年金の受給権を取得した」と、「66歳に達した」とあるのは「1年を経過した」と、同条第2項中「66歳に達した」とあるのは「1年を経過した」と、「75歳に達する日」とあるのは「老齢基礎年金の受給権を取得した日から起算して10年を経過した日（次号において「10年を経過した日」という。）」と、「75歳に達した日」とあるのは「10年を経過した日」と、同条第5項中「70歳に達した日」とあるのは「その受給権を取得した日から起算して5年を経過した日」と、「80歳に達した日」とあるのは「当該老齢基礎年金の受給権を取得した日から起算して15年を経過した日」とする。

（老齢厚生年金等の受給権者に係る老齢基礎年金の支給の繰上げの特例等）

平成6年改正法附則第27条　厚生年金保険法附則第8条の規定による老齢厚生年金（同法第43条第1項及び附則第9条の規定によりその額が計算されているものに限る。）の受給権者（附則第19条第1項に規定する者であって同項の表の下欄に掲げる年齢に達していないものであるもの、附則第20条第1項に規定する者であって同項の表の下欄に掲げる年齢に達していないものであるもの又は附則第20条の2第1項に規定する者であって同項の表の下欄に掲げる年齢に達していないものであるものに限る。）（国民年金法附則第5条第1項の規定による国民年金の被保険者でないものに限る。）は、厚生労働大臣に同法による老齢基礎年金（以下この条において単に「老齢基礎年金」という。）の一部の支給繰上げの請求をすることができる。ただし、その者が同法附則第9条の2第1項の請求をしているときは、この限りでない。

（指定都市の権能）

地方自治法第252条の19　政令で指定する人口50万以上の市（以下「指定都市」という。）は、次に掲げる事務のうち都道府県が法律又はこれに基づく政令の定めるところにより処理することとされているものの全部又は一部で政令で定めるものを、政令で定めるところにより、処理することができる。

（定義）

簡易郵便局法第2条　この法律において「郵便窓口業務」とは、次に掲げる業務をいう。

一　郵便物の引受け
二　郵便物の交付
三　郵便切手類販売所等に関する法律（昭和24年法律第91号）第1条に規定する郵便切手類の販売
四　前3号に掲げる業務に付随する業務

（国の機関等への本人確認情報の提供）

住民基本台帳法第30条の9　機構〔地方公共団体情報システム機構〕は、別表第一の上欄に掲げる国の機関又は法人から同表の下欄に掲げる事務の処理に関し求めがあつたときは、政令で定めるところにより、第30条の7第3項の規定により機構が保存する本人確認情報であつて同項の規定による保存期間が経過していないもの（以下「機構保存本人確認情報」という。）のうち住民票コード以外のものを提供するものとする。ただし、個人番号については、当該別表第一の上欄に掲げる国の機関又は法人が番号利用法第9条第1項の規定により個人番号を利用することができる場合に限り、提供するものとする。

（定義等）

銀行法第2条

14 この法律において「銀行代理業」とは、銀行のために次に掲げる行為のいずれかを行う営業をいう。
　一　預金又は定期積金等の受入れを内容とする契約の締結の代理又は媒介
　二　資金の貸付け又は手形の割引を内容とする契約の締結の代理又は媒介
　三　為替取引を内容とする契約の締結の代理又は媒介

（定義）

郵政民営化法第94条　この章において「郵便貯金銀行」とは、銀行業を営ませるために次条の定めるところに従い日本郵政株式会社が設立する株式会社をいう。

（定義）

行政手続における特定の個人を識別するための番号の利用等に関する法律第2条

5　この法律において「個人番号」とは、第7条第1項又は第2項の規定により、住民票コード（住民基本台帳法（昭和42年法律第81号）第7条第13号に規定する住民票コードをいう。以下同じ。）を変換して得られる番号であって、当該住民票コードが記載された住民票に係る者を識別するために指定されるものをいう。

（支給期間及び支払期月）

法第6条　老齢年金生活者支援給付金の支給は、受給資格者が前条の規定による認定の請求をした日の属する月の翌月から始め、老齢年金生活者支援給付金を支給すべき事由が消滅した日の属する月で終わる。

2　受給資格者が災害その他やむを得ない理由により前条の規定による認定の請求をすることができなかった場合において、その理由がやんだ後15日以内にその請求をしたときは、老齢年金生活者支援給付金の支給は、前項の規定にかかわらず、受給資格者がやむを得ない理由により認定の請求をすることができなくなった日の属する月の翌月から始める。

3　老齢年金生活者支援給付金は、毎年2月、4月、6月、8月、10月及び12月の6期に、それぞれの前月までの分を支払う。ただし、前支払期月に支払うべきであった老齢年金生活者支援給付金又は支給すべき事由が消滅した場合におけるその期の老齢年金生活者支援給付金は、その支払期月でない月であっても、支払うものとする。

（支給の制限）

法第7条　老齢年金生活者支援給付金は、受給資格者が、正当な理由がなくて、第36条第1項の規定による命令に従わず、又は同項の規定による当該職員の質問に応じなかったときは、その額の全部又は一部を支給しないことができる。

法第8条　老齢年金生活者支援給付金の支給を受けている者が、正当な理由がなくて、第35条第1項の規定による届出をせず、又は書類その他の物件を提出しないときは、老齢年金生活者支援給付金の支払を一時差し止めることができる。

（支払の一時差止め）

則第14条　老齢年金生活者支援給付金について、法第8条の規定によって支払の一時差止めをする場合は、老齢年金生活者支援給付金受給者が正当な理由がなくて、第5条第3項に規定する書類、第6条第1項に規定する届書、同条第3項に規定する書類、第7条に規定する書類又は第12条第3項に規定する書類を提出しないときとする。

2　前項に規定する場合のほか、国民年金法第73条の規定により老齢年金生活者支援給付金受給者に係る老齢基礎年金の支払の一時差止めがされているときは老齢年金生活者支援給付金の支払の一時差止めをする。

【参考条文】

国民年金法第73条 受給権者が、正当な理由がなくて、第105条第3項〔受給権者による届出等〕の規定による届出をせず、又は書類その他の物件を提出しないときは、年金給付の支払を一時差し止めることができる。

（未支払の老齢年金生活者支援給付金）

法第9条 受給資格者が死亡した場合において、その死亡した者に支払うべき老齢年金生活者支援給付金でまだその者に支払っていなかったものがあるときは、その者の配偶者（婚姻の届出をしていないが、事実上婚姻関係と同様の事情にある者を含む。）、子、父母、孫、祖父母、兄弟姉妹又はこれらの者以外の3親等内の親族であって、その者の死亡の当時その者と生計を同じくしていたものは、自己の名で、その未支払の老齢年金生活者支援給付金の支払を請求することができる。

2 未支払の老齢年金生活者支援給付金を受けることができる者の順位は、政令で定める。

3 未支払の老齢年金生活者支援給付金を受けることができる同順位者が2人以上あるときは、その1人がした請求は、その全額について全員のためにしたものとみなし、その1人に対してした支払は、全員に対してしたものとみなす。

（未支払の老齢年金生活者支援給付金を受けることができる者の順位）

令第5条 法第9条第2項（法第14条、第19条及び第24条において準用する場合を含む。）に規定する未支払の老齢年金生活者支援給付金（法第14条の規定により法第9条第2項の規定を準用する場合にあっては未支払の補足的老齢年金生活者支援給付金、法第19条の規定により同項の規定を準用する場合にあっては未支払の障害年金生活者支援給付金、法第24条の規定により同項の規定を準用する場合にあっては未支払の遺族年金生活者支援給付金とする。）を受けることができる者の順位は、死亡した者の配偶者（婚姻の届出をしていないが、事実上婚姻関係と同様の事情にある者を含む。）、子、父母、孫、祖父母、兄弟姉妹及びこれらの者以外の3親等内の親族の順序とする。

（未支払の老齢年金生活者支援給付金の請求）

則第15条 法第9条の規定による未支払の老齢年金生活者支援給付金の支給の請求は、次に掲げる事項を記載した請求書を機構に提出することによって行わなければならない。

一 請求者の氏名及び住所並びに請求者と老齢年金生活者支援給付金受給者との身分関係

一の二 請求者の個人番号

二 老齢年金生活者支援給付金受給者の氏名、生年月日及び住所

三 老齢年金生活者支援給付金受給者の基礎年金番号

四 老齢年金生活者支援給付金受給者の死亡した年月日

五 請求者以外に法第9条第1項の規定に該当する者があるときは、その者と老齢年金生活者支援給付金受給者との身分関係

六 次のイからハまでに掲げる者の区分に応じ、当該イからハまでに定める事項

　イ 第2条第1項第4号イに規定する者　払渡希望金融機関の名称及び預金口座の口座番号

　ロ 第2条第1項第4号ロに規定する者　払渡希望郵便貯金銀行の営業所等の名称及び所在地

　ハ 第2条第1項第4号ハに規定する者　払渡希望金融機関の名称及び公金受取口座の口座番号並びに公金受取口座への払込みを希望する旨

2 前項の請求書には、次に掲げる書類を添えなければならない。

一 老齢年金生活者支援給付金受給者の死亡の当時における老齢年金生活者支援給付金受給者及び請求者の相互の身分関係を明らかにすることができる書類

二 老齢年金生活者支援給付金受給者の死亡の当時、老齢年金生活者支援給付金受給者が請求者と

生計を同じくしていたことを明らかにすることができる書類

　三　老齢年金生活者支援給付金受給者の基礎年金番号通知書その他の当該老齢年金生活者支援給付金受給者の基礎年金番号を明らかにすることができる書類

　四　前項第6号イに掲げる者にあっては、預金口座の口座番号についての当該払渡希望金融機関の証明書、預金通帳の写しその他の預金口座の口座番号を明らかにすることができる書類

3　第1項の請求は、国民年金法施行規則第25条第1項の請求（当該請求に併せて行われる厚生年金保険法施行規則（昭和29年厚生省令第37号）第42条第1項の請求を含む。以下この項において同じ。）に併せて行わなければならない。この場合において、第1項の請求書に記載することとされた事項（氏名を除く。）及び前項の規定により第1項の請求書に添えなければならないこととされた書類のうち当該国民年金法施行規則第25条第1項の請求に係る請求書に記載し、又は添えたものについては、前2項の規定にかかわらず、第1項の請求書に記載し、又は添えることを要しないものとする。

【参考条文】
（未支給年金の請求）

国民年金法施行規則第25条　法第19条の規定による未支給の年金の支給の請求は、次に掲げる事項を記載した請求書を機構に提出することによつて行わなければならない。この場合において、当該請求が法第19条第3項の規定に該当することに係るものであるときは、併せて、第16条、第16条の2第3項又は第16条の3の例により、老齢基礎年金の裁定請求書及びこれに添えるべき書類を提出しなければならない。

　一　氏名及び住所並びに請求者と受給権者との身分関係

　一の二　個人番号

　二　受給権者の氏名、生年月日及び住所

　二の二　受給権者の基礎年金番号

　三　受給権者の老齢基礎年金の年金証書の年金コード

　四　受給権者の死亡した年月日

　五　請求者以外に法第19条第1項の規定に該当する者があるときは、その者と受給権者との身分関係

　六　次のイからハまでに掲げる者の区分に応じ、当該イからハまでに定める事項

　　イ　第16条第1項第8号イに規定する者　払渡希望金融機関の名称及び預金口座の口座番号

　　ロ　第16条第1項第8号ロに規定する者　払渡希望郵便貯金銀行の営業所等の名称及び所在地

　　ハ　第16条第1項第8号ハに規定する者　払渡希望金融機関の名称及び公金受取口座の口座番号並びに公金受取口座への払込みを希望する旨

2　前項の請求書には、次の各号に掲げる書類を添えなければならない。

　一　受給権者の死亡の当時における受給権者及び請求者の相互の身分関係を明らかにすることができる書類

　二　受給権者の死亡の当時、受給権者が請求者と生計を同じくしていたことを明らかにすることができる書類

　三　前項第6号イに掲げる者にあつては、預金口座の口座番号についての当該払渡希望金融機関の証明書、預金通帳の写しその他の預金口座の口座番号を明らかにすることができる書類

　四　法第105条第4項ただし書に該当するときは、受給権者の老齢基礎年金の年金証書（年金証書を添えることができないときは、その事由書）

3　第1項の請求は、老齢基礎年金の受給権者が同時に老齢厚生年金の受給権を有していた場合であつて同項の請求を行う者が当該受給権者の死亡について厚生年金保険法第37条第1項の請求を行うことができる者であるときは、当該請求に併せて行わなければならない。この場合において、第1

項の請求書に記載することとされた事項及び前項の規定により第1項の請求書に添えなければならないこととされた書類のうち厚生年金保険法施行規則第42条第1項の請求書に記載し、又は添えたものについては、前2項の規定にかかわらず、第1項の請求書に記載し、又は添えることを要しないものとする。

（未支給の保険給付の請求）

厚生年金保険法施行規則第42条　老齢厚生年金の受給権者が死亡した場合（次項に規定する場合を除く。）において、法第37条の規定による未支給の保険給付を受けようとする者は、次に掲げる事項を記載した請求書を、機構に提出しなければならない。

一　氏名及び住所並びに請求者と受給権者との身分関係

一の二　個人番号

二　受給権者の氏名及び生年月日

二の二　受給権者の基礎年金番号

三　老齢厚生年金の年金証書の年金コード

四　受給権者の死亡の年月日

五　請求者以外に法第37条第1項の規定に該当する者があるときは、その者と受給権者との身分関係

六　次のイからハまでに掲げる者の区分に応じ、当該イからハまでに定める事項

　イ　第30条第1項第11号イに規定する者　払渡希望金融機関の名称及び預金口座の口座番号

　ロ　第30条第1項第11号ロに規定する者　払渡希望郵便貯金銀行の営業所等の名称及び所在地

　ハ　第30条第1項第11号ハに規定する者　払渡希望金融機関の名称及び公金受取口座の口座番号並びに公金受取口座への払込みを希望する旨

2　老齢厚生年金の受給権者が死亡した場合であつて、法第37条第3項の規定に該当するときは、同条の規定による未支給の保険給付の支給を受けようとする者は、前項の請求書並びに第30条、第30条の2第2項又は第30条の3の例による請求書及びこれに添えるべき書類等を機構に提出しなければならない。

3　前2項の請求書には、次の各号に掲げる書類を添えなければならない。

一　死亡した受給権者と請求者との身分関係を明らかにすることができる市町村長の証明書、戸籍の謄本若しくは抄本又は法定相続情報一覧図の写し

二　死亡した受給権者の死亡の当時その者と生計を同じくしていたことを証する書類

三　第1項第6号イに掲げる者にあつては、預金口座の口座番号についての当該払渡希望金融機関の証明書、預金通帳の写しその他の預金口座の口座番号を明らかにすることができる書類

四　法第98条第4項ただし書に該当するときは、受給権者の老齢厚生年金の年金証書（老齢厚生年金の年金証書を添えることができないときは、その事由書）

4　第1項又は第2項の請求は、老齢厚生年金の受給権者が同時に老齢基礎年金の受給権を有していた場合であつて、第1項又は第2項の請求を行う者が当該受給権者の死亡について国民年金法第19条第1項の請求を行うことができる者であるときは、当該請求に併せて行わなければならない。この場合において、第1項又は第2項の請求書に記載することとされた事項及び前2項の規定により第1項又は第2項の請求書に添えなければならないこととされた書類のうち国民年金法施行規則第25条第1項の請求書に記載し、又は添えたものについては、前3項の規定にかかわらず、第1項又は第2項の請求書に記載し、又は添えることを要しないものとする。

（補足的老齢年金生活者支援給付金の支給要件）

法第10条　国は、老齢基礎年金受給権者が、その者の前年所得額が所得基準額を超え、かつ、所得基準額を勘案して政令で定める額以下であることその他その者及びその者と同一の世帯に属する

者の所得の状況を勘案して政令で定める要件に該当するときは、当該老齢基礎年金受給権者に対し、補足的老齢年金生活者支援給付金を支給する。

2 前項の規定にかかわらず、補足的老齢年金生活者支援給付金は、当該老齢基礎年金受給権者が次の各号のいずれかに該当するとき（第3号に該当する場合にあっては、厚生労働省令で定めるときに限る。）は、支給しない。

一 日本国内に住所を有しないとき。

二 当該老齢基礎年金の全額につきその支給が停止されているとき。

三 刑事施設、労役場その他これらに準ずる施設に拘禁されているとき。

（法第2条第1項及び第10条第1項に規定する政令で定める要件）

令第2条 法第2条第1項及び第10条第1項に規定する政令で定める要件は、法第2条第1項に規定する老齢基礎年金受給権者（以下この条及び第七条において単に「老齢基礎年金受給権者」という。）及び当該老齢基礎年金受給権者と同一の世帯に属する者が、その年（1月から7月までの月分の老齢年金生活者支援給付金及び1月から7月までの月分の補足的老齢年金生活者支援給付金については、前年）の4月1日の属する年度分の地方税法（昭和25年法律第226号）第5条第2項第1号に掲げる市町村民税（特別区が同法第1条第2項の規定によって課する同号に掲げる税を含む。以下同じ。）が課されていない者であることとする。

（法第10条第1項に規定する政令で定める額）

令第6条 法第10条第1項に規定する政令で定める額（次条第2項各号において「補足的所得基準額」という。）は、<u>88万1,200円</u>とする。〔下線部は、令和5年10月1日より87万8,900円。令和5年10月以後の月分の老齢年金生活者支援給付金および補足的老齢年金生活者支援給付金の支給について適用。同年9月以前の月分の支給については、従前の例による〕

（法第10条第2項に規定する厚生労働省令で定めるとき）

則第16条 法第10条第2項に規定する厚生労働省令で定めるときは、懲役、禁錮若しくは拘留の刑の執行のため若しくは死刑の言渡しを受けて刑事施設に拘置されているとき若しくは留置施設に留置されて懲役、禁錮若しくは拘留の刑の執行を受けているとき、労役場留置の言渡しを受けて労役場に留置されているとき又は監置の裁判の執行のため監置場に留置されているときとする。

【参考条文】

（市町村が課することができる税目）

地方税法第5条 市町村税は、普通税及び目的税とする。

2 市町村は、普通税として、次に掲げるものを課するものとする。ただし、徴収に要すべき経費が徴収すべき税額に比して多額であると認められるものその他特別の事情があるものについては、この限りでない。

一 市町村民税

（補足的老齢年金生活者支援給付金の額）

法第11条 補足的老齢年金生活者支援給付金は、月を単位として支給するものとし、その月額は、当該老齢基礎年金受給権者を受給資格者とみなして第3条の規定を適用するとしたならば同条第1号に規定する額として算定されることとなる額から、その者の前年所得額の逓増に応じ、逓減するように政令で定める額とする。

（法第11条に規定する政令で定める額）

令第7条 法第11条に規定する政令で定める額は、老齢基礎年金受給権者を受給資格者（法第5条第1

項に規定する受給資格者をいう。）とみなして法第３条の規定を適用するとしたならば同条第１号（第29条又は第33条の規定により読み替えて適用する場合を含む。）に規定する額として算定されることとなる額に調整支給率を乗じて得た額（当該乗じて得た額に50銭未満の端数が生じたときは、これを切り捨て、50銭以上１円未満の端数が生じたときは、これを１円に切り上げるものとする。）とする。

2　前項の調整支給率は、第１号に掲げる額を第２号に掲げる額で除して得た率（その率に小数点以下３位未満の端数があるときは、これを四捨五入して得た率）とする。

一　補足的所得基準額から老齢基礎年金受給権者の法第２条第１項に規定する前年所得額を控除して得た額

二　補足的所得基準額から第１条に定める額を控除して得た額

（認定）

法第12条　補足的老齢年金生活者支援給付金の支給要件に該当する者は、補足的老齢年金生活者支援給付金の支給を受けようとするときは、厚生労働大臣に対し、その受給資格及び補足的老齢年金生活者支援給付金の額について認定の請求をしなければならない。

2　前項の認定を受けた者が、補足的老齢年金生活者支援給付金の支給要件に該当しなくなった後再びその要件に該当するに至った場合において、その該当するに至った後の期間に係る補足的老齢年金生活者支援給付金の支給を受けようとするときも、同項と同様とする。

（老齢年金生活者支援給付金の支給要件に該当する者が補足的老齢年金生活者支援給付金の支給要件に該当することとなる場合等の認定の請求の特例）

令第11条　各年の９月分の老齢年金生活者支援給付金の支給要件に該当している者であって、法第５条の規定による認定を受けているものが、当該各年の10月分の補足的老齢年金生活者支援給付金の支給要件に該当するときは、法第12条の規定にかかわらず、当該各年の９月30日において同条の規定による認定の請求があったものとみなす。

2　各年の９月分の補足的老齢年金生活者支援給付金の支給要件に該当している者であって、法第12条の規定による認定を受けているものが、当該各年の10月分の老齢年金生活者支援給付金の支給要件に該当するときは、法第５条の規定にかかわらず、当該各年の９月30日において同条の規定による認定の請求があったものとみなす。

（老齢基礎年金の受給権を有するに至った日から３月以内に老齢年金生活者支援給付金の認定の請求があった場合等の認定の請求の特例）

令第12条　国民年金法第16条の規定により同法の規定による老齢基礎年金（法附則第11条又は第13条の規定により老齢基礎年金とみなされたこれらの規定に規定する政令で定める年金たる給付を含む。以下この項において同じ。）を受ける権利の裁定の請求（当該政令で定める年金たる給付を受ける権利の裁定又は決定の請求を含む。）をした者から法第５条第１項の規定による認定の請求があったとき（当該老齢基礎年金の受給権を有するに至った日（国民年金法附則第９条の２第１項若しくは第９条の２の２第１項又は国民年金法等の一部を改正する法律（平成６年法律第95号。第15条第１項第１号において「平成６年国民年金等改正法」という。）附則第27条第１項の請求を行った者については65歳に到達した日とし、国民年金法第28条第１項（国民年金法等の一部を改正する法律（昭和60年法律第34号。以下「昭和60年国民年金等改正法」という。）附則第18条第５項の規定により読み替えて適用する場合を含む。）の規定による申出を行った者については当該申出を行った日（国民年金法第28条第２項各号（昭和60年国民年金等改正法附則第18条第５項の規定により読み替えて適用する場合を含む。）に掲げる者については当該各号に定める日）とする。以下この項において同じ。）から起算して３月以内に当該認定の請求があったときに限る。）は、当該老齢基礎年金の受給権を有するに至った日に当該認定の請求があったものとみなす。

2 前項の規定は、法第12条第１項の規定による認定の請求について準用する。

（年金生活者支援給付金の支給要件に該当する者から各年の12月31日までに認定の請求があった場合の認定の請求の特例）

令第12条の２ 各年の10月分の年金生活者支援給付金（法第25条第１項に規定する年金生活者支援給付金をいう。以下同じ。）の支給要件に該当している者から、当該各年の10月１日から12月31日までの間に法第５条、第12条、第17条又は第22条の規定による認定の請求（前条各項に規定する認定の請求を除く。）があったときは、当該各年の９月30日に当該認定の請求があったものとみなす。

（認定の請求）

則第17条 法第12条第１項の規定による補足的老齢年金生活者支援給付金の受給資格及びその額についての認定の請求は、次に掲げる事項を記載した請求書を機構に提出することによって行わなければならない。

一　氏名、生年月日及び住所

二　個人番号又は基礎年金番号

二の二　請求者と同一の世帯に属する者（厚生労働大臣が住民基本台帳法第30条の９の規定により機構保存本人確認情報の提供を受けることができるものを除く。）の氏名、生年月日及び個人番号

三　令第32条各号に掲げる年金たる給付を受ける権利を有する者にあっては、当該給付の名称、当該給付に係る制度の名称及びその管掌機関、その支給を受けることができることとなった年月日並びにその年金証書又はこれらに準ずる書類の年金コード又は記号番号若しくは番号

四　次のイからハまでに掲げる者の区分に応じ、当該イからハまでに定める事項

　　イ　払渡しを受ける機関に金融機関を希望する者（ロ及びハに規定する者を除く。）　払渡希望金融機関の名称及び預金口座の口座番号

　　ロ　払渡しを受ける機関に郵便貯金銀行の営業所等を希望する者（預金口座への払込みを希望する者を除く。）　払渡希望郵便貯金銀行の営業所等の名称及び所在地

　　ハ　公金受取口座への払込みを希望する者　払渡希望金融機関の名称及び公金受取口座の口座番号並びに公金受取口座への払込みを希望する旨

2 前項の請求書には、次に掲げる書類等を添えなければならない。

一　生年月日に関する市町村長の証明書又は戸籍の抄本（厚生労働大臣が住民基本台帳法第30条の９の規定により請求者に係る機構保存本人確認情報の提供を受けることができないときに限る。）

二　前項の規定により同項の請求書に基礎年金番号を記載する者にあっては、基礎年金番号通知書その他の基礎年金番号を明らかにすることができる書類

三　老齢・補足的老齢年金生活者支援給付金所得・世帯状況届〔153頁参照〕

四　令第32条各号に掲げる年金たる給付を受ける権利を有する者にあっては、当該給付を受ける権利について裁定又は支給決定を受けたことを明らかにすることができる書類

五　前項第４号イに掲げる者にあっては、預金口座の口座番号についての当該払渡希望金融機関の証明書、預金通帳の写しその他の預金口座の口座番号を明らかにすることができる書類

3 前項第３号の老齢・補足的老齢年金生活者支援給付金所得・世帯状況届には、次に掲げる書類を添えなければならない。

一　前年（１月から９月までの月分の補足的老齢年金生活者支援給付金については、前々年）の所得が法第10条第１項に規定する政令で定める額を超えない事実についての市町村長の証明書

二　請求者と同一の世帯に属する者を明らかにする市町村長の証明書

三　請求者及び請求者と同一の世帯に属する者が、その年（１月から９月までの月分の補足的老齢年金生活者支援給付金については、前年）の４月１日の属する年度分の地方税法第５条第２項第１号に掲げる市町村民税が課されていない者である事実についての市町村長の証明書又は当該事実についての申立書

4　補足的老齢年金生活者支援給付金の支給要件に該当する者（以下「補足的老齢年金生活者支援給付金受給資格者」という。）が老齢基礎年金受給権者であることにより、厚生労働大臣が老齢基礎年金受給権者に係る金融機関の名称及び預金口座の口座番号又は郵便貯金銀行の営業所等の名称及び所在地を確認することができるときは、第1項及び第2項の規定にかかわらず、第1項の請求書に同項第4号に掲げる事項を記載し、及び第2項第5号に掲げる書類を添えることを要しないものとする。

5　補足的老齢年金生活者支援給付金受給資格者が、老齢基礎年金を受ける権利についての国民年金法第16条の規定による裁定の請求に併せて第1項の認定の請求を行うときは、第1項の請求書に記載することとされた事項（氏名を除く。）及び第2項の規定により第1項の請求書に添えなければならないこととされた書類等のうち当該老齢基礎年金の裁定請求書に記載し、又は添えたものについては、第1項及び第2項の規定にかかわらず、第1項の請求書に記載し、又は添えることを要しないものとする。

6　市町村から提供を受けた所得及び世帯の情報その他の情報により厚生労働大臣が補足的老齢年金生活者支援給付金の支給要件に該当する蓋然性が高いと認める者に係る法第12条第1項の規定による補足的老齢年金生活者支援給付金の受給資格及びその額についての認定の請求は、第1項の規定にかかわらず、氏名を記載した請求書を機構に提出することによって行うことができる。この場合において、第2項の規定にかかわらず、同項各号に掲げる書類を添えることを要しないものとする。

（認定の通知等）

則第18条　厚生労働大臣は、補足的老齢年金生活者支援給付金の受給資格及び額の認定の請求があった場合において、その認定をしたときは、請求者に、当該者が補足的老齢年金生活者支援給付金の受給資格について認定を受けた者であることを証する書類を交付しなければならない。

2　厚生労働大臣は、補足的老齢年金生活者支援給付金の受給資格及び額の認定の請求があった場合において、その受給資格がないと認めたときは、請求者に、文書でその旨を通知しなければならない。

3　厚生労働大臣は、補足的老齢年金生活者支援給付金の支給の制限に関する処分その他支給に関する処分を行ったときは、文書で、その内容を補足的老齢年金生活者支援給付金受給資格者に通知しなければならない。

【参考条文】

国民年金法第16条　給付を受ける権利は、その権利を有する者（以下「受給権者」という。）の請求に基いて、厚生労働大臣が裁定する。

（補足的老齢年金生活者支援給付金の額の改定時期）

法第13条　補足的老齢年金生活者支援給付金の支給を受けている者につき、前年所得額の変動が生じた場合における補足的老齢年金生活者支援給付金の額の改定は、10月から行う。

（準用）

法第14条　第6条から第9条までの規定は、補足的老齢年金生活者支援給付金について準用する。この場合において、必要な技術的読替えは、政令で定める。

（支払の一時差止め）

則第29条　補足的老齢年金生活者支援給付金について、法第14条において準用する法第8条の規定によって支払の一時差止めをする場合は、補足的老齢年金生活者支援給付金受給者が正当な理由がなくて、第20条第3項に規定する書類、第21条第1項に規定する届書、同条第3項に規定する書類、第22条に規定する書類又は第27条第3項に規定する書類を提出しないときとする。

2　前項に規定する場合のほか、国民年金法第73条の規定により補足的老齢年金生活者支援給付金受給者に係る老齢基礎年金の支払の一時差止めがされているときは補足的老齢年金生活者支援給付金の支払の一時差止めをする。

（未支払の補足的老齢年金生活者支援給付金の請求）

則第30条　法第14条において準用する法第9条の規定による未支払の補足的老齢年金生活者支援給付金の支給の請求は、次に掲げる事項を記載した請求書を機構に提出することによって行わなければならない。

一　請求者の氏名及び住所並びに請求者と補足的老齢年金生活者支援給付金受給者との身分関係

一の二　請求者の個人番号

二　補足的老齢年金生活者支援給付金受給者の氏名、生年月日及び住所

三　補足的老齢年金生活者支援給付金受給者の基礎年金番号

四　補足的老齢年金生活者支援給付金受給者の死亡した年月日

五　請求者以外に法第14条において準用する法第9条第1項の規定に該当する者があるときは、その者と補足的老齢年金生活者支援給付金受給者との身分関係

六　次のイからハまでに掲げる者の区分に応じ、当該イからハまでに定める事項

イ　第17条第1項第4号イに規定する者　払渡希望金融機関の名称及び預金口座の口座番号

ロ　第17条第1項第4号ロに規定する者　払渡希望郵便貯金銀行の営業所等の名称及び所在地

ハ　第17条第1項第4号ハに規定する者　払渡希望金融機関の名称及び公金受取口座の口座番号並びに公金受取口座への払込みを希望する旨

2　前項の請求書には、次に掲げる書類を添えなければならない。

一　補足的老齢年金生活者支援給付金受給者の死亡の当時における補足的老齢年金生活者支援給付金受給者及び請求者の相互の身分関係を明らかにすることができる書類

二　補足的老齢年金生活者支援給付金受給者の死亡の当時、補足的老齢年金生活者支援給付金受給者が請求者と生計を同じくしていたことを明らかにすることができる書類

三　補足的老齢年金生活者支援給付金受給者の基礎年金番号通知書その他の当該補足的老齢年金生活者支援給付金受給者の基礎年金番号を明らかにすることができる書類

四　前項第6号イに掲げる者にあっては、預金口座の口座番号についての当該払渡希望金融機関の証明書、預金通帳の写しその他の預金口座の口座番号を明らかにすることができる書類

3　第1項の請求は、国民年金法施行規則第25条第1項の請求（当該請求に併せて行われる厚生年金保険法施行規則第42条第1項の請求を含む。以下この項において同じ。）に併せて行わなければならない。この場合において、第1項の請求書に記載することとされた事項（氏名を除く。）及び前項の規定により第1項の請求書に添えなければならないこととされた書類のうち当該国民年金法施行規則第25条第1項の請求に係る請求書に記載し、又は添えたものについては、前2項の規定にかかわらず、第1項の請求書に記載し、又は添えることを要しないものとする。

【参考条文】

国民年金法第73条　受給権者が、正当な理由がなくて、第105条第3項〔受給権者による届出等〕の規定による届出をせず、又は書類その他の物件を提出しないときは、年金給付の支払を一時差し止めることができる。

（未支給年金の請求）

国民年金法施行規則第25条　法第19条の規定による未支給の年金の支給の請求は、次に掲げる事項を記載した請求書を機構に提出することによつて行わなければならない。この場合において、当該請求が法第19条第3項の規定に該当することに係るものであるときは、併せて、第16条、第16条の2第3項又は第16条の3の例により、老齢基礎年金の裁定請求書及びこれに添えるべき書類を提出し

なければならない。
一　氏名及び住所並びに請求者と受給権者との身分関係
一の二　個人番号
二　受給権者の氏名、生年月日及び住所
二の二　受給権者の基礎年金番号
三　受給権者の老齢基礎年金の年金証書の年金コード
四　受給権者の死亡した年月日
五　請求者以外に法第19条第1項の規定に該当する者があるときは、その者と受給権者との身分関係
六　次のイからハまでに掲げる者の区分に応じ、当該イからハまでに定める事項
　　イ　第16条第1項第8号イに規定する者　払渡希望金融機関の名称及び預金口座の口座番号
　　ロ　第16条第1項第8号ロに規定する者　払渡希望郵便貯金銀行の営業所等の名称及び所在地
　　ハ　第16条第1項第8号ハに規定する者　払渡希望金融機関の名称及び公金受取口座の口座番号並びに公金受取口座への払込みを希望する旨

（未支給の保険給付の請求）
厚生年金保険法施行規則第42条　老齢厚生年金の受給権者が死亡した場合（次項に規定する場合を除く。）において、法第37条の規定による未支給の保険給付を受けようとする者は、次に掲げる事項を記載した請求書を、機構に提出しなければならない。
一　氏名及び住所並びに請求者と受給権者との身分関係
一の二　個人番号
二　受給権者の氏名及び生年月日
二の二　受給権者の基礎年金番号
三　老齢厚生年金の年金証書の年金コード
四　受給権者の死亡の年月日
五　請求者以外に法第37条第1項の規定に該当する者があるときは、その者と受給権者との身分関係
六　次のイからハまでに掲げる者の区分に応じ、当該イからハまでに定める事項
　　イ　第30条第1項第11号イに規定する者　払渡希望金融機関の名称及び預金口座の口座番号
　　ロ　第30条第1項第11号ロに規定する者　払渡希望郵便貯金銀行の営業所等の名称及び所在地
　　ハ　第30条第1項第11号ハに規定する者　払渡希望金融機関の名称及び公金受取口座の口座番号並びに公金受取口座への払込みを希望する旨

第3章　障害年金生活者支援給付金

（障害年金生活者支援給付金の支給要件）
法第15条　国は、国民年金法の規定による障害基礎年金（以下単に「障害基礎年金」という。）の受給権者であって当該障害基礎年金を受ける権利について同法第16条の規定による裁定の請求をしたもの（以下この条において「障害基礎年金受給権者」という。）が、その者の前年の所得（1月から9月までの月分のこの項に規定する障害年金生活者支援給付金については、前々年の所得とする。）がその者の所得税法に規定する同一生計配偶者及び扶養親族（第20条第1項において「扶養親族等」という。）の有無及び数に応じて、政令で定める額以下であるときは、当該障害基礎年金受給権者に対し、障害年金生活者支援給付金を支給する。
2　前項の規定にかかわらず、障害年金生活者支援給付金は、当該障害基礎年金受給権者が次の各号のいずれかに該当するとき（第3号及び第4号に該当する場合にあっては、厚生労働省令で定

めるときに限る。）は、支給しない。

一　日本国内に住所を有しないとき。

二　当該障害基礎年金の全額につきその支給が停止されているとき。

三　刑事施設、労役場その他これらに準ずる施設に拘禁されているとき。

四　少年院その他これに準ずる施設に収容されているとき。

3　第1項に規定する所得の範囲及びその額の計算方法は、政令で定める。

（法第15条第1項及び第20条第1項に規定する政令で定める額）

令第8条　法第15条第1項及び第20条第1項に規定する政令で定める額は、法第15条第1項に規定する扶養親族等（以下この条及び第19条第1項第2号ロにおいて単に「扶養親族等」という。）がないときは、472万1,000円とし、扶養親族等があるときは、472万1,000円に当該扶養親族等（所得税法に規定する扶養親族（30歳以上70歳未満の者に限る。同号ロにおいて「特定年齢扶養親族」という。）にあっては、同法に規定する控除対象扶養親族（同号ロにおいて単に「控除対象扶養親族」という。）に限る。）1人につき38万円（当該扶養親族等が所得税法に規定する同一生計配偶者（70歳以上の者に限る。以下この条及び同号ロにおいて同じ。）又は老人扶養親族であるときは、当該同一生計配偶者又は老人扶養親族1人につき48万円とし、当該扶養親族等が特定扶養親族等（同法に規定する特定扶養親族又は控除対象扶養親族（19歳未満の者に限る。）をいう。以下この条及び同号ロにおいて同じ。）であるときは、当該特定扶養親族等1人につき63万円とする。）を加算した額とする。〔下線部は、令和6年4月1日施行。ただし、令和6年10月以後の月分の障害年金生活者支援給付金および遺族年金生活者支援給付金の支給について適用。同年9月以前の月分の支給については、従前の例による〕

（法第15条第1項及び第20条第1項に規定する所得の範囲）

令第9条　法第15条第1項及び第20条第1項に規定する所得は、地方税法第4条第2項第1号に掲げる道府県民税（都が同法第1条第2項の規定によって課する同号に掲げる税を含む。以下この条及び次条において同じ。）についての同法その他の道府県民税に関する法令の規定による非課税所得以外の所得とする。

（法第15条第1項及び第20条第1項に規定する所得の額の計算方法）

令第10条　法第15条第1項及び第20条第1項に規定する所得の額は、その所得が生じた年の翌年の4月1日の属する年度（次項各号において「当該年度」という。）分の道府県民税に係る地方税法第32条第1項に規定する総所得金額、退職所得金額及び山林所得金額、同法附則第33条の3第1項に規定する土地等に係る事業所得等の金額、同法附則第34条第1項に規定する長期譲渡所得の金額、同法附則第35条第1項に規定する短期譲渡所得の金額、同法附則第35条の4第1項に規定する先物取引に係る雑所得等の金額、外国居住者等の所得に対する相互主義による所得税等の非課税等に関する法律（昭和37年法律第144号）第8条第2項（同法第12条第5項及び第16条第2項において準用する場合を含む。）に規定する特例適用利子等の額、同法第8条第4項（同法第12条第6項及び第16条第3項において準用する場合を含む。）に規定する特例適用配当等の額、租税条約等の実施に伴う所得税法、法人税法及び地方税法の特例等に関する法律（昭和44年法律第46号）第3条の2の2第4項に規定する条約適用利子等の額並びに同条第6項に規定する条約適用配当等の額の合計額とする。

2　次の各号に該当する者については、当該各号に掲げる額を前項の規定によって計算した額からそれぞれ控除するものとする。

一　当該年度分の道府県民税につき、地方税法第34条第1項第1号から第4号まで又は第10号の2に規定する控除を受けた者については、当該雑損控除額、医療費控除額、社会保険料控除額、小規模企業共済等掛金控除額又は配偶者特別控除額に相当する額

二　当該年度分の道府県民税につき、地方税法第34条第1項第6号に規定する控除を受けた者については当該控除の対象となった障害者（国民年金法第30条の4の規定による障害基礎年金（当該障害

基礎年金の全額につき支給を停止されているものを除く。）の受給権者を除く。）１人につき27万円（当該障害者が同号に規定する特別障害者である場合には、40万円）、同項第８号に規定する控除を受けた者については当該控除を受けた者につき27万円、同項第８号の２に規定する控除を受けた者については当該控除を受けた者につき35万円、同項第９号に規定する控除を受けた者については当該控除を受けた者につき27万円

　三　当該年度分の道府県民税につき、地方税法附則第６条第１項に規定する免除を受けた者については、当該免除に係る所得の額

（法第15条第２項に規定する厚生労働省令で定めるとき）

則第31条　法第15条第２項に規定する厚生労働省令で定めるときは、次のいずれかに該当するときとする。

　一　懲役、禁錮若しくは拘留の刑の執行のため若しくは死刑の言渡しを受けて刑事施設に拘置されているとき若しくは留置施設に留置されて懲役、禁錮若しくは拘留の刑の執行を受けているとき、労役場留置の言渡しを受けて労役場に留置されているとき又は監置の裁判の執行のため監置場に留置されているとき

　二　少年法（昭和23年法律第168号）第24条の規定による保護処分として少年院に送致され、収容されているとき又は売春防止法（昭和31年法律第118号）第17条の規定による補導処分として婦人補導院に収容されているとき〔下線部は、令和６年４月１より削除〕

【参考条文】

国民年金法第16条　給付を受ける権利は、その権利を有する者（以下「受給権者」という。）の請求に基いて、厚生労働大臣が裁定する。

国民年金法第30条の４　疾病にかかり、又は負傷し、その初診日において20歳未満であつた者が、障害認定日以後に20歳に達したときは20歳に達した日において、障害認定日が20歳に達した日後であるときはその障害認定日において、障害等級に該当する程度の障害の状態にあるときは、その者に障害基礎年金を支給する。

2　疾病にかかり、又は負傷し、その初診日において20歳未満であつた者（同日において被保険者でなかつた者に限る。）が、障害認定日以後に20歳に達したときは20歳に達した日後において、障害認定日が20歳に達した日後であるときはその障害認定日後において、その傷病により、65歳に達する日の前日までの間に、障害等級に該当する程度の障害の状態に該当するに至つたときは、その者は、その期間内に前項の障害基礎年金の支給を請求することができる。

3　第30条の２第３項の規定は、前項の場合に準用する。

（法第30条の４の規定による障害基礎年金の支給を停止する場合の所得の額の計算方法）

国民年金法施行令第６条の２　法第36条の３第１項に規定する所得の額は、その年の４月１日の属する年度（以下「当該年度」という。）分の道府県民税に係る地方税法第32条第１項に規定する総所得金額、退職所得金額及び山林所得金額、同法附則第33条の３第１項に規定する土地等に係る事業所得等の金額、同法附則第34条第１項に規定する長期譲渡所得の金額、同法附則第35条第１項に規定する短期譲渡所得の金額、同法附則第35条の４第１項に規定する先物取引に係る雑所得等の金額、外国居住者等の所得に対する相互主義による所得税等の非課税等に関する法律（昭和37年法律第144号。以下「外国居住者等所得相互免除法」という。）第８条第２項（外国居住者等所得相互免除法第12条第５項及び第16条第２項において準用する場合を含む。以下同じ。）に規定する特例適用利子等の額、外国居住者等所得相互免除法第８条第４項（外国居住者等所得相互免除法第12条第６項及び第16条第３項において準用する場合を含む。以下同じ。）に規定する特例適用配当等の額、租税条約等の実施に伴う所得税法、法人税法及び地方税法の特例等に関する法律（昭和44年法律第46号。以下「租税条約等実施特例法」という。）第３条の２の２第４項に規定する条約適用利子等の額並びに

同条第6項に規定する条約適用配当等の額の合計額とする。

2　次の各号に該当する者については、当該各号に掲げる額を前項の規定によつて計算した額からそれぞれ控除するものとする。

　一　当該年度分の道府県民税につき、地方税法第34条第1項第1号から第4号まで又は第10号の2に規定する控除を受けた者については、当該雑損控除額、医療費控除額、社会保険料控除額、小規模企業共済等掛金控除額又は配偶者特別控除額に相当する額

　二　当該年度分の道府県民税につき、地方税法第34条第1項第6号に規定する控除を受けた者についてはその控除の対象となつた障害者（法第30条の4の規定による障害基礎年金（その全額につき支給を停止されているものを除く。）の受給権者を除く。）1人につき27万円（当該障害者が同号に規定する特別障害者である場合には、40万円）、同項第8号に規定する控除を受けた者については当該控除を受けた者につき27万円、同項第8号の2に規定する控除を受けた者については当該控除を受けた者につき35万円、同項第9号に規定する控除を受けた者については当該控除を受けた者につき27万円

　三　当該年度分の道府県民税につき、地方税法附則第6条第1項に規定する免除を受けた者については、当該免除に係る所得の額

（用語）

地方税法第1条

2　この法律中道府県に関する規定は都に、市町村に関する規定は特別区に準用する。この場合においては、「道府県」、「道府県税」、「道府県民税」、「道府県たばこ税」、「道府県知事」又は「道府県職員」とあるのは、それぞれ「都」、「都税」、「都民税」、「都たばこ税」、「都知事」又は「都職員」と、「市町村」、「市町村税」、「市町村民税」、「市町村たばこ税」、「市町村長」又は「市町村職員」とあるのは、それぞれ「特別区」、「特別区税」、「特別区民税」、「特別区たばこ税」、「特別区長」又は「特別区職員」と読み替えるものとする。

（都道府県が課することができる税目）

地方税法第4条　道府県税は、普通税及び目的税とする。

2　道府県は、普通税として、次に掲げるものを課するものとする。ただし、徴収に要すべき経費が徴収すべき税額に比して多額であると認められるものその他特別の事情があるものについては、この限りでない。

　一　道府県民税

（所得割の課税標準）

地方税法第32条　所得割の課税標準は、前年の所得について算定した総所得金額、退職所得金額及び山林所得金額とする。

（所得控除）

地方税法第34条　道府県は、所得割の納税義務者が次の各号に掲げる者のいずれかに該当する場合においては、それぞれ当該各号に定める金額をその者の前年の所得について算定した総所得金額、退職所得金額又は山林所得金額から控除するものとする。

　一　前年中に災害又は盗難若しくは横領（以下この号において「災害等」という。）により自己又は自己と生計を一にする配偶者その他の親族で政令で定めるものの有する資産（第32条第10項に規定する資産及び生活に通常必要でない資産として政令で定める資産を除く。）について損失を受けた場合（当該災害等に関連して政令で定めるやむを得ない支出をした場合を含む。）において、当該損失の金額（当該支出をした金額を含み、保険金、損害賠償金その他これらに類するものにより埋められた部分の金額を除く。以下この号において「損失の金額」という。）の合計額が、次に掲げる場合の区分に応じ、それぞれ次に定める金額を超える所得割の納税義務者　次に掲げる場合の区分に応じ、それぞれ次に定める金額を超える場合におけるその超える金額

イ　損失の金額に含まれる災害関連支出の金額（損失の金額のうち災害に直接関連して支出をした金額として政令で定める金額をいう。以下この号において同じ。）が５万円以下である場合（災害関連支出の金額がない場合を含む。）　当該納税義務者の前年の総所得金額、退職所得金額及び山林所得金額の合計額の10分の１に相当する金額

ロ　損失の金額に含まれる災害関連支出の金額が５万円を超える場合　損失の金額の合計額から災害関連支出の金額のうち５万円を超える部分の金額を控除した金額とイに定める金額とのいずれか低い金額

ハ　損失の金額がすべて災害関連支出の金額である場合　５万円とイに定める金額とのいずれか低い金額

二　前年中に自己又は自己と生計を一にする配偶者その他の親族に係る医療費（医師又は歯科医師による診療又は治療、治療又は療養に必要な医薬品の購入その他医療又はこれに関連する人的役務の提供の対価のうち通常必要であると認められるものとして政令で定めるものをいう。）を支払い、その支払つた医療費の金額（保険金、損害賠償金その他これらに類するものにより埋められた部分の金額を除く。）の合計額が、前年の総所得金額、退職所得金額及び山林所得金額の合計額の100分の５に相当する金額（その金額が10万円を超える場合には、10万円）を超える所得割の納税義務者　その超える金額（その金額が200万円を超える場合には、200万円）

三　前年中に自己又は自己と生計を一にする配偶者その他の親族の負担すべき社会保険料（所得税法第74条第２項に規定する社会保険料（租税特別措置法第41条の７第２項において社会保険料とみなされる金銭の額を含む。）をいう。）を支払つた、又は給与から控除される所得割の納税義務者　その支払つた、又は給与から控除される金額

四　前年中に次に掲げる掛金を支払つた所得割の納税義務者　その支払つた金額の合計額

イ　小規模企業共済法（昭和40年法律第102号）第２条第２項に規定する共済契約（政令で定めるものを除く。）に基づく掛金

ロ　確定拠出年金法（平成13年法律第88号）第３条第３項第７号の２に規定する企業型年金加入者掛金又は同法第55条第２項第４号に規定する個人型年金加入者掛金

ハ　条例の規定により地方公共団体が精神又は身体に障害のある者に関して実施する共済制度で政令で定めるものに係る契約に基づく掛金

六　障害者である所得割の納税義務者又は障害者である同一生計配偶者若しくは扶養親族を有する所得割の納税義務者　各障害者につき26万円（その者が特別障害者（障害者のうち、精神又は身体に重度の障害がある者で政令で定めるものをいう。第３項及び第８項並びに第37条において同じ。）である場合には、30万円）

八　寡婦である所得割の納税義務者　26万円

八の二　ひとり親である所得割の納税義務者　30万円

九　勤労学生である所得割の納税義務者　26万円

十の二　自己と生計を一にする配偶者（第32条第３項に規定する青色事業専従者に該当するもので同項に規定する給与の支払を受けるもの及び同条第４項に規定する事業専従者に該当するものを除き、前年の合計所得金額が133万円以下であるものに限る。）で控除対象配偶者に該当しないものを有する所得割の納税義務者（その配偶者がこの号に規定する所得割の納税義務者としてこの号の規定の適用を受けているものを除き、前年の合計所得金額が1,000万円以下であるものに限る。）　次に掲げる場合の区分に応じ、それぞれ次に定める金額

イ　当該納税義務者の前年の合計所得金額が900万円以下である場合　当該配偶者の次に掲げる区分に応じ、それぞれ次に定める金額

(1)　前年の合計所得金額が100万円以下である配偶者　33万円

(2)　前年の合計所得金額が100万円を超え130万円以下である配偶者　38万円から当該配偶者の

前年の合計所得金額のうち93万1円を超える部分の金額（当該超える部分の金額が5万円の整数倍の金額から3万円を控除した金額でないときは、5万円の整数倍の金額から3万円を控除した金額で当該超える部分の金額に満たないもののうち最も多い金額とする。）を控除した金額

(3) 前年の合計所得金額が130万円を超える配偶者　3万円

ロ　当該納税義務者の前年の合計所得金額が900万円を超え950万円以下である場合　当該配偶者のイ(1)から(3)までに掲げる区分に応じ、それぞれイ(1)から(3)までに定める金額の3分の2に相当する金額（当該金額に1万円未満の端数がある場合には、これを切り上げた金額）

ハ　当該納税義務者の前年の合計所得金額が950万円を超え1,000万円以下である場合　当該配偶者のイ(1)から(3)までに掲げる区分に応じ、それぞれイ(1)から(3)までに定める金額の3分の1に相当する金額（当該金額に1万円未満の端数がある場合には、これを切り上げた金額）

（肉用牛の売却による事業所得に係る道府県民税及び市町村民税の課税の特例）

地方税法附則第6条　道府県は、昭和57年度から令和9年度までの各年度分の個人の道府県民税に限り、所得割の納税義務者が前年中に租税特別措置法第25条第1項各号に掲げる売却の方法により当該各号に定める肉用牛を売却し、かつ、その売却した肉用牛が全て同項に規定する免税対象飼育牛（次項において「免税対象飼育牛」という。）である場合（その売却した肉用牛の頭数の合計が1,500頭以内である場合に限る。）において、第45条の2第1項の規定による申告書（その提出期限後において道府県民税の納税通知書が送達される時までに提出されたもの及びその時までに提出された第45条の3第1項の確定申告書を含む。次項において同じ。）にその肉用牛の売却に係る同法第25条第1項に規定する事業所得の明細に関する事項の記載があるとき（これらの申告書にその記載がないことについてやむを得ない理由があると市町村長が認めるときを含む。次項において同じ。）は、当該事業所得に係る道府県民税の所得割の額として政令で定める額を免除するものとする。

（土地の譲渡等に係る事業所得等に係る道府県民税及び市町村民税の課税の特例）

地方税法附則第33条の3　道府県は、当分の間、道府県民税の所得割の納税義務者が前年中に租税特別措置法第28条の4第1項に規定する事業所得又は雑所得を有する場合には、当該事業所得及び雑所得については、第32条第1項及び第2項並びに第35条の規定にかかわらず、他の所得と区分し、前年中の当該事業所得及び雑所得の金額として政令で定めるところにより計算した金額（以下この項において「土地等に係る事業所得等の金額」という。）に対し、次に掲げる金額のうちいずれか多い金額に相当する道府県民税の所得割を課する。

一　土地等に係る事業所得等の金額（第3項第3号の規定により読み替えて適用される第34条の規定の適用がある場合には、その適用後の金額。次号において「土地等に係る課税事業所得等の金額」という。）の100分の4.8（当該納税義務者が指定都市の区域内に住所を有する場合には、100分の2.4）に相当する金額

二　土地等に係る課税事業所得等の金額につきこの項の規定の適用がないものとした場合に算出される道府県民税の所得割の額として政令で定めるところにより計算した金額の100分の110に相当する金額

（長期譲渡所得に係る道府県民税及び市町村民税の課税の特例）

地方税法附則第34条　道府県は、当分の間、道府県民税の所得割の納税義務者が前年中に租税特別措置法第31条第1項に規定する譲渡所得を有する場合には、当該譲渡所得については、第32条第1項及び第2項並びに第35条の規定にかかわらず、他の所得と区分し、前年中の長期譲渡所得の金額に対し、長期譲渡所得の金額（同法第33条の4第1項若しくは第2項、第34条第1項、第34条の2第1項、第34条の3第1項、第35条第1項、第35条の2第1項、第35条の3第1項又は第36条の規定に該当する場合には、これらの規定の適用により同法第31条第1項に規定する長期譲渡所得の金額から控除する金額を控除した金額とし、これらの金額につき第3項第3号の規定により読み替えて

適用される第34条の規定の適用がある場合には、その適用後の金額。次条第１項及び第２項並びに附則第34条の３第１項において「課税長期譲渡所得金額」という。）の100分の２（当該納税義務者が指定都市の区域内に住所を有する場合には、100分の１）に相当する金額に相当する道府県民税の所得割を課する。この場合において、長期譲渡所得の金額の計算上生じた損失の金額があるときは、道府県民税に関する規定の適用については、当該損失の金額は生じなかつたものとみなす。

（短期譲渡所得に係る道府県民税及び市町村民税の課税の特例）

地方税法附則第35条　道府県は、当分の間、所得割の納税義務者が前年中に租税特別措置法第32条第１項に規定する譲渡所得（同条第２項に規定する譲渡による所得を含む。）を有する場合には、当該譲渡所得については、第32条第１項及び第２項並びに第35条の規定にかかわらず、他の所得と区分し、前年中の短期譲渡所得の金額に対し、課税短期譲渡所得金額（短期譲渡所得の金額（同法第33条の４第１項若しくは第２項、第34条第１項、第34条の２第１項、第34条の３第１項、第35条第１項又は第36条の規定に該当する場合には、これらの規定の適用により同法第32条第１項に規定する短期譲渡所得の金額から控除する金額を控除した金額とし、これらの金額につき第４項第３号の規定により読み替えて適用される第34条の規定の適用がある場合には、その適用後の金額）をいう。）の100分の3.6（当該納税義務者が指定都市の区域内に住所を有する場合には、100分の1.8）に相当する金額に相当する道府県民税の所得割を課する。この場合において、短期譲渡所得の金額の計算上生じた損失の金額があるときは、道府県民税に関する規定の適用については、当該損失の金額は生じなかつたものとみなす。

（先物取引に係る雑所得等に係る道府県民税及び市町村民税の課税の特例）

地方税法附則第35条の４　道府県は、当分の間、道府県民税の所得割の納税義務者が前年中に租税特別措置法第41条の14第１項に規定する事業所得、譲渡所得又は雑所得を有する場合には、当該事業所得、譲渡所得及び雑所得については、第32条第１項及び第２項並びに第35条の規定にかかわらず、他の所得と区分し、前年中の当該事業所得の金額、譲渡所得の金額及び雑所得の金額として政令で定めるところにより計算した金額（以下この項において「先物取引に係る雑所得等の金額」という。）に対し、先物取引に係る課税雑所得等の金額（先物取引に係る雑所得等の金額（次項第３号の規定により読み替えて適用される第34条の規定の適用がある場合には、その適用後の金額）をいう。）の100分の２（当該納税義務者が指定都市の区域内に住所を有する場合には、100分の１）に相当する金額に相当する道府県民税の所得割を課する。この場合において、先物取引に係る雑所得等の金額の計算上生じた損失の金額があるときは、道府県民税に関する規定の適用については、当該損失の金額は生じなかつたものとみなす。

（事業から生ずる所得に対する特別徴収に係る住民税の特例等）

外国居住者等の所得に対する相互主義による所得税等の非課税等に関する法律第８条　住民税の納税義務者が支払を受ける特定対象事業所得については、地方税法第24条第１項第５号及び第６号、第32条第12項及び第13項、第71条の５、第71条の６、第71条の８から第71条の22まで、第71条の26から第71条の43まで、第71条の47並びに第313条第12項及び第13項の規定は、適用しない。

２　道府県内に住所を有する個人が支払を受けるべき特定対象事業所得のうち、地方税法第23条第１項第14号に掲げる利子等（同号ロに規定する国外一般公社債等の利子等及び同号ニに規定する国外私募公社債等運用投資信託等の配当等を除く。）に該当するものであつて前項の規定の適用を受けるもの（以下この条において「特例適用利子等」という。）については、同法第32条第１項及び第２項並びに第35条の規定にかかわらず、他の所得と区分し、その前年中の当該特例適用利子等に係る利子所得の金額、配当所得の金額、譲渡所得の金額、一時所得の金額及び雑所得の金額の合計額（以下この項及び第７項において「特例適用利子等の額」という。）に対し、特例適用利子等の額（次項第４号の規定により読み替えられた同法第34条の規定の適用がある場合には、その適用後の金額）に100分の２（当該個人が地方自治法（昭和22年法律第67号）第252条の19第１項の市（以下この条

において「指定都市」という。）の区域内に住所を有する場合には、100分の1）の税率を乗じて計算した金額に相当する道府県民税の所得割（地方税法第23条第1項第2号に掲げる所得割をいう。以下「道府県民税の所得割」という。）を課する。

4　道府県内に住所を有する個人が支払を受けるべき特定対象事業所得のうち、地方税法第23条第1項第15号に掲げる特定配当等に該当するものであつて第1項の規定の適用を受けるもの（以下この条において「特例適用配当等」という。）については、同法第32条第1項及び第2項並びに第35条の規定にかかわらず、他の所得と区分し、その前年中の当該特例適用配当等に係る利子所得の金額、配当所得の金額及び雑所得の金額の合計額（以下この項及び第9項において「特例適用配当等の額」という。）に対し、特例適用配当等の額（第6項第4号の規定により読み替えられた同法第34条の規定の適用がある場合には、その適用後の金額）に100分の2（当該個人が指定都市の区域内に住所を有する場合には、100分の1）の税率を乗じて計算した金額に相当する道府県民税の所得割を課する。

（国際運輸業に係る所得に対する事業税の非課税等）

外国居住者等の所得に対する相互主義による所得税等の非課税等に関する法律第12条　道府県は、国際運輸業を営む外国居住者等が有する当該国際運輸業に係る所得で法人税法第141条第1号イ及びロに掲げる国内源泉所得に該当するもの（地方税法第72条の12第1号に規定する付加価値額及び同条第2号に規定する資本金等の額を含む。以下この条において「対象国際運輸業所得」という。）のうち、当該外国居住者等に係る外国においてその法令に基づき当該外国居住者等の所得（所得以外のもので外国の事業税に相当する税の課税標準とされているものを含む。）として取り扱われるものについては、事業税を課することができない。

5　第8条第2項及び第3項の規定は、道府県内に住所を有する個人が支払を受けるべき特定対象国際運輸業所得のうち、地方税法第23条第1項第14号に掲げる利子等（同号ロに規定する国外一般公社債等の利子等及び同号ニに規定する国外私募公社債等運用投資信託等の配当等を除く。）に該当するものであつて前項の規定の適用を受けるもの（第7項において「特例適用利子等」という。）に係る利子所得、配当所得、譲渡所得、一時所得及び雑所得について準用する。この場合において、第8条第3項第2号中「第8条第2項」とあるのは「第12条第5項において準用する外国居住者等所得相互免除法第8条第2項」と、「第8条第3項第4号」とあるのは「第12条第5項において準用する外国居住者等所得相互免除法第8条第3項第4号」と、同項第3号中「前条第11項第2号、第13項第3号、第17項第3号及び第19項第3号」とあるのは「第11条第8項において準用する前条第11項第2号、第11条第9項において準用する前条第13項第3号、第11条第11項において準用する前条第17項第3号及び第11条第12項において準用する前条第19項第3号」と、同項第5号中「第8条第2項」とあるのは「第12条第5項において準用する外国居住者等所得相互免除法第8条第2項」と、「第8条第3項第4号」とあるのは「第12条第5項において準用する外国居住者等所得相互免除法第8条第3項第4号」と読み替えるものとする。

6　第8条第4項から第6項までの規定は、道府県内に住所を有する個人が支払を受けるべき特定対象国際運輸業所得のうち、地方税法第23条第1項第15号に掲げる特定配当等に該当するものであつて第4項の規定の適用を受けるもの（第8項において「特例適用配当等」という。）に係る利子所得、配当所得及び雑所得について準用する。この場合において、第8条第6項第2号中「第8条第4項」とあるのは「第12条第6項において準用する外国居住者等所得相互免除法第8条第4項」と、「第8条第6項第4号」とあるのは「第12条第6項において準用する外国居住者等所得相互免除法第8条第6項第4号」と、同項第3号中「前条第15項第3号」とあるのは「第11条第10項において準用する前条第15項第3号」と、同項第5号中「第8条第4項」とあるのは「第12条第6項において準用する外国居住者等所得相互免除法第8条第4項」と、「第8条第6項第4号」とあるのは「第12条第6項において準用する外国居住者等所得相互免除法第8条第6項第4号」と読み替えるものとする。

（配当等に対する特別徴収に係る住民税の特例等）

外国居住者等の所得に対する相互主義による所得税等の非課税等に関する法律第16条　住民税の納税義務者が支払を受ける特定非課税対象利子については、地方税法第24条第１項第５号及び第６号、第32条第12項及び第13項、第71条の５、第71条の６、第71条の８から第71条の22まで、第71条の26から第71条の43まで、第71条の47並びに第313条第12項及び第13項の規定は、適用しない。

2　第８条第２項及び第３項の規定は、道府県内に住所を有する個人が支払を受けるべき特定非課税対象利子のうち、地方税法第23条第１項第14号に掲げる利子等（同号ロに規定する国外一般公社債等の利子等及び同号ニに規定する国外私募公社債等運用投資信託等の配当等を除く。）に該当するものであつて前項の規定の適用を受けるもの（第４項において「特例適用利子等」という。）に係る利子所得、配当所得、譲渡所得、一時所得及び雑所得について準用する。この場合において、第８条第３項第２号中「第８条第２項」とあるのは「第16条第２項において準用する外国居住者等所得相互免除法第８条第２項」と、「第８条第３項第４号」とあるのは「第16条第２項において準用する外国居住者等所得相互免除法第８条第３項第４号」と、同項第３号中「前条第11項第２号、第13項第３号、第17項第３号及び第19項第３号」とあるのは「第15条第14項において準用する前条第11項第２号、第15条第15項において準用する前条第13項第３号、第15条第17項において準用する前条第17項第３号及び第15条第18項において準用する前条第19項第３号」と、同項第５号中「第８条第２項」とあるのは「第16条第２項において準用する外国居住者等所得相互免除法第８条第２項」と、「第８条第３項第４号」とあるのは「第16条第２項において準用する外国居住者等所得相互免除法第８条第３項第４号」と読み替えるものとする。

3　第８条第４項から第６項までの規定は、道府県内に住所を有する個人が支払を受けるべき特定非課税対象利子のうち、地方税法第23条第１項第15号に掲げる特定配当等に該当するものであつて第１項の規定の適用を受けるもの（第５項において「特例適用配当等」という。）に係る利子所得、配当所得及び雑所得について準用する。この場合において、第８条第６項第２号中「第８条第４項」とあるのは「第16条第３項において準用する外国居住者等所得相互免除法第８条第４項」と、「第８条第６項第４号」とあるのは「第16条第３項において準用する外国居住者等所得相互免除法第８条第６項第４号」と、同項第３号中「前条第15項第３号」とあるのは「第15条第16項において準用する前条第15項第３号」と、同項第５号中「第８条第４項」とあるのは「第16条第３項において準用する外国居住者等所得相互免除法第８条第４項」と、「第８条第６項第４号」とあるのは「第16条第３項において準用する外国居住者等所得相互免除法第８条第６項第４号」と読み替えるものとする。

（配当等に対する特別徴収に係る住民税の税率の特例等）

租税条約等の実施に伴う所得税法、法人税法及び地方税法の特例等に関する法律第３条の２の２　租税条約が住民税（道府県民税及び市町村民税をいう。以下この条において同じ。）についても適用がある場合において、住民税の納税義務者が支払を受ける配当等のうち、当該租税条約の規定において、当該租税条約の相手国等においてその法令に基づき当該納税義務者が構成員となつている当該相手国等の団体の所得として取り扱われるものとされるもの（以下この条において「特定外国配当等」という。）であつて限度税率を定める当該租税条約の規定の適用があるものに対する地方税法第71条の６第１項若しくは第２項又は第71条の28の規定の適用については、当該限度税率が当該特定外国配当等に適用されるこれらの規定に規定する税率以上である場合を除き、これらの規定に規定する税率に代えて、当該租税条約の規定により当該特定外国配当等につきそれぞれ適用される限度税率によるものとする。この場合において、同法第32条第12項及び第13項並びに第313条第12項及び第13項の規定は、適用しない。

4　道府県内に住所を有する個人が支払を受けるべき特定外国配当等のうち、地方税法第23条第１項第14号に掲げる利子等（同号ロに規定する国外一般公社債等の利子等及び同号ニに規定する国外私募公社債等運用投資信託等の配当等を除く。）に該当するものであつて第１項又は前項の規定の適用を受けるもの（以下この項及び次項において「条約適用利子等」という。）については、同法第32条

第1項及び第2項並びに第35条の規定にかかわらず、他の所得と区分し、その前年中の当該条約適用利子等に係る利子所得の金額、配当所得の金額、譲渡所得の金額、一時所得の金額及び雑所得の金額の合計額（以下この項において「条約適用利子等の額」という。）に対し、条約適用利子等の額（次項第4号の規定により読み替えられた同法第34条の規定の適用がある場合には、その適用後の金額）に100分の5の税率から第1項の限度税率を控除して得た率に5分の2（当該個人が地方自治法（昭和22年法律第67号）第252条の19第1項の市（以下この条において「指定都市」という。）の区域内に住所を有する場合には、5分の1）を乗じて得た率（当該個人が前項の規定の適用を受ける場合には、100分の2（当該個人が指定都市の区域内に住所を有する場合には、100分の1）の税率）を乗じて計算した金額に相当する道府県民税の所得割（地方税法第23条第1項第2号に掲げる所得割をいう。次項、第6項及び第8項において同じ。）を課する。

6　道府県内に住所を有する個人が支払を受けるべき特定外国配当等のうち、地方税法第23条第1項第15号に掲げる特定配当等であつて第1項又は第3項の規定の適用を受けるもの（以下この項から第8項までにおいて「条約適用配当等」という。）については、同法第32条第1項及び第2項並びに第35条の規定にかかわらず、他の所得と区分し、その前年中の当該条約適用配当等に係る利子所得、配当所得及び雑所得の金額（以下この項において「条約適用配当等の額」という。）に対し、条約適用配当等の額（第8項第4号の規定により読み替えられた同法第34条の規定の適用がある場合には、その適用後の金額）に100分の5の税率から第1項の限度税率を控除して得た率に5分の2（当該個人が指定都市の区域内に住所を有する場合には、5分の1）を乗じて得た率（当該個人が第3項の規定の適用を受ける場合には、100分の2（当該個人が指定都市の区域内に住所を有する場合には、100分の1）の税率）を乗じて計算した金額に相当する道府県民税の所得割を課する。

（保護処分の決定）

少年法第24条　家庭裁判所は、前条の場合を除いて、審判を開始した事件につき、決定をもつて、次に掲げる保護処分をしなければならない。ただし、決定の時に14歳に満たない少年に係る事件については、特に必要と認める場合に限り、第3号の保護処分をすることができる。

一　保護観察所の保護観察に付すること。

二　児童自立支援施設又は児童養護施設に送致すること。

三　少年院に送致すること。

2　前項第1号及び第3号の保護処分においては、保護観察所の長をして、家庭その他の環境調整に関する措置を行わせることができる。

（補導処分）

売春防止法第17条　第5条の罪を犯した満20歳以上の女子に対して、同条の罪又は同条の罪と他の罪とに係る懲役又は禁錮につきその刑の全部の執行を猶予するときは、その者を補導処分に付することができる。

2　補導処分に付された者は、婦人補導院に収容し、その更生のために必要な補導を行う。

（障害年金生活者支援給付金の額）

法第16条　障害年金生活者支援給付金は、月を単位として支給するものとし、その月額は、給付基準額（障害の程度が国民年金法第30条第2項に規定する障害等級の1級に該当する者として障害基礎年金の額が計算されるものにあっては、給付基準額の100分の125に相当する額（その額に50銭未満の端数が生じたときは、これを切り捨て、50銭以上1円未満の端数が生じたときは、これを1円に切り上げるものとする。））とする。

【参考条文】

（支給要件）

国民年金法第30条

2 障害等級は、障害の程度に応じて重度のものから１級及び２級とし、各級の障害の状態は、政令で定める。

（障害等級）

国民年金法施行令第４条の６ 法第30条第２項に規定する障害等級の各級の障害の状態は、別表に定めるとおりとする。

国民年金法施行令別表（第４条の６関係）

障害の程度		障害の状態
1級	1	次に掲げる視覚障害 イ　両眼の視力がそれぞれ0.03以下のもの ロ　一眼の視力が0.04、他眼の視力が手動弁以下のもの ハ　ゴールドマン型視野計による測定の結果、両眼のⅠ／４視標による周辺視野角度の和がそれぞれ80度以下かつⅠ／２視標による両眼中心視野角度が28度以下のもの ニ　自動視野計による測定の結果、両眼開放視認点数が70点以下かつ両眼中心視野視認点数が20点以下のもの
	2	両耳の聴力レベルが100デシベル以上のもの
	3	両上肢の機能に著しい障害を有するもの
	4	両上肢の全ての指を欠くもの
	5	両上肢の全ての指の機能に著しい障害を有するもの
	6	両下肢の機能に著しい障害を有するもの
	7	両下肢を足関節以上で欠くもの
	8	体幹の機能に座つていることができない程度又は立ち上がることができない程度の障害を有するもの
	9	前各号に掲げるもののほか、身体の機能の障害又は長期にわたる安静を必要とする病状が前各号と同程度以上と認められる状態であつて、日常生活の用を弁ずることを不能ならしめる程度のもの
	10	精神の障害であつて、前各号と同程度以上と認められる程度のもの
	11	身体の機能の障害若しくは病状又は精神の障害が重複する場合であつて、その状態が前各号と同程度以上と認められる程度のもの
2級	1	次に掲げる視覚障害 イ　両眼の視力がそれぞれ0.07以下のもの ロ　一眼の視力が0.08、他眼の視力が手動弁以下のもの ハ　ゴールドマン型視野計による測定の結果、両眼のⅠ／４視標による周辺視野角度の和がそれぞれ80度以下かつⅠ／２視標による両眼中心視野角度が56度以下のもの ニ　自動視野計による測定の結果、両眼開放視認点数が70点以下かつ両眼中心視野視認点数が40点以下のもの
	2	両耳の聴力レベルが90デシベル以上のもの
	3	平衡機能に著しい障害を有するもの
	4	そしやくの機能を欠くもの
	5	音声又は言語機能に著しい障害を有するもの
	6	両上肢のおや指及びひとさし指又は中指を欠くもの
	7	両上肢のおや指及びひとさし指又は中指の機能に著しい障害を有するもの
	8	１上肢の機能に著しい障害を有するもの

	9	1上肢の全ての指を欠くもの
	10	1上肢の全ての指の機能に著しい障害を有するもの
	11	両下肢の全ての指を欠くもの
	12	1下肢の機能に著しい障害を有するもの
	13	1下肢を足関節以上で欠くもの
	14	体幹の機能に歩くことができない程度の障害を有するもの
	15	前各号に掲げるもののほか、身体の機能の障害又は長期にわたる安静を必要とする病状が前各号と同程度以上と認められる状態であつて、日常生活が著しい制限を受けるか、又は日常生活に著しい制限を加えることを必要とする程度のもの
	16	精神の障害であつて、前各号と同程度以上と認められる程度のもの
	17	身体の機能の障害若しくは病状又は精神の障害が重複する場合であつて、その状態が前各号と同程度以上と認められる程度のもの

備考　視力の測定は、万国式試視力表によるものとし、屈折異常があるものについては、矯正視力によつて測定する。

（認定）
法第17条　障害年金生活者支援給付金の支給要件に該当する者は、障害年金生活者支援給付金の支給を受けようとするときは、厚生労働大臣に対し、その受給資格及び障害年金生活者支援給付金の額について認定の請求をしなければならない。

2　前項の認定を受けた者が、障害年金生活者支援給付金の支給要件に該当しなくなった後再びその要件に該当するに至った場合において、その該当するに至った後の期間に係る障害年金生活者支援給付金の支給を受けようとするときも、同項と同様とする。

（老齢基礎年金の受給権を有するに至った日から3月以内に老齢年金生活者支援給付金の認定の請求があった場合等の認定の請求の特例）

令第12条

3　国民年金法第16条の規定により同法の規定による障害基礎年金を受ける権利の裁定の請求をした者から法第17条第1項の規定による認定の請求があったとき（当該障害基礎年金の受給権を有するに至った日から起算して3月以内に当該認定の請求があったときに限る。）は、当該障害基礎年金の受給権を有するに至った日に当該認定の請求があったものとみなす。

4　前項の規定は、国民年金法第16条の規定により同法の規定による遺族基礎年金を受ける権利の裁定の請求をした者からの法第22条第1項の規定による認定の請求について準用する。

（年金生活者支援給付金の支給要件に該当する者から各年の12月31日までに認定の請求があった場合の認定の請求の特例）

令第12条の2　各年の10月分の年金生活者支援給付金（法第25条第1項に規定する年金生活者支援給付金をいう。以下同じ。）の支給要件に該当している者から、当該各年の10月1日から12月31日までの間に法第5条、第12条、第17条又は第22条の規定による認定の請求（前条各項に規定する認定の請求を除く。）があったときは、当該各年の9月30日に当該認定の請求があったものとみなす。

（認定の請求）

則第32条　法第17条第1項の規定による障害年金生活者支援給付金の受給資格及びその額についての認定の請求は、次に掲げる事項を記載した請求書を機構に提出することによって行わなければならない。

一　氏名、生年月日及び住所

二　個人番号又は基礎年金番号

三　令第34条各号に掲げる年金たる給付を受ける権利を有する者にあっては、当該給付の名称、当該給付に係る制度の名称及びその管掌機関、その支給を受けることができることとなった年月日並びにその年金証書又はこれらに準ずる書類の年金コード又は記号番号若しくは番号

四　次のイからハまでに掲げる者の区分に応じ、当該イからハまでに定める事項

　イ　払渡しを受ける機関に金融機関を希望する者（ロ及びハに規定する者を除く。）　払渡希望金融機関の名称及び預金口座の口座番号

　ロ　払渡しを受ける機関に郵便貯金銀行の営業所等を希望する者（預金口座への払込みを希望する者を除く。）　払渡希望郵便貯金銀行の営業所等の名称及び所在地

　ハ　公金受取口座への払込みを希望する者　払渡希望金融機関の名称及び公金受取口座の口座番号並びに公金受取口座への払込みを希望する旨

2　前項の請求書には、次に掲げる書類等を添えなければならない。

一　生年月日に関する市町村長の証明書又は戸籍の抄本（厚生労働大臣が住民基本台帳法第30条の9の規定により請求者に係る機構保存本人確認情報の提供を受けることができないときに限る。）

二　前項の規定により同項の請求書に基礎年金番号を記載する者にあっては、基礎年金番号通知書その他の基礎年金番号を明らかにすることができる書類

三　障害・遺族年金生活者支援給付金所得状況届（様式第２号）〔154頁参照〕

三の二　請求者（前年（１月から９月までの月分の障害年金生活者支援給付金については、前々年。次項において同じ。）の所得（令第10条第１項の規定によって計算した所得の額をいう。次項並びに第47条第２項及び第３項において同じ。）が472万1,000円を超える者に限る。）の所得税法（昭和40年法律第33号）に規定する控除対象扶養親族（19歳未満の者に限る。以下「控除対象扶養親族」という。）の有無及び数についての市町村長の証明書その他の当該事実を明らかにすることができる書類又は当該事実についての申立書

四　令第34条各号に掲げる年金たる給付を受ける権利を有する者にあっては、当該給付を受ける権利について裁定又は支給決定を受けたことを明らかにすることができる書類

五　前項第４号イに掲げる者にあっては、預金口座の口座番号についての当該払渡希望金融機関の証明書、預金通帳の写しその他の預金口座の口座番号を明らかにすることができる書類

3　前項第３号の障害・遺族年金生活者支援給付金所得状況届には、次に掲げる書類を添えなければならない。

一　前年の所得が472万1,000円を超えない請求者にあっては、その事実についての市町村長の証明書

二　前年の所得が472万1,000円を超える受給権者にあっては、次に掲げる書類

　イ　請求者の前年の所得の額並びに法第15条第１項に規定する扶養親族等（以下「扶養親族等」という。）の有無及び数並びに所得税法に規定する同一生計配偶者（70歳以上の者に限る。）、老人扶養親族又は特定扶養親族（以下「同一生計配偶者等」という。）の有無及び数についての市町村長の証明書

　ロ　請求者の所得税法に規定する控除対象扶養親族（19歳未満の者に限る。以下「控除対象扶養親族」という。）の有無及び数についての市町村長の証明書その他の当該事実を明らかにすることができる書類

　ハ　受給権者が令第10条第２項第１号から第３号までの規定に該当するときは、当該事実を明らかにすることができる市町村長の証明書

4　障害年金生活者支援給付金の支給要件に該当する者（以下「障害年金生活者支援給付金受給資格者」という。）が障害基礎年金受給権者（法第15条第１項に規定する障害基礎年金受給権者をいう。以下同じ。）であることにより、厚生労働大臣が障害基礎年金受給権者に係る金融機関の名称及び預金口

座の口座番号又は郵便貯金銀行の営業所等の名称及び所在地を確認することができるときは、第1項及び第2項の規定にかかわらず、第1項の請求書に同項第4号に掲げる事項を記載し、及び第2項第5号に掲げる書類を添えることを要しないものとする。

5 障害年金生活者支援給付金受給資格者が、障害基礎年金（法第15条第1項に規定する障害基礎年金をいう。以下同じ。）を受ける権利についての国民年金法第16条の規定による裁定の請求に併せて第1項の認定の請求を行うときは、第1項の請求書に記載することとされた事項（氏名を除く。）及び第2項の規定により第1項の請求書に添えなければならないこととされた書類等のうち当該障害基礎年金の裁定請求書に記載し、又は添えたものについては、第1項及び第2項の規定にかかわらず、第1項の請求書に記載し、又は添えることを要しないものとする。

6 市町村から提供を受けた所得の情報その他の情報により厚生労働大臣が障害年金生活者支援給付金の支給要件に該当する蓋然性が高いと認める者に係る法第17条第1項の規定による障害年金生活者支援給付金の受給資格及びその額についての認定の請求は、第1項の規定にかかわらず、氏名を記載した請求書を機構に提出することによって行うことができる。この場合において、第2項の規定にかかわらず、同項各号に掲げる書類を添えることを要しないものとする。

（認定の通知等）

則第33条 厚生労働大臣は、障害年金生活者支援給付金の受給資格及び額の認定の請求があった場合において、その認定をしたときは、請求者に、当該者が障害年金生活者支援給付金の受給資格について認定を受けた者であることを証する書類を交付しなければならない。

2 厚生労働大臣は、障害年金生活者支援給付金の受給資格及び額の認定の請求があった場合において、その受給資格がないと認めたときは、請求者に、文書でその旨を通知しなければならない。

3 厚生労働大臣は、障害年金生活者支援給付金の支給の制限に関する処分その他支給に関する処分を行ったときは、文書で、その内容を障害年金生活者支援給付金受給資格者に通知しなければならない。

（障害年金生活者支援給付金の額の改定時期）

法第18条 障害年金生活者支援給付金の支給を受けている者につき、障害の程度が増進し、又は低下したことにより障害基礎年金の額が改定された場合における障害年金生活者支援給付金の額の改定は、当該障害基礎年金の額が改定された日の属する月の翌月から行う。

（準用）

法第19条 第6条から第9条までの規定は、障害年金生活者支援給付金について準用する。この場合において、必要な技術的読替えは、政令で定める。

（支払の一時差止め）

則第44条 障害年金生活者支援給付金について、法第19条において準用する法第8条の規定によって支払の一時差止めをする場合は、障害年金生活者支援給付金受給者が正当な理由がなくて、第35条第3項に規定する書類、第36条第1項に規定する届書、同条第3項に規定する書類、第37条に規定する書類又は第40条第3項に規定する書類を提出しないときとする。

2 前項に規定する場合のほか、国民年金法第73条の規定により障害年金生活者支援給付金受給者に係る障害基礎年金の支払の一時差止めがされているときは障害年金生活者支援給付金の支払の一時差止めをする。

（未支払の障害年金生活者支援給付金の請求）

則第45条 法第19条において準用する法第9条の規定による未支払の障害年金生活者支援給付金の支給の請求は、次に掲げる事項を記載した請求書を機構に提出することによって行わなければならな

い。

一　請求者の氏名及び住所並びに請求者と障害年金生活者支援給付金受給者との身分関係

一の二　請求者の個人番号

二　障害年金生活者支援給付金受給者の氏名、生年月日及び住所

三　障害年金生活者支援給付金受給者の基礎年金番号

四　障害年金生活者支援給付金受給者の死亡した年月日

五　請求者以外に法第19条において準用する法第9条第1項の規定に該当する者があるときは、その者と障害年金生活者支援給付金受給者との身分関係

六　次のイからハまでに掲げる者の区分に応じ、当該イからハまでに定める事項

　　イ　第32条第1項第4号イに規定する者　払渡希望金融機関の名称及び預金口座の口座番号

　　ロ　第32条第1項第4号ロに規定する者　払渡希望郵便貯金銀行の営業所等の名称及び所在地

　　ハ　第32条第1項第4号ハに規定する者　払渡希望金融機関の名称及び公金受取口座の口座番号並びに公金受取口座への払込みを希望する旨

2　前項の請求書には、次に掲げる書類を添えなければならない。

一　障害年金生活者支援給付金受給者の死亡の当時における障害年金生活者支援給付金受給者及び請求者の相互の身分関係を明らかにすることができる書類

二　障害年金生活者支援給付金受給者の死亡の当時、障害年金生活者支援給付金受給者が請求者と生計を同じくしていたことを明らかにすることができる書類

三　障害年金生活者支援給付金受給者の基礎年金番号通知書その他の当該障害年金生活者支援給付金受給者の基礎年金番号を明らかにすることができる書類

四　前項第6号イに掲げる者にあっては、預金口座の口座番号についての当該払渡希望金融機関の証明書、預金通帳の写しその他の預金口座の口座番号を明らかにすることができる書類

3　第1項の請求は、国民年金法施行規則第38条第1項において準用する同令第25条第1項の請求（当該請求に併せて行われる厚生年金保険法施行規則第58条第1項の請求を含む。以下この項において同じ。）に併せて行わなければならない。この場合において、第1項の請求書に記載することとされた事項（氏名を除く。）及び前項の規定により第1項の請求書に添えなければならないこととされた書類のうち当該国民年金法施行規則第38条第1項において準用する同令第25条第1項の請求に係る請求書に記載し、又は添えたものについては、前2項の規定にかかわらず、第1項の請求書に記載し、又は添えることを要しないものとする。

【参考条文】

国民年金法第73条　受給権者が、正当な理由がなくて、第105条第3項の規定による届出〔受給権者の行う届出等〕をせず、又は書類その他の物件を提出しないときは、年金給付の支払を一時差し止めることができる。

（未支給年金の請求）

国民年金法施行規則第25条　法第19条の規定による未支給の年金の支給の請求は、次に掲げる事項を記載した請求書を機構に提出することによつて行わなければならない。この場合において、当該請求が法第19条第3項の規定に該当することに係るものであるときは、併せて、第16条、第16条の2第3項又は第16条の3の例により、老齢基礎年金の裁定請求書及びこれに添えるべき書類を提出しなければならない。

一　氏名及び住所並びに請求者と受給権者との身分関係

一の二　個人番号

二　受給権者の氏名、生年月日及び住所

二の二　受給権者の基礎年金番号

　三　受給権者の老齢基礎年金の年金証書の年金コード

　四　受給権者の死亡した年月日

　五　請求者以外に法第19条第１項の規定に該当する者があるときは、その者と受給権者との身分関係

　六　次のイからハまでに掲げる者の区分に応じ、当該イからハまでに定める事項

　　イ　第16条第１項第８号イに規定する者　払渡希望金融機関の名称及び預金口座の口座番号

　　ロ　第16条第１項第８号ロに規定する者　払渡希望郵便貯金銀行の営業所等の名称及び所在地

　　ハ　第16条第１項第８号ハに規定する者　払渡希望金融機関の名称及び公金受取口座の口座番号並びに公金受取口座への払込みを希望する旨

（老齢基礎年金に関する規定の準用）

国民年金法施行規則第38条　第19条から第26条までの規定（次項又は第３項において準用する規定を除く。）〔氏名変更の届出、住所変更の届出、年金払渡方法等の変更の届出、年金証書の再交付の申請、死亡の届出、未支給年金の請求請求書等の記載事項〕は、障害基礎年金について準用する。この場合において、第25条第１項中「第16条、第16条の２第３項又は第16条の３の例により、老齢基礎年金の裁定請求書」とあるのは、「第31条の例により、障害基礎年金の裁定請求書」と、第26条中「第18条の２」とあるのは「第36条の２及び第36条の３」と読み替えるものとする。

（未支給の保険給付の請求）

厚生年金保険法施行規則第58条　障害厚生年金又は障害手当金の受給権者が死亡した場合（次項に規定する場合を除く。）において、法第37条の規定による未支給の保険給付の支給を受けようとする者は、次に掲げる事項を記載した請求書を、機構に提出しなければならない。

　一　氏名及び住所並びに請求者と受給権者との身分関係

　一の二　個人番号

　二　受給権者の氏名及び生年月日

　二の二　受給権者の基礎年金番号

　三　障害厚生年金の年金証書の年金コード

　四　受給権者の死亡の年月日

　五　請求者以外に法第37条第１項の規定に該当する者があるときは、その者と受給権者との身分関係

　六　次のイからハまでに掲げる者の区分に応じ、当該イからハまでに定める事項

　　イ　第30条第１項第11号イに規定する者　払渡希望金融機関の名称及び預金口座の口座番号

　　ロ　第30条第１項第11号ロに規定する者　払渡希望郵便貯金銀行の営業所等の名称及び所在地

　　ハ　第30条第１項第11号ハに規定する者　払渡希望金融機関の名称及び公金受取口座の口座番号並びに公金受取口座への払込みを希望する旨

第４章　遺族年金生活者支援給付金

（遺族年金生活者支援給付金の支給要件）

法第20条　国は、国民年金法の規定による遺族基礎年金（以下単に「遺族基礎年金」という。）の受給権者であって当該遺族基礎年金を受ける権利について同法第16条の規定による裁定の請求をしたもの（以下この条において「遺族基礎年金受給権者」という。）が、その者の前年の所得（１月から９月までの月分のこの項に規定する遺族年金生活者支援給付金については、前々年の所得とする。）がその者の扶養親族等の有無及び数に応じて、政令で定める額以下であるときは、当該遺族基礎年金受給権者に対し、遺族年金生活者支援給付金を支給する。

2　前項の規定にかかわらず、遺族年金生活者支援給付金は、当該遺族基礎年金受給権者が次の各

号のいずれかに該当するとき（第3号及び第4号に該当する場合にあっては、厚生労働省令で定めるときに限る。）は、支給しない。

一　日本国内に住所を有しないとき。

二　当該遺族基礎年金の全額につきその支給が停止されているとき。

三　刑事施設、労役場その他これらに準ずる施設に拘禁されているとき。

四　少年院その他これに準ずる施設に収容されているとき。

3　第1項に規定する所得の範囲及びその額の計算方法は、政令で定める。

（法第15条第1項及び第20条第1項に規定する政令で定める額）

令第8条　法第15条第1項及び第20条第1項に規定する政令で定める額は、法第15条第1項に規定する扶養親族等（以下この条及び第19条第1項第2号ロにおいて単に「扶養親族等」という。）がないときは、472万1,000円、扶養親族等があるときは、472万1,000円に当該扶養親族等（所得税法に規定する扶養親族（30歳以上70歳未満の者に限る。同号ロにおいて「特定年齢扶養親族」という。）にあっては、同法に規定する控除対象扶養親族（同号ロにおいて単に「控除対象扶養親族」という。）に限る。）1人につき38万円（当該扶養親族等が所得税法に規定する同一生計配偶者（70歳以上の者に限る。以下この条及び同号ロにおいて同じ。）又は老人扶養親族であるときは、当該同一生計配偶者又は老人扶養親族1人につき48万円とし、当該扶養親族等が特定扶養親族等（同法に規定する特定扶養親族又は控除対象扶養親族（19歳未満の者に限る。）をいう。以下この条及び同号ロにおいて同じ。）であるときは、当該特定扶養親族等1人につき63万円とする。）を加算した額とする。〔下線部は、令和6年4月1日施行。ただし、令和6年10月以後の月分の障害年金生活者支援給付金および遺族年金生活者支援給付金の支給について適用。同年9月以前の月分の支給については、従前の例による〕

（法第15条第1項及び第20条第1項に規定する所得の範囲）

令第9条　法第15条第1項及び第20条第1項に規定する所得は、地方税法第4条第2項第1号に掲げる道府県民税（都が同法第1条第2項の規定によって課する同号に掲げる税を含む。以下この条及び次条において同じ。）についての同法その他の道府県民税に関する法令の規定による非課税所得以外の所得とする。

（法第15条第1項及び第20条第1項に規定する所得の額の計算方法）

令第10条　法第15条第1項及び第20条第1項に規定する所得の額は、その所得が生じた年の翌年の4月1日の属する年度（次項各号において「当該年度」という。）分の道府県民税に係る地方税法第32条第1項に規定する総所得金額、退職所得金額及び山林所得金額、同法附則第33条の3第1項に規定する土地等に係る事業所得等の金額、同法附則第34条第1項に規定する長期譲渡所得の金額、同法附則第35条第1項に規定する短期譲渡所得の金額、同法附則第35条の4第1項に規定する先物取引に係る雑所得等の金額、外国居住者等の所得に対する相互主義による所得税等の非課税等に関する法律（昭和37年法律第144号）第8条第2項（同法第12条第5項及び第16条第2項において準用する場合を含む。）に規定する特例適用利子等の額、同法第8条第4項（同法第12条第6項及び第16条第3項において準用する場合を含む。）に規定する特例適用配当等の額、租税条約等の実施に伴う所得税法、法人税法及び地方税法の特例等に関する法律（昭和44年法律第46号）第3条の2の2第4項に規定する条約適用利子等の額並びに同条第6項に規定する条約適用配当等の額の合計額とする。

2　次の各号に該当する者については、当該各号に掲げる額を前項の規定によって計算した額からそれぞれ控除するものとする。

一　当該年度分の道府県民税につき、地方税法第34条第1項第1号から第4号まで又は第10号の2に規定する控除を受けた者については、当該雑損控除額、医療費控除額、社会保険料控除額、小規模企業共済等掛金控除額又は配偶者特別控除額に相当する額

二　当該年度分の道府県民税につき、地方税法第34条第1項第6号に規定する控除を受けた者につい

ては当該控除の対象となった障害者（国民年金法第30条の4の規定による障害基礎年金（当該障害基礎年金の全額につき支給を停止されているものを除く。）の受給権者を除く。）1人につき27万円（当該障害者が同号に規定する特別障害者である場合には、40万円）、同項第8号に規定する控除を受けた者については当該控除を受けた者につき27万円、同項第8号の2に規定する控除を受けた者については当該控除を受けた者につき35万円、同項第9号に規定する控除を受けた者については当該控除を受けた者につき27万円

　三　当該年度分の道府県民税につき、地方税法附則第6条第1項に規定する免除を受けた者については、当該免除に係る所得の額

（法第20条第2項に規定する厚生労働省令で定めるとき）

則第46条　法第20条第2項に規定する厚生労働省令で定めるときは、次のいずれかに該当するときとする。

　一　懲役、禁錮若しくは拘留の刑の執行のため若しくは死刑の言渡しを受けて刑事施設に拘置されているとき若しくは留置施設に留置されて懲役、禁錮若しくは拘留の刑の執行を受けているとき、労役場留置の言渡しを受けて労役場に留置されているとき又は監置の裁判の執行のため監置場に留置されているとき

　二　少年法第24条の規定による保護処分として少年院に送致され、収容されているとき又は売春防止法第17条の規定による補導処分として婦人補導院に収容されているとき〔下線部は、令和6年4月1日より削除〕

【参考条文】

　国民年金法第16条　給付を受ける権利は、その権利を有する者（以下「受給権者」という。）の請求に基いて、厚生労働大臣が裁定する。

　（保護処分の決定）

　少年法第24条　家庭裁判所は、前条の場合を除いて、審判を開始した事件につき、決定をもつて、次に掲げる保護処分をしなければならない。ただし、決定の時に14歳に満たない少年に係る事件については、特に必要と認める場合に限り、第3号の保護処分をすることができる。

　一　保護観察所の保護観察に付すること。

　二　児童自立支援施設又は児童養護施設に送致すること。

　三　少年院に送致すること。

　2　前項第1号及び第3号の保護処分においては、保護観察所の長をして、家庭その他の環境調整に関する措置を行わせることができる。

　（補導処分）

　売春防止法第17条　第5条の罪を犯した満20歳以上の女子に対して、同条の罪又は同条の罪と他の罪とに係る懲役又は禁錮につきその刑の全部の執行を猶予するときは、その者を補導処分に付することができる。

　2　補導処分に付された者は、婦人補導院に収容し、その更生のために必要な補導を行う。

（遺族年金生活者支援給付金の額）

法第21条　遺族年金生活者支援給付金は、月を単位として支給するものとし、その月額は、給付基準額とする。

2　遺族基礎年金であって国民年金法第39条の2の規定によりその額が計算されているものを受給している子に支給する遺族年金生活者支援給付金は、前項の規定にかかわらず、給付基準額をその子の数で除して得た額（その額に50銭未満の端数が生じたときは、これを切り捨て、50銭以上1円未満の端数が生じたときは、これを1円に切り上げるものとする。）とする。

【参考条文】

国民年金法第39条の2　子に支給する遺族基礎年金の額は、当該被保険者又は被保険者であつた者の死亡について遺族基礎年金の受給権を取得した子が2人以上あるときは、第38条の規定にかかわらず、同条に定める額にその子のうち1人を除いた子につきそれぞれ7万4,900円に改定率（第27条の3及び第27条の5の規定の適用がないものとして改定した改定率とする。以下この項において同じ。）を乗じて得た額（そのうち1人については、22万4,700円に改定率を乗じて得た額とし、それらの額に50円未満の端数が生じたときは、これを切り捨て、50円以上100円未満の端数が生じたときは、これを100円に切り上げるものとする。）を加算した額を、その子の数で除して得た額とする。

2　前項の場合において、遺族基礎年金の受給権を有する子の数に増減を生じたときは、増減を生じた日の属する月の翌月から、遺族基礎年金の額を改定する。

（認定）

法第22条　遺族年金生活者支援給付金の支給要件に該当する者は、遺族年金生活者支援給付金の支給を受けようとするときは、厚生労働大臣に対し、その受給資格及び遺族年金生活者支援給付金の額について認定の請求をしなければならない。

2　前項の認定を受けた者が、遺族年金生活者支援給付金の支給要件に該当しなくなつた後再びその要件に該当するに至つた場合において、その該当するに至つた後の期間に係る遺族年金生活者支援給付金の支給を受けようとするときも、同項と同様とする。

（老齢基礎年金の受給権を有するに至つた日から3月以内に老齢年金生活者支援給付金の認定の請求があつた場合等の認定の請求の特例）

令第12条

3　国民年金法第16条の規定により同法の規定による障害基礎年金を受ける権利の裁定の請求をした者から法第17条第1項の規定による認定の請求があつたとき（当該障害基礎年金の受給権を有するに至つた日から起算して3月以内に当該認定の請求があつたときに限る。）は、当該障害基礎年金の受給権を有するに至つた日に当該認定の請求があつたものとみなす。

4　前項の規定は、国民年金法第16条の規定により同法の規定による遺族基礎年金を受ける権利の裁定の請求をした者からの法第22条第1項の規定による認定の請求について準用する。

（年金生活者支援給付金の支給要件に該当する者から各年の12月31日までに認定の請求があつた場合の認定の請求の特例）

令第12条の2　各年の10月分の年金生活者支援給付金（法第25条第1項に規定する年金生活者支援給付金をいう。以下同じ。）の支給要件に該当している者から、当該各年の10月1日から12月31日までの間に法第5条、第12条、第17条又は第22条の規定による認定の請求（前条各項に規定する認定の請求を除く。）があつたときは、当該各年の9月30日に当該認定の請求があつたものとみなす。

（認定の請求）

則第47条　法第22条第1項の規定による遺族年金生活者支援給付金の受給資格及びその額についての認定の請求は、次に掲げる事項を記載した請求書を機構に提出することによつて行わなければならない。

一　氏名、生年月日及び住所

二　個人番号又は基礎年金番号

三　次のイからハまでに掲げる者の区分に応じ、当該イからハまでに定める事項

イ　払渡しを受ける機関に金融機関を希望する者（ロ及びハに規定する者を除く。）　払渡希望金融機関の名称及び預金口座の口座番号

ロ　払渡しを受ける機関に郵便貯金銀行の営業所等を希望する者（預金口座への払込みを希望す

る者を除く。） 払渡希望郵便貯金銀行の営業所等の名称及び所在地

　　ハ　公金受取口座への払込みを希望する者　払渡希望金融機関の名称及び公金受取口座の口座番号並びに公金受取口座への払込みを希望する旨

2　前項の請求書には、次に掲げる書類等を添えなければならない。

一　生年月日に関する市町村長の証明書、戸籍の抄本又は不動産登記規則（平成17年法務省令第18号）第247条第5項の規定により交付を受けた同条第1項に規定する法定相続情報一覧図の写し（厚生労働大臣が住民基本台帳法第30条の9の規定により請求者に係る機構保存本人確認情報の提供を受けることができないときに限る。）

二　前項の規定により同項の請求書に基礎年金番号を記載する者にあっては、基礎年金番号通知書その他の基礎年金番号を明らかにすることができる書類

三　障害・遺族年金生活者支援給付金所得状況届

三の二　請求者（前年（1月から9月までの月分の遺族年金生活者支援給付金については、前々年。次項において同じ。）の所得が472万1,000円を超える者に限る。）の控除対象扶養親族の有無及び数についての市町村長の証明書その他の当該事実を明らかにすることができる書類又は当該事実についての申立書

四　前項第3号イに掲げる者にあっては、預金口座の口座番号についての当該払渡希望金融機関の証明書、預金通帳の写しその他の預金口座の口座番号を明らかにすることができる書類

3　前項第3号の障害・遺族年金生活者支援給付金所得状況届には、次に掲げる書類を添えなければならない。

一　前年の所得が472万1,000円を超えない請求者にあっては、その事実についての市町村長の証明書

二　前年の所得が472万1,000円を超える受給権者にあっては、次に掲げる書類

　　イ　請求者の前年の所得の額並びに扶養親族等の有無及び数並びに同一生計配偶者等の有無及び数についての市町村長の証明書

　　ロ　受給権者が令第10条第2項第1号から第3号までの規定に該当するときは、当該事実を明らかにすることができる市町村長の証明書

4　遺族年金生活者支援給付金の支給要件に該当する者（以下「遺族年金生活者支援給付金受給資格者」という。）が遺族基礎年金受給権者（法第20条第1項に規定する遺族基礎年金受給権者をいう。以下同じ。）であることにより、厚生労働大臣が遺族基礎年金受給権者に係る金融機関の名称及び預金口座の口座番号又は郵便貯金銀行の営業所等の名称及び所在地を確認することができるときは、第1項及び第2項の規定にかかわらず、第1項の請求書に同項第3号に掲げる事項を記載し、及び第2項第4号に掲げる書類を添えることを要しないものとする。

5　遺族年金生活者支援給付金受給資格者が、遺族基礎年金（法第20条第1項に規定する遺族基礎年金をいう。以下同じ。）を受ける権利についての国民年金法第16条の規定による裁定の請求に併せて第1項の認定の請求を行うときは、第1項の請求書に記載することとされた事項（氏名を除く。）及び第2項の規定により第1項の請求書に添えなければならないこととされた書類等のうち当該遺族基礎年金の裁定請求書に記載し、又は添えたものについては、第1項及び第2項の規定にかかわらず、第1項の請求書に記載し、又は添えることを要しないものとする。

6　市町村から提供を受けた所得の情報その他の情報により厚生労働大臣が遺族年金生活者支援給付金の支給要件に該当する蓋然性が高いと認める者に係る法第20条第1項の規定による遺族年金生活者支援給付金の受給資格及びその額についての認定の請求は、第1項の規定にかかわらず、氏名を記載した請求書を機構に提出することによって行うことができる。この場合において、第2項の規定にかかわらず、同項各号に掲げる書類を添えることを要しないものとする。

（認定の通知等）

則第48条　厚生労働大臣は、遺族年金生活者支援給付金の受給資格及び額の認定の請求があった場合

において、その認定をしたときは、請求者に、当該者が遺族年金生活者支援給付金の受給資格について認定を受けた者であることを証する書類を交付しなければならない。

2　厚生労働大臣は、遺族年金生活者支援給付金の受給資格及び額の認定の請求があった場合において、その受給資格がないと認めたときは、請求者に、文書でその旨を通知しなければならない。

3　厚生労働大臣は、遺族年金生活者支援給付金の支給の制限に関する処分その他支給に関する処分を行ったときは、文書で、その内容を遺族年金生活者支援給付金受給資格者に通知しなければならない。

【参考条文】

国民年金法第16条　給付を受ける権利は、その権利を有する者（以下「受給権者」という。）の請求に基いて、厚生労働大臣が裁定する。

（遺族年金生活者支援給付金の額の改定時期）

法第23条　第21条第2項の規定によりその額が計算される遺族年金生活者支援給付金の支給を受けている者につき、遺族基礎年金の受給権を有する国民年金法第37条の2第1項に規定する子の数に増減を生じた場合における遺族年金生活者支援給付金の額の改定は、当該増減を生じた日の属する月の翌月から行う。

【参考条文】

（遺族の範囲）

国民年金法第37条の2　遺族基礎年金を受けることができる配偶者又は子は、被保険者又は被保険者であつた者の配偶者又は子（以下単に「配偶者」又は「子」という。）であつて、被保険者又は被保険者であつた者の死亡の当時その者によつて生計を維持し、かつ、次に掲げる要件に該当したものとする。

一　配偶者については、被保険者又は被保険者であつた者の死亡の当時その者によつて生計を維持し、かつ、次号に掲げる要件に該当する子と生計を同じくすること。

二　子については、18歳に達する日以後の最初の3月31日までの間にあるか又は20歳未満であつて障害等級に該当する障害の状態にあり、かつ、現に婚姻をしていないこと。

（準用）

法第24条　第6条から第9条までの規定は、遺族年金生活者支援給付金について準用する。この場合において、同条第1項中「できる」とあるのは、「できる。この場合において、その死亡した者の死亡の当時当該遺族基礎年金の支給の要件となり、又はその額の加算の対象となっていた国民年金の被保険者又は被保険者であった者の子は、当該死亡した者の子とみなす」とするほか、必要な技術的読替えは、政令で定める。

（支払の一時差止め）

則第60条　遺族年金生活者支援給付金について、法第24条において準用する法第8条の規定によって支払の一時差止めをする場合は、遺族年金生活者支援給付金受給者が正当な理由がなくて、第50条第3項に規定する書類、第51条第1項に規定する届書、同条第3項に規定する書類、第52条に規定する書類、第54条第1項に規定する届書又は第58条第3項に規定する書類を提出しないときとする。

2　前項に規定する場合のほか、国民年金法第73条の規定により遺族年金生活者支援給付金受給者に係る遺族基礎年金の支払の一時差止めがされているときは遺族年金生活者支援給付金の支払の一時差止めをする。

（未支払の遺族年金生活者支援給付金の請求）

則第61条　法第24条において準用する法第9条の規定による未支払の遺族年金生活者支援給付金の支給の請求は、次に掲げる事項を記載した請求書を機構に提出することによって行わなければならない。

一　請求者の氏名及び住所並びに請求者と遺族年金生活者支援給付金受給者との身分関係

一の二　請求者の個人番号

二　遺族年金生活者支援給付金受給者の氏名、生年月日及び住所

三　遺族年金生活者支援給付金受給者の基礎年金番号

四　遺族年金生活者支援給付金受給者の死亡した年月日

五　請求者以外に法第24条において準用する法第9条第1項の規定に該当する者があるときは、その者と遺族年金生活者支援給付金受給者との身分関係

六　次のイからハまでに掲げる者の区分に応じ、当該イからハまでに定める事項

　イ　第47条第1項第4号イに規定する者　払渡希望金融機関の名称及び預金口座の口座番号

　ロ　第47条第1項第4号ロに規定する者　払渡希望郵便貯金銀行の営業所等の名称及び所在地

　ハ　第47条第1項第4号ハに規定する者　払渡希望金融機関の名称及び公金受取口座の口座番号並びに公金受取口座への払込みを希望する旨

2　前項の請求書には、次に掲げる書類を添えなければならない。

一　遺族年金生活者支援給付金受給者の死亡の当時における遺族年金生活者支援給付金受給者及び請求者の相互の身分関係を明らかにすることができる書類

二　遺族年金生活者支援給付金受給者の死亡の当時、遺族年金生活者支援給付金受給者が請求者と生計を同じくしていたことを明らかにすることができる書類

三　遺族年金生活者支援給付金受給者の基礎年金番号通知書その他の当該遺族年金生活者支援給付金受給者の基礎年金番号を明らかにすることができる書類

四　前項第6号イに掲げる者にあっては、預金口座の口座番号についての当該払渡希望金融機関の証明書、預金通帳の写しその他の預金口座の口座番号を明らかにすることができる書類

3　第1項の請求は、国民年金法施行規則第53条第1項において準用する同令第25条第1項の請求（当該請求に併せて行われる厚生年金保険法施行規則第75条第1項の請求を含む。以下この項において同じ。）に併せて行わなければならない。この場合において、第1項の請求書に記載することとされた事項（氏名を除く。）及び前項の規定により第1項の請求書に添えなければならないこととされた書類のうち当該国民年金法施行規則第53条第1項において準用する同令第25条第1項の請求に係る請求書に記載し、又は添えたものについては、前2項の規定にかかわらず、第1項の請求書に記載し、又は添えることを要しないものとする。

【参考条文】

国民年金法第73条　受給権者が、正当な理由がなくて、第105条第3項の規定による届出〔受給権者の行う届出等〕をせず、又は書類その他の物件を提出しないときは、年金給付の支払を一時差し止めることができる。

（未支給年金の請求）

国民年金法施行規則第25条　法第19条の規定による未支給の年金の支給の請求は、次に掲げる事項を記載した請求書を機構に提出することによつて行わなければならない。この場合において、当該請求が法第19条第3項の規定に該当することに係るものであるときは、併せて、第16条、第16条の2第3項又は第16条の3の例により、老齢基礎年金の裁定請求書及びこれに添えるべき書類を提出しなければならない。

一　氏名及び住所並びに請求者と受給権者との身分関係

一の二　個人番号

二　受給権者の氏名、生年月日及び住所

二の二　受給権者の基礎年金番号

三　受給権者の老齢基礎年金の年金証書の年金コード

四　受給権者の死亡した年月日

五　請求者以外に法第19条第1項の規定に該当する者があるときは、その者と受給権者との身分関係

六　次のイからハまでに掲げる者の区分に応じ、当該イからハまでに定める事項

　　イ　第16条第1項第8号イに規定する者　払渡希望金融機関の名称及び預金口座の口座番号

　　ロ　第16条第1項第8号ロに規定する者　払渡希望郵便貯金銀行の営業所等の名称及び所在地

　　ハ　第16条第1項第8号ハに規定する者　払渡希望金融機関の名称及び公金受取口座の口座番号並びに公金受取口座への払込みを希望する旨

（老齢基礎年金に関する規定の準用）

国民年金法施行規則第53条　第20条から第26条までの規定（次項及び第3項において準用する規定を除く。）〔氏名変更の届出、住所変更の届出、年金払渡方法等の変更の届出、年金証書の再交付の申請、死亡の届出、未支給年金の請求請求書等の記載事項〕は、遺族基礎年金について準用する。この場合において、第25条第1項中「第16条、第16条の2第3項又は第16条の3の例により、老齢基礎年金の裁定請求書」とあるのは、「第39条又は第40条の例により、遺族基礎年金の裁定請求書」と、第26条中「第18条の2」とあるのは「第51条の2及び第51条の3」と読み替えるものとする。

（未支給の保険給付の請求）

厚生年金保険法施行規則第75条　遺族厚生年金の受給権者が死亡した場合（次項に規定する場合を除く。）において、法第37条の規定による未支給の保険給付の支給を受けようとする者は、次に掲げる事項を記載した請求書を、機構に提出しなければならない。

一　氏名及び住所並びに請求者と受給権者との身分関係

一の二　個人番号

二　受給権者の氏名及び生年月日

二の二　受給権者の基礎年金番号

三　遺族厚生年金の年金証書の年金コード

四　受給権者の死亡の年月日

五　請求者以外に法第37条第1項の規定に該当する者があるときは、その者と受給権者との身分関係

六　次のイからハまでに掲げる者の区分に応じ、当該イからハまでに定める事項

　　イ　第30条第1項第11号イに規定する者　払渡希望金融機関の名称及び預金口座の口座番号

　　ロ　第30条第1項第11号ロに規定する者　払渡希望郵便貯金銀行の営業所等の名称及び所在地

　　ハ　第30条第1項第11号ハに規定する者　払渡希望金融機関の名称及び公金受取口座の口座番号並びに公金受取口座への払込みを希望する旨

第5章　不服申立て

法第25条　厚生労働大臣のした老齢年金生活者支援給付金、補足的老齢年金生活者支援給付金、障害年金生活者支援給付金又は遺族年金生活者支援給付金（以下「年金生活者支援給付金」と総称する。）の支給に関する処分は、国民年金法に基づく処分とみなして、同法第101条第1項から第5項まで及び第101条の2の規定並びに社会保険審査官及び社会保険審査会法（昭和28年法律第206号）の規定を適用する。

> **2** 国民年金法第101条の規定により老齢基礎年金、障害基礎年金又は遺族基礎年金に関する処分が確定したときは、その処分についての不服を当該処分に基づく年金生活者支援給付金に関する処分についての不服の理由とすることができない。

（社会保険審査官及び社会保険審査会法の規定の適用）

令第13条 法第25条第1項の規定により国民年金法に基づく処分とみなされた厚生労働大臣のした年金生活者支援給付金の支給に関する処分について、社会保険審査官及び社会保険審査会法（昭和28年法律第206号）の規定を適用する場合においては、社会保険審査官及び社会保険審査会法施行令（昭和28年政令第190号）第2条第1項中「（国民年金の給付」とあるのは「（国民年金の給付、年金生活者支援給付金の支給に関する法律（平成24年法律第102号）第25条第1項に規定する年金生活者支援給付金（以下この項において「年金生活者支援給付金」という。）」と、同項第1号中「又は同法第1条」とあるのは「、同法第1条」と、「（確認又は裁定」とあるのは「又は年金生活者支援給付金の支給を受けている者若しくは受けていた者（確認、裁定又は認定」とする。

【参考条文】

（不服申立て）

国民年金法第101条 被保険者の資格に関する処分、給付に関する処分（共済組合等が行つた障害基礎年金に係る障害の程度の診査に関する処分を除く。）又は保険料その他この法律の規定による徴収金に関する処分に不服がある者は、社会保険審査官に対して審査請求をし、その決定に不服がある者は、社会保険審査会に対して再審査請求をすることができる。ただし、第14条の4第1項又は第2項の規定による決定については、この限りでない。

2 審査請求をした日から2月以内に決定がないときは、審査請求人は、社会保険審査官が審査請求を棄却したものとみなすことができる。

3 第1項の審査請求及び再審査請求は、時効の中断に関しては、裁判上の請求とみなす。

4 被保険者の資格に関する処分が確定したときは、その処分についての不服を当該処分に基づく給付に関する処分の不服の理由とすることができない。

5 第1項の審査請求及び再審査請求については、行政不服審査法（平成26年法律第68号）第2章（第22条を除く。）及び第4章の規定は、適用しない。

6 共済組合等が行つた障害基礎年金に係る障害の程度の診査に関する処分に不服がある者は、当該共済組合等に係る共済各法（国家公務員共済組合法（昭和33年法律第128号）、地方公務員等共済組合法（昭和37年法律第152号）及び私立学校教職員共済法をいう。以下この項において同じ。）の定めるところにより、当該共済各法に定める審査機関に審査請求をすることができる。

7 前項の規定による共済組合等が行つた障害の程度の診査に関する処分が確定したときは、その処分についての不服を当該処分に基づく障害基礎年金に関する処分についての不服の理由とすることができない。

（審査請求と訴訟との関係）

国民年金法第101条の2 前条第1項に規定する処分（被保険者の資格に関する処分又は給付に関する処分（共済組合等が行つた障害基礎年金に係る障害の程度の診査に関する処分を除く。）に限る。）の取消しの訴えは、当該処分についての審査請求に対する社会保険審査官の決定を経た後でなければ、提起することができない。

（審査請求又は再審査請求の方式）

社会保険審査官及び社会保険審査会法施行令第2条 文書で被保険者の資格、国民年金基金の加入員の資格若しくは国民年金基金連合会の会員の資格（以下「被保険者の資格等」という。）、標準報酬若しくは標準給与（以下「標準報酬等」という。）又は保険給付（国民年金の給付並びに厚生年金保

険の保険給付及び国民年金の給付の支払の遅延に係る加算金の支給に関する法律（平成21年法律第37号）による保険給付遅延特別加算金（同法第2条（同法附則第2条第1項において読み替えて準用する場合を含む。）に規定する保険給付遅延特別加算金をいう。）及び給付遅延特別加算金（同法第3条（同項において読み替えて準用する場合を含む。）に規定する給付遅延特別加算金をいう。）を含む。以下同じ。）、年金たる給付若しくは一時金たる給付（以下「保険給付等」という。）に関して審査請求又は再審査請求をするときは、審査請求書又は再審査請求書に次に掲げる事項を記載しなければならない。

一　被保険者若しくは被保険者であつた者、石炭鉱業年金基金法（昭和42年法律第135号）第16条第1項に規定する坑内員（以下「坑内員」という。）若しくは坑内員であつた者若しくは同法第18条第1項に規定する坑外員（以下「坑外員」という。）若しくは坑外員であつた者、国民年金基金の加入員若しくは加入員であつた者、国民年金法（昭和34年法律第141号）第30条の4の規定による障害基礎年金（以下「障害基礎年金」という。）の受給権者若しくは受給権者であつた者、国民年金法等の一部を改正する法律（昭和60年法律第34号）附則第28条の規定により支給される遺族基礎年金（以下「遺族基礎年金」という。）の受給権者若しくは受給権者であつた者又は同法第1条の規定による改正前の国民年金法による老齢福祉年金（以下「老齢福祉年金」という。）の受給権者若しくは受給権者であつた者（確認又は裁定を受けようとする者を含むものとし、以下単に「被保険者等」という。）の氏名、住所又は居所、生年月日並びに健康保険法（大正11年法律第70号）第3条第12項に規定する被保険者等記号・番号、船員保険法（昭和14年法律第73号）第2条第11項に規定する被保険者等記号・番号、日雇特例被保険者手帳若しくは日雇特例被保険者に関する台帳、坑内員若しくは坑内員であつた者若しくは坑外員若しくは坑外員であつた者に関する原簿若しくは国民年金基金の加入員若しくは加入員であつた者に関する原簿の記号及び番号又は国民年金法第14条に規定する基礎年金番号（障害基礎年金、遺族基礎年金又は老齢福祉年金に関して審査請求又は再審査請求をする場合においては、国民年金証書の記号及び番号）

一の二　国民年金基金連合会の会員の資格に関して審査請求又は再審査請求をする場合においては、当該国民年金基金連合会の会員となるべき当該国民年金基金の名称及び所在地

二　被保険者等の死亡に係る保険給付等に関して審査請求又は再審査請求をする場合においては、保険給付等を受けるべき者（保険給付等を受けようとする者を含む。）の氏名、住所又は居所、生年月日及びその死亡者との関係

三　原処分をした保険者（石炭鉱業年金基金、国民年金事業の管掌者、国民年金基金及び国民年金基金連合会、日本年金機構、財務大臣（その委任を受けた者を含む。）並びに健康保険法又は船員保険法の規定により健康保険又は船員保険の事務を行う厚生労働大臣を含む。以下同じ。）が全国健康保険協会、健康保険組合、石炭鉱業年金基金、国民年金基金若しくは国民年金基金連合会又は日本年金機構（以下「健康保険組合等」という。）である場合においては、その健康保険組合等の名称及び所在地、その他の場合においては、原処分をした保険者の機関

四　再審査請求をする場合においては、審査請求についての決定をした審査官の氏名

五　原処分があつたことを知つた年月日（再審査請求をする場合においては、審査官の決定書の謄本が送付された年月日又は審査官に対して審査請求をした年月日）

六　審査請求又は再審査請求の趣旨及び理由

七　審査請求又は再審査請求の年月日

八　審査請求人又は再審査請求人の氏名及び住所又は居所（審査請求人又は再審査請求人が法人であるときは、審査請求人又は再審査請求人の名称及び住所並びに代表者の氏名及び住所又は居所）

九　代理人によつて審査請求又は再審査請求をする場合においては、代理人の氏名及び住所又は居所

十　原処分をした保険者の教示の有無及びその内容

十一 法第４条第１項の期間又は法第32条第１項若しくは第２項の期間の経過後に審査請求又は再審査請求をする場合においては、法第４条第１項ただし書（法第32条第３項において準用する場合を含む。）に規定する正当な事由

第 6 章 費用

（費用の負担）

法第26条 年金生活者支援給付金の支給に要する費用は、その全額を国庫が負担する。

2 国庫は、毎年度、予算の範囲内で、年金生活者支援給付金に関する事務の執行に要する費用を負担する。

（事務費の交付）

法第27条 国は、政令で定めるところにより、市町村（特別区を含む。以下同じ。）に対し、市町村長（特別区の区長を含む。以下同じ。）がこの法律又はこの法律に基づく政令の規定によって行う事務の処理に必要な費用を交付する。

●**年金生活者支援給付金の支給に関する法律に基づき市町村に交付する事務費に関する政令（平成31年政令第141号）** 年金生活者支援給付金の支給に関する法律（以下「法」という。）第27条の規定により、毎年度、市町村長（特別区の区長を含む。以下同じ。）が法又は法に基づく政令の規定によって行う年金生活者支援給付金に係る事務の処理に必要な費用として、国が、各市町村（特別区を含む。以下同じ。）に交付する交付金の額は、次に掲げる額の合計額（当該合計額が当該年度において現に要した費用を超える場合には、当該現に要した費用の額）とする。

一 2,097円を基準として厚生労働大臣が市町村の区域を勘案して定める額に、当該市町村における厚生労働省令で定めるところにより算定した次に掲げる数の合計数を乗じて得た額

 イ 年金生活者支援給付金の支給に関する法律施行令（平成30年政令第364号。以下「施行令」という。）第15条第１項第１号に掲げる事務に関し市町村長が法第５条又は第12条の規定による認定の請求を受理した数

 ロ 施行令第15条第１項第２号に掲げる事務に関し市町村長が法第17条の規定による認定の請求を受理した数

 ハ 施行令第15条第１項第４号に掲げる事務に関し市町村長が法第22条の規定による認定の請求を受理した数

二 30円に、当該市町村における厚生労働省令で定めるところにより算定した法第36条第１項に規定する年金生活者支援給付金受給者等（法第39条の規定により当該市町村がその収入の状況に関して情報の提供を行うものに限る。）の数を乗じて得た額

●**年金生活者支援給付金の事務費交付金の算定に関する省令（平成31年厚生労働省令第66号）**

（令第１号イからハまでに掲げる数の算定方法）

第１条 年金生活者支援給付金の支給に関する法律に基づき市町村に交付する事務費に関する政令（次条において「令」という。）第１号に規定する同号イからハまでに掲げる数は、前年度の１月１日から当該年度の12月31日までの間に、年金生活者支援給付金の支給に関する法律（平成24年法律第102号。次条において「法」という。）第５条、第12条、第17条又は第22条の規定による認定の請求が行われた数を算定するものとする。

（令第２号に規定する年金生活者支援給付金受給者等の数の算定方法）

第２条 令第２号に規定する年金生活者支援給付金受給者等の数の算定方法は、前年度の１月１日から当該年度の12月31日までの間に、当該者に係る法第39条の規定による情報の提供が行われた数を算定

するものとする。

附　則

（施行期日）

1　この省令は、平成31年10月１日から施行し、平成31年度分の事務費交付金から適用する。

（経過措置）

2　平成31年度における、第１条及び第２条の適用については、第１条中「前年度の２月１日から当該年度の１月31日まで」とあるのは「平成31年度の４月１日から１月31日まで」と、「次条において「法」とあるのは「以下この条及び次条において「法」と、「行われた数」とあるのは「行われた数（法附則第５条第１項の規定により法の施行の日前に認定の請求の手続が行われた数を含む。）」と、第２条中「前年度の２月１日から当該年度の１月31日まで」とあるのは「平成31年度の10月１日から１月31日まで」とする。

附　則（令和２年厚生労働省令第58号）

（経過措置）

2　令和２年度における、第１条及び第２条の適用については、第１条及び第２条中「前年度の１月１日から当該年度の12月31日まで」とあるのは「令和２年度の２月１日から12月31日まで」とする。

第７章　雑則

（支払の調整）

法第28条　甲年金生活者支援給付金を支給すべき者に対して、乙年金生活者支援給付金を支給すべきでないにもかかわらず、乙年金生活者支援給付金の支給としての支払が行われたときは、その支払われた乙年金生活者支援給付金は、甲年金生活者支援給付金の内払とみなすことができる。

2　年金生活者支援給付金を支給すべきでないにもかかわらず、その年金生活者支援給付金としての支払が行われたときは、その支払われた年金生活者支援給付金は、その後に支払うべき年金生活者支援給付金の内払とみなすことができる。年金生活者支援給付金の額を減額して改定すべきにもかかわらず、その改定すべき月以降の分として減額しない額の年金生活者支援給付金が支払われた場合における当該年金生活者支援給付金の当該減額すべきであった部分についても、同様とする。

法第29条　年金生活者支援給付金の支給を受けるべき者が死亡したためその支給すべき事由が消滅したにもかかわらず、その死亡の日の属する月の翌月以降の分として当該年金生活者支援給付金の過誤払が行われた場合において、当該過誤払による返還金に係る債権（以下この条において「返還金債権」という。）に係る債務の弁済をすべき者に支払うべき年金生活者支援給付金があるときは、厚生労働省令で定めるところにより、当該年金生活者支援給付金の支払金の金額を当該過誤払による返還金債権の金額に充当することができる。

（法第29条の規定による充当を行うことができる場合）

則第67条　法第29条の規定による年金生活者支援給付金の支払金の金額の過誤払による返還金債権への充当は、次に掲げる場合に行うことができる。

一　遺族年金生活者支援給付金受給者（年金生活者支援給付金の支給を受けている者（以下この号において「年金生活者支援給付金受給者」という。）の死亡を支給事由とする遺族年金生活者支援給付金の支給を受けている者に限る。）が、当該年金生活者支援給付金受給者の死亡に伴う当該年金生活者支援給付金の支払金の金額の過誤払による返還金債権に係る債務の弁済をすべき者であるとき

　二　遺族年金生活者支援給付金受給者が同一の支給事由に基づく他の遺族年金生活者支援給付金受給者の死亡に伴う当該遺族年金生活者支援給付金の金額の過誤払による返還金債権に係る債務の弁済をすべき者であるとき

（時効）

法第30条　年金生活者支援給付金の支給を受け、又はその返還を受ける権利及び次条第１項の規定による徴収金を徴収する権利は、２年を経過したときは、時効によって消滅する。

（不正利得の徴収）

法第31条　偽りその他不正の手段により年金生活者支援給付金の支給を受けた者があるときは、厚生労働大臣は、国税徴収の例により、その者から、その支給を受けた額に相当する金額の全部又は一部を徴収することができる。

2　国民年金法第96条第１項から第５項まで、第97条及び第98条の規定は、前項の規定による徴収金の徴収について準用する。この場合において、同法第97条第１項中「年14.6パーセント（当該督促が保険料に係るものであるときは、当該納期限の翌日から３月を経過する日までの期間については、年7.3パーセント）」とあるのは、「年14.6パーセント」と読み替えるものとする。

【参考条文】

（督促及び滞納処分）

国民年金法第96条　保険料その他この法律の規定による徴収金を滞納する者があるときは、厚生労働大臣は、期限を指定して、これを督促することができる。

2　前項の規定によつて督促をしようとするときは、厚生労働大臣は、納付義務者に対して、督促状を発する。

3　前項の督促状により指定する期限は、督促状を発する日から起算して10日以上を経過した日でなければならない。

4　厚生労働大臣は、第１項の規定による督促を受けた者がその指定の期限までに保険料その他この法律の規定による徴収金を納付しないときは、国税滞納処分の例によつてこれを処分し、又は滞納者の居住地若しくはその者の財産所在地の市町村に対して、その処分を請求することができる。

5　市町村は、前項の規定による処分の請求を受けたときは、市町村税の例によつてこれを処分することができる。この場合においては、厚生労働大臣は、徴収金の100分の４に相当する額を当該市町村に交付しなければならない。

（延滞金）

国民年金法第97条　前条第１項の規定によつて督促をしたときは、厚生労働大臣は、徴収金額に、納期限の翌日から徴収金完納又は財産差押の日の前日までの期間の日数に応じ、年14.6パーセント（当該督促が保険料に係るものであるときは、当該納期限の翌日から３月を経過する日までの期間については、年7.3パーセント）の割合を乗じて計算した延滞金を徴収する。ただし、徴収金額が500円未満であるとき、又は滞納につきやむを得ない事情があると認められるときは、この限りでない。

2　前項の場合において、徴収金額の一部につき納付があつたときは、その納付の日以後の期間に係る延滞金の計算の基礎となる徴収金は、その納付のあつた徴収金額を控除した金額による。

3　延滞金を計算するに当り、徴収金額に500円未満の端数があるときは、その端数は、切り捨てる。

4　督促状に指定した期限までに徴収金を完納したとき、又は前３項の規定によつて計算した金額が50円未満であるときは、延滞金は、徴収しない。

5　延滞金の金額に50円未満の端数があるときは、その端数は、切り捨てる。

（先取特権）

国民年金法第98条　保険料その他この法律の規定による徴収金の先取特権の順位は、国税及び地方税に次ぐものとする。

（受給権の保護）
法第32条　年金生活者支援給付金の支給を受ける権利は、譲り渡し、担保に供し、又は差し押さえることができない。

（公課の禁止）
法第33条　租税その他の公課は、年金生活者支援給付金として支給を受けた金銭を標準として、課することができない。

（期間の計算）
法第34条　この法律又はこの法律に基づく命令に規定する期間の計算については、民法（明治29年法律第89号）の期間に関する規定を準用する。

【参考条文】
　（期間の計算の通則）
　民法第138条　期間の計算方法は、法令若しくは裁判上の命令に特別の定めがある場合又は法律行為に別段の定めがある場合を除き、この章の規定に従う。
　（期間の起算）
　民法第139条　時間によって期間を定めたときは、その期間は、即時から起算する。
　民法第140条　日、週、月又は年によって期間を定めたときは、期間の初日は、算入しない。ただし、その期間が午前零時から始まるときは、この限りでない。
　（期間の満了）
　民法第141条　前条の場合には、期間は、その末日の終了をもって満了する。
　民法第142条　期間の末日が日曜日、国民の祝日に関する法律（昭和23年法律第178号）に規定する休日その他の休日に当たるときは、その日に取引をしない慣習がある場合に限り、期間は、その翌日に満了する。
　（暦による期間の計算）
　民法第143条　週、月又は年によって期間を定めたときは、その期間は、暦に従って計算する。
　2　週、月又は年の初めから期間を起算しないときは、その期間は、最後の週、月又は年においてその起算日に応当する日の前日に満了する。ただし、月又は年によって期間を定めた場合において、最後の月に応当する日がないときは、その月の末日に満了する。

（届出）
法第35条　年金生活者支援給付金の支給を受けている者（次項及び次条第1項において「年金生活者支援給付金受給者」という。）は、厚生労働省令で定めるところにより、厚生労働大臣に対し、厚生労働省令で定める事項を届け出、かつ、厚生労働省令で定める書類その他の物件を提出しなければならない。
2　年金生活者支援給付金受給者が死亡したときは、戸籍法（昭和22年法律第224号）の規定による死亡の届出義務者は、厚生労働省令で定めるところにより、その旨を厚生労働大臣に届け出なければならない。ただし、厚生労働省令で定める年金生活者支援給付金受給者の死亡について、同法の規定による死亡の届出をした場合（厚生労働省令で定める場合に限る。）は、この限りでない。

（不支給事由該当の届出）

則第4条 老齢年金生活者支援給付金の支給を受けている者（以下「老齢年金生活者支援給付金受給者」という。）は、法第2条第2項（第2号を除く。）の規定により老齢年金生活者支援給付金が支給されない事由に該当することとなったときは、速やかに、次に掲げる事項を記載した届書を機構に提出しなければならない。

一　氏名、生年月日及び住所

二　個人番号又は基礎年金番号

三　老齢年金生活者支援給付金が支給されない事由に該当することとなった理由及び該当することとなった年月日

2　前項の規定により同項の届書に基礎年金番号を記載する者にあっては、基礎年金番号通知書その他の基礎年金番号を明らかにすることができる書類を添えなければならない。

（厚生労働大臣による老齢年金生活者支援給付金受給資格者の確認等）

則第5条 厚生労働大臣は、毎月、住民基本台帳法第30条の9の規定による老齢年金生活者支援給付金受給資格者に係る機構保存本人確認情報の提供を受け、必要な事項について確認を行うものとする。ただし、機構保存本人確認情報について、国民年金法施行規則（昭和35年厚生省令第12号）第18条第1項の規定による確認を行ったときは、この限りでない。

2　厚生労働大臣は、前項の規定により機構保存本人確認情報の提供を受けるために必要と認める場合は、老齢年金生活者支援給付金受給資格者に対し、当該老齢年金生活者支援給付金受給資格者に係る個人番号の報告を求めることができる。

3　厚生労働大臣は、第1項の規定により必要な事項について確認を行った場合において、老齢年金生活者支援給付金受給資格者の生存若しくは死亡の事実が確認されなかったとき（次条第1項に規定する場合を除く。）又は必要と認めるときには、当該老齢年金生活者支援給付金受給資格者に対し、当該老齢年金生活者支援給付金受給資格者の生存の事実について確認できる書類の提出を求めることができる。

4　前項の規定により同項に規定する書類の提出を求められた老齢年金生活者支援給付金受給資格者は、厚生労働大臣が指定する期限（以下「指定期限」という。）までに、当該書類を機構に提出しなければならない。

（機構保存本人確認情報の提供を受けることができない老齢年金生活者支援給付金受給資格者に係る届出等）

則第6条 厚生労働大臣は、住民基本台帳法第30条の9の規定による老齢年金生活者支援給付金受給資格者に係る機構保存本人確認情報の提供を受けることができない場合には、当該老齢年金生活者支援給付金受給資格者に対し、次に掲げる事項を記載し、かつ、自ら署名した届書（自ら署名することが困難な老齢年金生活者支援給付金受給資格者にあっては、当該老齢年金生活者支援給付金受給資格者の代理人が署名した届書。以下この章において同じ。）を毎年厚生労働大臣が指定する日（以下「指定日」という。）までに提出することを求めることができる。ただし、国民年金法施行規則第18条の2第1項に規定する届書の提出があったときは、この限りではない。

一　氏名、生年月日及び住所

二　個人番号又は基礎年金番号

2　前項の規定により同項に規定する届書の提出を求められた老齢年金生活者支援給付金受給資格者は、毎年、指定日までに、当該届書を機構に提出しなければならない。

3　厚生労働大臣は、第1項の規定により届書の提出を求めた場合において、必要と認めるときには、当該老齢年金生活者支援給付金受給資格者に対し、当該老齢年金生活者支援給付金受給資格者の生存の事実について確認できる書類の提出を求めることができる。

4　前項の規定により同項に規定する書類の提出を求められた老齢年金生活者支援給付金受給資格者

は、指定期限までに、当該書類を機構に提出しなければならない。

〔告示〕年金生活者支援給付金の支給に関する法律施行規則第6条第1項の規定に基づき年金生活者支援給付金受給資格者がその日までに届書等を提出すべき日として厚生労働大臣が指定する日（平成30年厚生労働省告示第425号、改正・令和3年厚生労働省告示第248号第2条）

年金生活者支援給付金の支給に関する法律施行規則（平成30年厚生労働省令第151号）第6条第1項に規定する厚生労働大臣が指定する日は、次の各号に掲げる区分に応じ、当該各号に定める日とする。

一　老齢年金生活者支援給付金、補足的老齢年金生活者支援給付金、障害年金生活者支援給付金又は遺族年金生活者支援給付金の受給資格者の提出する届書等（次号に規定するものを除く。）　受給資格者の誕生日の属する月の末日

二　年金生活者支援給付金の支給に関する法律施行規則第7条に規定する届書等、同令第22条に規定する届書等、同令第37条に規定する届書等及び同令第52条に規定する届書等　9月30日

（所得及び世帯状況の届出）

則第7条　老齢年金生活者支援給付金受給者は、毎年、指定日までに、指定日前1月以内に作成された老齢・補足的老齢年金生活者支援給付金所得・世帯状況届及び第2条第3項各号に掲げる書類を機構に提出しなければならない。ただし、指定日の属する年の前年の所得及び世帯に関する当該書類が提出されているとき又は厚生労働大臣が市町村から当該指定日の属する年の前年の所得及び世帯に関する情報の提供を受けることができるときは、この限りでない。

（氏名変更の届出）

則第8条　老齢年金生活者支援給付金受給者（厚生労働大臣が住民基本台帳法第30条の9の規定により機構保存本人確認情報の提供を受けることができる者を除く。第3項及び次条において同じ。）は、氏名を変更したときは、次に掲げる事項を記載した届書を、当該事実があった日から14日以内に、機構に提出しなければならない。

一　変更前及び変更後の氏名、生年月日並びに住所

二　個人番号又は基礎年金番号

2　前項の届書には、次に掲げる書類を添えなければならない。

一　前項の規定により同項の届書に基礎年金番号を記載する者にあっては、基礎年金番号通知書その他の基礎年金番号を明らかにすることができる書類

二　氏名の変更に関する市町村長の証明書又は戸籍の抄本

3　老齢年金生活者支援給付金受給者が国民年金法施行規則第19条第1項の届出を行ったとき（同条第3項から第5項までの規定により同条第1項の届出を行ったものとみなされるときを含む。）は、第1項の届出を行ったものとみなす。

（住所変更の届出）

則第9条　老齢年金生活者支援給付金受給者は、住所を変更したときは、次に掲げる事項を記載した届書を、当該事実のあった日から14日以内に、機構に提出しなければならない。

一　氏名及び生年月日

二　変更後の住所

三　個人番号又は基礎年金番号

2　前項の規定により同項の届書に基礎年金番号を記載する者にあっては、基礎年金番号通知書その他の基礎年金番号を明らかにすることができる書類を添えなければならない。

3　老齢年金生活者支援給付金受給者が国民年金法施行規則第20条第1項の届出を行ったとき（同条第2項から第4項までの規定により同条第1項の届出を行ったものとみなされるときを含む。）は、第1項の届出を行ったものとみなす。

（個人番号の変更の届出）

則第10条　老齢年金生活者支援給付金受給者は、その個人番号を変更したときは、次に掲げる事項を記載した届書を、速やかに、機構に提出しなければならない。

一　氏名、生年月日及び住所

二　変更前及び変更後の個人番号

三　個人番号の変更年月日

2　老齢年金生活者支援給付金受給者が国民年金法施行規則第20条の2第1項の届出を行ったとき（同条第2項の規定により同条第1項の届出を行ったものとみなされるときを含む。）は、前項の届出を行ったものとみなす。

（払渡方法等の変更の届出）

則第11条　老齢年金生活者支援給付金受給者は、老齢年金生活者支援給付金の払渡しを希望する機関又は当該機関の預金口座の名義を変更しようとするときは、次に掲げる事項を記載した届書を機構に提出しなければならない。

一　氏名、生年月日及び住所

二　個人番号又は基礎年金番号

三　次のイからハまでに掲げる者の区分に応じ、当該イからハまでに定める事項

　イ　第2条第1項第4号イに規定する者　払渡希望金融機関の名称並びに預金口座の名義及び口座番号

　ロ　第2条第1項第4号ロに規定する者　払渡希望郵便貯金銀行の営業所等の名称及び所在地

　ハ　第2条第1項第4号ハに規定する者　払渡希望金融機関の名称及び公金受取口座の口座番号並びに公金受取口座への払込みを希望する旨

2　前項の届書には、次に掲げる書類を添えなければならない。

一　前項の規定により同項の届書に基礎年金番号を記載する者にあっては、基礎年金番号通知書その他の基礎年金番号を明らかにすることができる書類

二　前項第3号イに掲げる者にあっては、預金口座の名義及び口座番号についての当該払渡希望金融機関の証明書、預金通帳の写しその他の預金口座の名義及び口座番号を明らかにすることができる書類

3　老齢年金生活者支援給付金受給者が国民年金法施行規則第21条第1項の届出を行ったとき（同条第3項の規定により同条第1項の届出を行ったものとみなされるときを含む。）は、第1項の届出を行ったものとみなす。

（所在不明の届出等）

則第12条　老齢年金生活者支援給付金受給者の属する世帯の世帯主その他その世帯に属する者は、当該老齢年金生活者支援給付金受給者の所在が1月以上明らかでないときは、速やかに、次に掲げる事項を記載した届書を機構に提出しなければならない。

一　届出人の氏名及び住所並びに届出人と老齢年金生活者支援給付金受給者との身分関係

二　老齢年金生活者支援給付金受給者と同一世帯である旨

三　老齢年金生活者支援給付金受給者の氏名及び生年月日

四　老齢年金生活者支援給付金受給者の基礎年金番号

五　老齢年金生活者支援給付金受給者の所在不明となった年月日

2　前項の届書には、老齢年金生活者支援給付金受給者の基礎年金番号通知書その他の当該老齢年金生活者支援給付金受給者の基礎年金番号を明らかにすることができる書類を添えなければならない。

3　厚生労働大臣は、第1項の届書が提出されたときであって、必要と認めるときには、当該老齢年金生活者支援給付金受給者に対し、当該老齢年金生活者支援給付金受給者の生存の事実について確認できる書類の提出を求めることができる。

4　前項の規定により同項に規定する書類の提出を求められた老齢年金生活者支援給付金受給者は、

指定期限までに、当該書類を機構に提出しなければならない。

5 老齢年金生活者支援給付金受給者の属する世帯の世帯主その他その世帯に属する者が国民年金法施行規則第23条第1項の届出を行ったとき（同条第5項から第7項までの規定により同条第1項の届出を行ったものとみなされるときを含む。）は、第1項の届出を行ったものとみなす。

（死亡の届出）

則第13条 法第35条第2項の規定による老齢年金生活者支援給付金受給者の死亡の届出は、次に掲げる事項を記載した届書を、当該事実があった日から14日以内に、機構に提出することによって行わなければならない。

一 届出人の氏名及び住所並びに届出人と老齢年金生活者支援給付金受給者との身分関係

二 老齢年金生活者支援給付金受給者の氏名及び生年月日

三 老齢年金生活者支援給付金受給者の基礎年金番号

四 老齢年金生活者支援給付金受給者の死亡した年月日

2 前項の届書には、次に掲げる書類を添えなければならない。

一 老齢年金生活者支援給付金受給者の基礎年金番号通知書その他の当該老齢年金生活者支援給付金受給者の基礎年金番号を明らかにすることができる書類

二 老齢年金生活者支援給付金受給者の死亡を明らかにすることができる書類

3 国民年金法施行規則第24条第1項の届出が行われたとき（同条第3項から第5項までの規定により同条第1項の届出を行ったものとみなされるときを含む。）は、第1項の届出が行われたものとみなす。

4 法第35条第2項ただし書に規定する厚生労働省令で定める年金生活者支援給付金受給者のうち、老齢年金生活者支援給付金受給者に係るものは、厚生労働大臣が住民基本台帳法第30条の9の規定により機構保存本人確認情報の提供を受けることができる老齢年金生活者支援給付金受給者とする。

5 法第35条第2項ただし書に規定する厚生労働省令で定める場合のうち、老齢年金生活者支援給付金受給者に係るものは、当該老齢年金生活者支援給付金受給者の死亡の日から7日以内に当該老齢年金生活者支援給付金受給者に係る戸籍法（昭和22年法律第224号）の規定による死亡の届出をした場合とする。

（不支給事由該当の届出）

則第19条 補足的老齢年金生活者支援給付金の支給を受けている者（以下「補足的老齢年金生活者支援給付金受給者」という。）は、法第10条第2項（第2号を除く。）の規定により補足的老齢年金生活者支援給付金が支給されない事由に該当することとなったときは、速やかに、次に掲げる事項を記載した届書を機構に提出しなければならない。

一 氏名、生年月日及び住所

二 個人番号又は基礎年金番号

三 補足的老齢年金生活者支援給付金が支給されない事由に該当することとなった理由及び該当することとなった年月日

2 前項の規定により同項の届書に基礎年金番号を記載する者にあっては、基礎年金番号通知書その他の基礎年金番号を明らかにすることができる書類を添えなければならない。

（厚生労働大臣による補足的老齢年金生活者支援給付金受給資格者の確認等）

則第20条 厚生労働大臣は、毎月、住民基本台帳法第30条の9の規定による補足的老齢年金生活者支援給付金受給資格者に係る機構保存本人確認情報の提供を受け、必要な事項について確認を行うものとする。ただし、機構保存本人確認情報について、国民年金法施行規則第18条第1項の規定による確認を行ったときは、この限りでない。

2 厚生労働大臣は、前項の規定により機構保存本人確認情報の提供を受けるために必要と認める場合は、補足的老齢年金生活者支援給付金受給資格者に対し、当該補足的老齢年金生活者支援給付金

受給資格者に係る個人番号の報告を求めることができる。

3　厚生労働大臣は、第1項の規定により必要な事項について確認を行った場合において、補足的老齢年金生活者支援給付金受給資格者の生存若しくは死亡の事実が確認されなかったとき（次条第1項に規定する場合を除く。）又は必要と認めるときには、当該補足的老齢年金生活者支援給付金受給資格者に対し、当該補足的老齢年金生活者支援給付金受給資格者の生存の事実について確認できる書類の提出を求めることができる。

4　前項の規定により同項に規定する書類の提出を求められた補足的老齢年金生活者支援給付金受給資格者は、指定期限までに、当該書類を機構に提出しなければならない。

（機構保存本人確認情報の提供を受けることができない補足的老齢年金生活者支援給付金受給資格者に係る届出等）

則第21条　厚生労働大臣は、住民基本台帳法第30条の9の規定による補足的老齢年金生活者支援給付金受給資格者に係る機構保存本人確認情報の提供を受けることができない場合には、当該補足的老齢年金生活者支援給付金受給資格者に対し、次に掲げる事項を記載し、かつ、自ら署名した届書を指定日までに提出することを求めることができる。ただし、国民年金法施行規則第18条の2第1項に規定する届書の提出があったときは、この限りではない。

一　氏名、生年月日及び住所

二　個人番号又は基礎年金番号

2　前項の規定により同項に規定する届書の提出を求められた補足的老齢年金生活者支援給付金受給資格者は、毎年、指定日までに、当該届書を機構に提出しなければならない。

3　厚生労働大臣は、第1項の規定により届書の提出を求めた場合において、必要と認めるときには、当該補足的老齢年金生活者支援給付金受給資格者に対し、当該補足的老齢年金生活者支援給付金受給資格者の生存の事実について確認できる書類の提出を求めることができる。

4　前項の規定により同項に規定する書類の提出を求められた補足的老齢年金生活者支援給付金受給資格者は、指定期限までに、当該書類を機構に提出しなければならない。

（所得及び世帯状況の届出）

則第22条　補足的老齢年金生活者支援給付金受給者は、毎年、指定日までに、指定日前1月以内に作成された老齢・補足的老齢年金生活者支援給付金所得・世帯状況届及び第17条第3項各号に掲げる書類を機構に提出しなければならない。ただし、指定日の属する年の前年の所得及び世帯に関する当該書類が提出されているとき又は厚生労働大臣が市町村から当該指定日の属する年の前年の所得及び世帯に関する情報の提供を受けることができるときは、この限りでない。

（氏名変更の届出）

則第23条　補足的老齢年金生活者支援給付金受給者（厚生労働大臣が住民基本台帳法第30条の9の規定により機構保存本人確認情報の提供を受けることができる者を除く。第3項及び次条において同じ。）は、氏名を変更したときは、次に掲げる事項を記載した届書を、当該事実があった日から14日以内に、機構に提出しなければならない。

一　変更前及び変更後の氏名、生年月日並びに住所

二　個人番号又は基礎年金番号

2　前項の届書には、次に掲げる書類を添えなければならない。

一　前項の規定により同項の届書に基礎年金番号を記載する者にあっては、基礎年金番号通知書その他の基礎年金番号を明らかにすることができる書類

二　氏名の変更に関する市町村長の証明書又は戸籍の抄本

3　補足的老齢年金生活者支援給付金受給者が国民年金法施行規則第19条第1項の届出を行ったとき（同条第3項から第5項までの規定により同条第1項の届出を行ったものとみなされるときを含む。）は、第1項の届出を行ったものとみなす。

（住所変更の届出）

則第24条　補足的老齢年金生活者支援給付金受給者は、住所を変更したときは、次に掲げる事項を記載した届書を、当該事実のあった日から14日以内に、機構に提出しなければならない。

一　氏名及び生年月日

二　変更後の住所

三　個人番号又は基礎年金番号

2　前項の規定により同項の届書に基礎年金番号を記載する者にあっては、基礎年金番号通知書その他の基礎年金番号を明らかにすることができる書類を添えなければならない。

3　補足的老齢年金生活者支援給付金受給者が国民年金法施行規則第20条第1項の届出を行ったとき（同条第2項から第4項までの規定により同条第1項の届出を行ったものとみなされるときを含む。）は、第1項の届出を行ったものとみなす。

（個人番号の変更の届出）

則第25条　補足的老齢年金生活者支援給付金受給者は、その個人番号を変更したときは、次に掲げる事項を記載した届書を、速やかに、機構に提出しなければならない。

一　氏名、生年月日及び住所

二　変更前及び変更後の個人番号

三　個人番号の変更年月日

2　補足的老齢年金生活者支援給付金受給者が国民年金法施行規則第20条の2第1項の届出を行ったとき（同条第2項の規定により同条第1項の届出を行ったものとみなされるときを含む。）は、前項の届出を行ったものとみなす。

（払渡方法等の変更の届出）

則第26条　補足的老齢年金生活者支援給付金受給者は、補足的老齢年金生活者支援給付金の払渡しを希望する機関又は当該機関の預金口座の名義を変更しようとするときは、次に掲げる事項を記載した届書を機構に提出しなければならない。

一　氏名、生年月日及び住所

二　個人番号又は基礎年金番号

三　次のイからハまでに掲げる者の区分に応じ、当該イからハまでに定める事項

イ　第17条第1項第4号イに規定する者　払渡希望金融機関の名称並びに預金口座の名義及び口座番号

ロ　第17条第1項第4号ロに規定する者　払渡希望郵便貯金銀行の営業所等の名称及び所在地

ハ　第17条第1項第4号ハに規定する者　払渡希望金融機関の名称及び公金受取口座の口座番号並びに公金受取口座への払込みを希望する旨

2　前項の届書には、次に掲げる書類を添えなければならない。

一　前項の規定により同項の届書に基礎年金番号を記載する者にあっては、基礎年金番号通知書その他の基礎年金番号を明らかにすることができる書類

二　前項第3号イに掲げる者にあっては、預金口座の名義及び口座番号についての当該払渡希望金融機関の証明書、預金通帳の写しその他の預金口座の名義及び口座番号を明らかにすることができる書類

3　補足的老齢年金生活者支援給付金受給者が国民年金法施行規則第21条第1項の届出を行ったとき（同条第3項の規定により同条第1項の届出を行ったものとみなされるときを含む。）は、第1項の届出を行ったものとみなす。

（所在不明の届出等）

則第27条　補足的老齢年金生活者支援給付金受給者の属する世帯の世帯主その他その世帯に属する者は、当該補足的老齢年金生活者支援給付金受給者の所在が1月以上明らかでないときは、速やかに、

次に掲げる事項を記載した届書を機構に提出しなければならない。

一　届出人の氏名及び住所並びに届出人と補足的老齢年金生活者支援給付金受給者との身分関係

二　補足的老齢年金生活者支援給付金受給者と同一世帯である旨

三　補足的老齢年金生活者支援給付金受給者の氏名及び生年月日

四　補足的老齢年金生活者支援給付金受給者の基礎年金番号

五　補足的老齢年金生活者支援給付金受給者の所在不明となった年月日

2　前項の届書には、補足的老齢年金生活者支援給付金受給者の基礎年金番号通知書その他の当該補足的老齢年金生活者支援給付金受給者の基礎年金番号を明らかにすることができる書類を添えなければならない。

3　厚生労働大臣は、第１項の届書が提出されたときであって、必要と認めるときには、当該補足的老齢年金生活者支援給付金受給者に対し、当該補足的老齢年金生活者支援給付金受給者の生存の事実について確認できる書類の提出を求めることができる。

4　前項の規定により同項に規定する書類の提出を求められた補足的老齢年金生活者支援給付金受給者は、指定期限までに、当該書類を機構に提出しなければならない。

5　補足的老齢年金生活者支援給付金受給者の属する世帯の世帯主その他その世帯に属する者が国民年金法施行規則第23条第１項の届出を行ったとき（同条第５項から第７項までの規定により同条第１項の届出を行ったものとみなされるときを含む。）は、第１項の届出を行ったものとみなす。

（死亡の届出）

則第28条　法第35条第２項の規定による補足的老齢年金生活者支援給付金受給者の死亡の届出は、次に掲げる事項を記載した届書を、当該事実があった日から14日以内に、機構に提出することによって行わなければならない。

一　届出人の氏名及び住所並びに届出人と補足的老齢年金生活者支援給付金受給者との身分関係

二　補足的老齢年金生活者支援給付金受給者の氏名及び生年月日

三　補足的老齢年金生活者支援給付金受給者の基礎年金番号

四　補足的老齢年金生活者支援給付金受給者の死亡した年月日

2　前項の届書には、次に掲げる書類を添えなければならない。

一　補足的老齢年金生活者支援給付金受給者の基礎年金番号通知書その他の当該補足的老齢年金生活者支援給付金受給者の基礎年金番号を明らかにすることができる書類

二　補足的老齢年金生活者支援給付金受給者の死亡を明らかにすることができる書類

3　国民年金法施行規則第24条第１項の届出が行われたとき（同条第３項から第５項までの規定により同条第１項の届出を行ったものとみなされるときを含む。）は、第１項の届出が行われたものとみなす。

4　法第35条第２項ただし書に規定する厚生労働省令で定める年金生活者支援給付金受給者のうち、補足的老齢年金生活者支援給付金受給者に係るものは、厚生労働大臣が住民基本台帳法第30条の９の規定により機構保存本人確認情報の提供を受けることができる補足的老齢年金生活者支援給付金受給者とする。

5　法第35条第２項ただし書に規定する厚生労働省令で定める場合のうち、補足的老齢年金生活者支援給付金受給者に係るものは、当該補足的老齢年金生活者支援給付金受給者の死亡の日から７日以内に当該補足的老齢年金生活者支援給付金受給者に係る戸籍法の規定による死亡の届出をした場合とする。

（不支給事由該当の届出）

則第34条　障害年金生活者支援給付金の支給を受けている者（以下「障害年金生活者支援給付金受給者」という。）は、法第15条第２項（第２号を除く。）の規定により障害年金生活者支援給付金が支給されない事由に該当することとなったときは、速やかに、次に掲げる事項を記載した届書を機構に提

出しなければならない。

一　氏名、生年月日及び住所

二　個人番号又は基礎年金番号

三　障害年金生活者支援給付金が支給されない事由に該当することとなった理由及び該当することとなった年月日

2　前項の規定により同項の届書に基礎年金番号を記載する者にあっては、基礎年金番号通知書その他の基礎年金番号を明らかにすることができる書類を添えなければならない。

（厚生労働大臣による障害年金生活者支援給付金受給資格者の確認等）

則第35条　厚生労働大臣は、毎月、住民基本台帳法第30条の９の規定による障害年金生活者支援給付金受給資格者に係る機構保存本人確認情報の提供を受け、必要な事項について確認を行うものとする。ただし、機構保存本人確認情報について、国民年金法施行規則第36条第１項の規定による確認を行ったときは、この限りでない。

2　厚生労働大臣は、前項の規定により機構保存本人確認情報の提供を受けるために必要と認める場合は、障害年金生活者支援給付金受給資格者に対し、当該障害年金生活者支援給付金受給資格者に係る個人番号の報告を求めることができる。

3　厚生労働大臣は、第１項の規定により必要な事項について確認を行った場合において、障害年金生活者支援給付金受給資格者の生存若しくは死亡の事実が確認されなかったとき（次条第１項に規定する場合を除く。）又は必要と認めるときには、当該障害年金生活者支援給付金受給資格者に対し、当該障害年金生活者支援給付金受給資格者の生存の事実について確認できる書類の提出を求めることができる。

4　前項の規定により同項に規定する書類の提出を求められた障害年金生活者支援給付金受給資格者は、指定期限までに、当該書類を機構に提出しなければならない。

（機構保存本人確認情報の提供を受けることができない障害年金生活者支援給付金受給資格者に係る届出等）

則第36条　厚生労働大臣は、住民基本台帳法第30条の９の規定による障害年金生活者支援給付金受給資格者に係る機構保存本人確認情報の提供を受けることができない場合には、当該障害年金生活者支援給付金受給資格者に対し、次に掲げる事項を記載し、かつ、自ら署名した届書（自ら署名することが困難な障害年金生活者支援給付金受給資格者にあっては、当該障害年金生活者支援給付金受給資格者の代理人が署名した届書。以下この章において同じ。）を毎年指定日までに提出することを求めることができる。ただし、国民年金法施行規則第36条の２第１項に規定する届書の提出があったときは、この限りではない。

一　氏名、生年月日及び住所

二　個人番号又は基礎年金番号

2　前項の規定により同項に規定する届書の提出を求められた障害年金生活者支援給付金受給資格者は、毎年、指定日までに、当該届書を機構に提出しなければならない。

3　厚生労働大臣は、第１項の規定により届書の提出を求めた場合において、必要と認めるときには、当該障害年金生活者支援給付金受給資格者に対し、当該障害年金生活者支援給付金受給資格者の生存の事実について確認できる書類の提出を求めることができる。

4　前項の規定により同項に規定する書類の提出を求められた障害年金生活者支援給付金受給資格者は、指定期限までに、当該書類を機構に提出しなければならない。

（所得状況の届出）

則第37条　障害年金生活者支援給付金受給者は、毎年、指定日までに、指定日前１月以内に作成された第32条第２項第３号及び第３号の２並びに同条第３項各号に掲げる書類を機構に提出しなければならない。ただし、指定日の属する年の前年の所得に関する当該書類が提出されているとき又は厚

生労働大臣が市町村から当該指定日の属する年の前年の所得に関する情報の提供を受けることができるときは、この限りでない。

（氏名変更の届出）

則第38条 障害年金生活者支援給付金受給者（厚生労働大臣が住民基本台帳法第30条の9の規定により機構保存本人確認情報の提供を受けることができる者を除く。第3項及び次条において同じ。）は、氏名を変更したときは、次に掲げる事項を記載した届書を、当該事実があった日から14日以内に、機構に提出しなければならない。

一　変更前及び変更後の氏名、生年月日並びに住所

二　個人番号又は基礎年金番号

2　前項の届書には、次に掲げる書類を添えなければならない。

一　前項の規定により同項の届書に基礎年金番号を記載する者にあっては、基礎年金番号通知書その他の基礎年金番号を明らかにすることができる書類

二　氏名の変更に関する市町村長の証明書又は戸籍の抄本

3　障害年金生活者支援給付金受給者が国民年金法施行規則第38条第1項において準用する同令第19条第1項の届出を行ったとき（同令第38条第1項から第3項までにおいて準用する同令第19条第3項から第5項までの規定により同令第38条第1項において準用する同令第19条第1項の届出を行ったものとみなされるときを含む。）は、第1項の届出を行ったものとみなす。

（住所変更の届出）

則第39条 障害年金生活者支援給付金受給者は、住所を変更したときは、次に掲げる事項を記載した届書を、当該事実のあった日から14日以内に、機構に提出しなければならない。

一　氏名及び生年月日

二　変更後の住所

三　個人番号又は基礎年金番号

2　前項の規定により同項の届書に基礎年金番号を記載する者にあっては、基礎年金番号通知書その他の基礎年金番号を明らかにすることができる書類を添えなければならない。

3　障害年金生活者支援給付金受給者が国民年金法施行規則第38条第1項において準用する同令第20条第1項の届出を行ったとき（同令第38条第1項から第3項までにおいて準用する同令第20条第2項から第4項までの規定により同令第38条第1項において準用する同令第20条第1項の届出を行ったものとみなされるときを含む。）は、第1項の届出を行ったものとみなす。

（個人番号の変更の届出）

則第40条 障害年金生活者支援給付金受給者は、その個人番号を変更したときは、次に掲げる事項を記載した届書を、速やかに、機構に提出しなければならない。

一　氏名、生年月日及び住所

二　変更前及び変更後の個人番号

三　個人番号の変更年月日

2　障害年金生活者支援給付金受給者が国民年金法施行規則第38条第1項において準用する同令第20条の2第1項の届出を行ったとき（同令第38条第2項において準用する同令第20条の2第2項の規定により同令第38条第1項において準用する同令第20条の2第1項の届出を行ったものとみなされるときを含む。）は、前項の届出を行ったものとみなす。

（払渡方法等の変更の届出）

則第41条 障害年金生活者支援給付金受給者は、障害年金生活者支援給付金の払渡しを希望する機関又は当該機関の預金口座の名義を変更しようとするときは、次に掲げる事項を記載した届書を機構に提出しなければならない。

一　氏名、生年月日及び住所

　　二　個人番号又は基礎年金番号

　　三　次のイからハまでに掲げる者の区分に応じ、当該イからハまでに定める事項

　　　イ　第32条第1項第4号イに規定する者　払渡希望金融機関の名称並びに預金口座の名義及び口座番号

　　　ロ　第32条第1項第4号ロに規定する者　払渡希望郵便貯金銀行の営業所等の名称及び所在地

　　　ハ　第32条第1項第4号ハに規定する者　払渡希望金融機関の名称及び公金受取口座の口座番号並びに公金受取口座への払込みを希望する旨

2　前項の届書には、次に掲げる書類を添えなければならない。

　　一　前項の規定により同項の届書に基礎年金番号を記載する者にあっては、基礎年金番号通知書その他の基礎年金番号を明らかにすることができる書類

　　二　前項第3号イに掲げる者にあっては、預金口座の名義及び口座番号についての当該払渡希望金融機関の証明書、預金通帳の写しその他の預金口座の名義及び口座番号を明らかにすることができる書類

3　障害年金生活者支援給付金受給者が国民年金法施行規則第38条第1項において準用する同令第21条第1項の届出を行ったとき（同令第38条第2項において準用する同令第21条第3項の規定により同令第38条第1項において準用する同令第21条第1項の届出を行ったものとみなされるときを含む。）は、第1項の届出を行ったものとみなす。

　（所在不明の届出等）

則第42条　障害年金生活者支援給付金受給者の属する世帯の世帯主その他その世帯に属する者は、当該障害年金生活者支援給付金受給者の所在が1月以上明らかでないときは、速やかに、次に掲げる事項を記載した届書を機構に提出しなければならない。

　　一　届出人の氏名及び住所並びに届出人と障害年金生活者支援給付金受給者との身分関係

　　二　障害年金生活者支援給付金受給者と同一世帯である旨

　　三　障害年金生活者支援給付金受給者の氏名及び生年月日

　　四　障害年金生活者支援給付金受給者の基礎年金番号

　　五　障害年金生活者支援給付金受給者の所在不明となった年月日

2　前項の届書には、障害年金生活者支援給付金受給者の基礎年金番号通知書その他の当該障害年金生活者支援給付金受給者の基礎年金番号を明らかにすることができる書類を添えなければならない。

3　厚生労働大臣は、第1項の届書が提出されたときであって、必要と認めるときには、当該障害年金生活者支援給付金受給者に対し、当該障害年金生活者支援給付金受給者の生存の事実について確認できる書類の提出を求めることができる。

4　前項の規定により同項に規定する書類の提出を求められた障害年金生活者支援給付金受給者は、指定期限までに、当該書類を機構に提出しなければならない。

5　障害年金生活者支援給付金受給者の属する世帯の世帯主その他その世帯に属する者が国民年金法施行規則第38条第1項において準用する同令第23条第1項の届出を行ったとき（同令第38条第1項から第3項までにおいて準用する同令第23条第5項から第7項までの規定により同令第38条第1項において準用する同令第23条第1項の届出を行ったものとみなされるときを含む。）は、第1項の届出を行ったものとみなす。

　（死亡の届出）

則第43条　法第35条第2項の規定による障害年金生活者支援給付金受給者の死亡の届出は、次に掲げる事項を記載した届書を、当該事実があった日から14日以内に、機構に提出することによって行わなければならない。

　　一　届出人の氏名及び住所並びに届出人と障害年金生活者支援給付金受給者との身分関係

　　二　障害年金生活者支援給付金受給者の氏名及び生年月日

　　三　障害年金生活者支援給付金受給者の基礎年金番号

　　四　障害年金生活者支援給付金受給者の死亡した年月日

2　前項の届書には、次に掲げる書類を添えなければならない。

　　一　障害年金生活者支援給付金受給者の基礎年金番号通知書その他の当該障害年金生活者支援給付金受給者の基礎年金番号を明らかにすることができる書類

　　二　障害年金生活者支援給付金受給者の死亡を明らかにすることができる書類

3　国民年金法施行規則第38条第1項において準用する同令第24条第1項の届出が行われたとき（同令第38条第1項から第3項までにおいて準用する同令第24条第3項から第5項までの規定により同令第38条第1項において準用する同令第24条第1項の届出を行ったものとみなされるときを含む。）は、第1項の届出が行われたものとみなす。

4　法第35条第2項ただし書に規定する厚生労働省令で定める年金生活者支援給付金受給者のうち、障害年金生活者支援給付金受給者に係るものは、厚生労働大臣が住民基本台帳法第30条の9の規定により機構保存本人確認情報の提供を受けることができる障害年金生活者支援給付金受給者とする。

5　法第35条第2項ただし書に規定する厚生労働省令で定める場合のうち、障害年金生活者支援給付金受給者に係るものは、当該障害年金生活者支援給付金受給者の死亡の日から7日以内に当該障害年金生活者支援給付金受給者に係る戸籍法の規定による死亡の届出をした場合とする。

（不支給事由該当の届出）

則第49条　遺族年金生活者支援給付金の支給を受けている者（以下「遺族年金生活者支援給付金受給者」という。）は、法第20条第2項（第2号を除く。）の規定により遺族年金生活者支援給付金が支給されない事由に該当することとなったときは、速やかに、次に掲げる事項を記載した届書を機構に提出しなければならない。

　　一　氏名、生年月日及び住所

　　二　個人番号又は基礎年金番号

　　三　遺族年金生活者支援給付金が支給されない事由に該当することとなった理由及び該当することとなった年月日

2　前項の規定により同項の届書に基礎年金番号を記載する者にあっては、基礎年金番号通知書その他の基礎年金番号を明らかにすることができる書類を添えなければならない。

（厚生労働大臣による遺族年金生活者支援給付金受給資格者の確認等）

則第50条　厚生労働大臣は、毎月、住民基本台帳法第30条の9の規定による遺族年金生活者支援給付金受給資格者に係る機構保存本人確認情報の提供を受け、必要な事項について確認を行うものとする。ただし、機構保存本人確認情報について、国民年金法施行規則第51条第1項の規定による確認を行ったときは、この限りでない。

2　厚生労働大臣は、前項の規定により機構保存本人確認情報の提供を受けるために必要と認める場合は、遺族年金生活者支援給付金受給資格者に対し、当該遺族年金生活者支援給付金受給資格者に係る個人番号の報告を求めることができる。

3　厚生労働大臣は、第1項の規定により必要な事項について確認を行った場合において、遺族年金生活者支援給付金受給資格者の生存若しくは死亡の事実が確認されなかったとき（次条第1項に規定する場合を除く。）又は必要と認めるときには、当該遺族年金生活者支援給付金受給資格者に対し、当該遺族年金生活者支援給付金受給資格者の生存の事実について確認できる書類の提出を求めることができる。

4　前項の規定により同項に規定する書類の提出を求められた遺族年金生活者支援給付金受給資格者は、指定期限までに、当該書類を機構に提出しなければならない。

（機構保存本人確認情報の提供を受けることができない遺族年金生活者支援給付金受給資格者に係る届出等）

則第51条 厚生労働大臣は、住民基本台帳法第30条の9の規定による遺族年金生活者支援給付金受給資格者に係る機構保存本人確認情報の提供を受けることができない場合には、当該遺族年金生活者支援給付金受給資格者に対し、次に掲げる事項を記載し、かつ、自ら署名した届書（自ら署名することが困難な遺族年金生活者支援給付金受給資格者にあっては、当該遺族年金生活者支援給付金受給資格者の代理人が署名した届書。以下この章において同じ。）を毎年指定日までに提出することを求めることができる。ただし、国民年金法施行規則第51条の2第1項に規定する届書の提出があったときは、この限りではない。

一　氏名、生年月日及び住所

二　個人番号又は基礎年金番号

2　前項の規定により同項に規定する届書の提出を求められた遺族年金生活者支援給付金受給資格者は、毎年、指定日までに、当該届書を機構に提出しなければならない。

3　厚生労働大臣は、第1項の規定により届書の提出を求めた場合において、必要と認めるときには、当該遺族年金生活者支援給付金受給資格者に対し、当該遺族年金生活者支援給付金受給資格者の生存の事実について確認できる書類の提出を求めることができる。

4　前項の規定により同項に規定する書類の提出を求められた遺族年金生活者支援給付金受給資格者は、指定期限までに、当該書類を機構に提出しなければならない。

（所得状況の届出）

則第52条　遺族年金生活者支援給付金受給者は、毎年、指定日までに、指定日前1月以内に作成された第47条第2項第3号及び第3号の2並びに同条第3項各号に掲げる書類を機構に提出しなければならない。ただし、指定日の属する年の前年の所得に関する当該書類が提出されているとき又は厚生労働大臣が市町村から当該指定日の属する年の前年の所得に関する情報の提供を受けることができるときは、この限りでない。

（氏名変更の届出）

則第53条　遺族年金生活者支援給付金受給者（厚生労働大臣が住民基本台帳法第30条の9の規定により機構保存本人確認情報の提供を受けることができる者を除く。）は、氏名を変更したときは、次に掲げる事項を記載した届書を、当該事実があった日から14日以内に、機構に提出しなければならない。

一　変更前及び変更後の氏名、生年月日並びに住所

二　個人番号又は基礎年金番号

三　氏名の変更の理由

2　前項の届書には、次に掲げる書類を添えなければならない。

一　前項の規定により同項の届書に基礎年金番号を記載する者にあっては、基礎年金番号通知書その他の基礎年金番号を明らかにすることができる書類

二　氏名の変更に関する市町村長の証明書又は戸籍の抄本

3　遺族年金生活者支援給付金受給者が国民年金法施行規則第52条の2第1項の届出を行ったとき（同条第3項から第5項までの規定により同条第1項の届出を行ったものとみなされるときを含む。）は、第1項の届出を行ったものとみなす。

（氏名変更の理由の届出）

則第54条　遺族年金生活者支援給付金受給者は、その氏名を変更した場合であって前条第1項の規定による届書の提出を要しないときは、当該変更をした日から14日以内に、次に掲げる事項を記載した届書を、機構に提出しなければならない。

一　氏名、生年月日及び住所

二　個人番号又は基礎年金番号

三　氏名の変更の理由

2　前項の届書には、戸籍の抄本その他の氏名の変更の理由を明らかにすることができる書類を添え

なければならない。

3　遺族年金生活者支援給付金受給者が国民年金法施行規則第52条の３第１項の届出を行ったときは、第１項の届出を行ったものとみなす。

（住所変更の届出）

則第55条　遺族年金生活者支援給付金受給者（厚生労働大臣が住民基本台帳法第30条の９の規定により機構保存本人確認情報の提供を受けることができる者を除く。）は、住所を変更したときは、次に掲げる事項を記載した届書を、当該事実のあった日から14日以内に、機構に提出しなければならない。

一　氏名及び生年月日

二　変更後の住所

三　個人番号又は基礎年金番号

2　前項の規定により同項の届書に基礎年金番号を記載する者にあっては、基礎年金番号通知書その他の基礎年金番号を明らかにすることができる書類を添えなければならない。

3　遺族年金生活者支援給付金受給者が国民年金法施行規則第53条第１項において準用する同令第20条第１項の届出を行ったとき（国民年金法施行規則第53条第１項から第３項までにおいて準用する同令第20条第２項から第４項までの規定により同令第53条第１項において準用する同令第20条第１項の届出を行ったものとみなされるときを含む。）は、第１項の届出を行ったものとみなす。

（個人番号の変更の届出）

則第56条　遺族年金生活者支援給付金受給者は、その個人番号を変更したときは、次に掲げる事項を記載した届書を、速やかに、機構に提出しなければならない。

一　氏名、生年月日及び住所

二　変更前及び変更後の個人番号

三　個人番号の変更年月日

2　遺族年金生活者支援給付金受給者が国民年金法施行規則第53条第１項において準用する同令第20条の２第１項の届出を行ったとき（国民年金法施行規則第53条第２項において準用する同令第20条の２第２項の規定により第53条第１項において準用する同令第20条の２第１項の届出を行ったものとみなされるときを含む。）は、前項の届出を行ったものとみなす。

（払渡方法等の変更の届出）

則第57条　遺族年金生活者支援給付金受給者は、遺族年金生活者支援給付金の払渡しを希望する機関又は当該機関の預金口座の名義を変更しようとするときは、次に掲げる事項を記載した届書を機構に提出しなければならない。

一　氏名、生年月日及び住所

二　個人番号又は基礎年金番号

三　次のイからハまでに掲げる者の区分に応じ、当該イからハまでに定める事項

　イ　第47条第１項第３号イに規定する者　払渡希望金融機関の名称並びに預金口座の名義及び口座番号

　ロ　第47条第１項第３号ロに規定する者　払渡希望郵便貯金銀行の営業所等の名称及び所在地

　ハ　第47条第１項第３号ハに規定する者　払渡希望金融機関の名称及び公金受取口座の口座番号並びに公金受取口座への払込みを希望する旨

2　前項の届書には、次に掲げる書類を添えなければならない。

一　前項の規定により同項の届書に基礎年金番号を記載する者にあっては、基礎年金番号通知書その他の基礎年金番号を明らかにすることができる書類

二　前項第３号イに掲げる者にあっては、預金口座の名義及び口座番号についての当該払渡希望金融機関の証明書、預金通帳の写しその他の預金口座の名義及び口座番号を明らかにすることができる書類

3　遺族年金生活者支援給付金受給者が国民年金法施行規則第53条第1項において準用する同令第21条第1項の届出を行ったとき（同令第53条第2項において準用する同令第21条第3項の規定により同令第53条第1項において準用する同令第21条第1項の届出を行ったものとみなされるときを含む。）は、第1項の届出を行ったものとみなす。

（所在不明の届出等）

則第58条　遺族年金生活者支援給付金受給者の属する世帯の世帯主その他その世帯に属する者は、当該遺族年金生活者支援給付金受給者の所在が1月以上明らかでないときは、速やかに、次に掲げる事項を記載した届書を機構に提出しなければならない。

一　届出人の氏名及び住所並びに届出人と遺族年金生活者支援給付金受給者との身分関係

二　遺族年金生活者支援給付金受給者と同一世帯である旨

三　遺族年金生活者支援給付金受給者の氏名及び生年月日

四　遺族年金生活者支援給付金受給者の基礎年金番号

五　遺族年金生活者支援給付金受給者の所在不明となった年月日

2　前項の届書には、遺族年金生活者支援給付金受給者の基礎年金番号通知書その他の当該遺族年金生活者支援給付金受給者の基礎年金番号を明らかにすることができる書類を添えなければならない。

3　厚生労働大臣は、第1項の届書が提出されたときであって、必要と認めるときには、当該遺族年金生活者支援給付金受給者に対し、当該遺族年金生活者支援給付金受給者の生存の事実について確認できる書類の提出を求めることができる。

4　前項の規定により同項に規定する書類の提出を求められた遺族年金生活者支援給付金受給者は、指定期限までに、当該書類を機構に提出しなければならない。

5　遺族年金生活者支援給付金受給者の属する世帯の世帯主その他その世帯に属する者が国民年金法施行規則第53条第1項において準用する同令第23条第1項の届出を行ったとき（同令第53条第1項から第3項までにおいて準用する同令第23条第5項から第7項までの規定により同令第53条第1項において準用する同令第23条第1項の届出を行ったものとみなされるときを含む。）は、第1項の届出を行ったものとみなす。

（死亡の届出）

則第59条　法第35条第2項の規定による遺族年金生活者支援給付金受給者の死亡の届出は、次に掲げる事項を記載した届書を、当該事実があった日から14日以内に、機構に提出することによって行わなければならない。

一　届出人の氏名及び住所並びに届出人と遺族年金生活者支援給付金受給者との身分関係

二　遺族年金生活者支援給付金受給者の氏名及び生年月日

三　遺族年金生活者支援給付金受給者の基礎年金番号

四　遺族年金生活者支援給付金受給者の死亡した年月日

2　前項の届書には、次に掲げる書類を添えなければならない。

一　遺族年金生活者支援給付金受給者の基礎年金番号通知書その他の当該遺族年金生活者支援給付金受給者の基礎年金番号を明らかにすることができる書類

二　遺族年金生活者支援給付金受給者の死亡を明らかにすることができる書類

3　国民年金法施行規則第53条第1項において準用する同令第24条第1項の届出が行われたとき（同令第53条第1項から第3項までにおいて準用する同令第24条第3項から第5項までの規定により同令第53条第1項において準用する同令第24条第1項の届出を行ったものとみなされるときを含む。）は、第1項の届出が行われたものとみなす。

4　法第35条第2項ただし書に規定する厚生労働省令で定める年金生活者支援給付金受給者のうち、遺族年金生活者支援給付金受給者に係るものは、厚生労働大臣が住民基本台帳法第30条の9の規定により機構保存本人確認情報の提供を受けることができる遺族年金生活者支援給付金受給者とする。

5　法第35条第2項ただし書に規定する厚生労働省令で定める場合のうち、遺族年金生活者支援給付金受給者に係るものは、当該遺族年金生活者支援給付金受給者の死亡の日から7日以内に当該遺族年金生活者支援給付金受給者に係る戸籍法の規定による死亡の届出をした場合とする。

（請求書等の記載事項）

則第62条　第1章から第3章までの規定（第6条、第21条、第36条及び第51条を除く。次条において同じ。）によって提出する請求書又は届書（次条において「請求書等」という。）には、請求又は届出の年月日を記載しなければならない。

【参考条文】

（厚生労働大臣による老齢基礎年金の受給権者の確認等）

国民年金法施行規則第18条　厚生労働大臣は、毎月、住民基本台帳法第30条の9の規定による老齢基礎年金の受給権者に係る機構保存本人確認情報の提供を受け、必要な事項について確認を行うものとする。

（機構保存本人確認情報の提供を受けることができない老齢基礎年金の受給権者に係る届出等）

国民年金法施行規則第18条の2　厚生労働大臣は、住民基本台帳法第30条の9の規定による老齢基礎年金の受給権者に係る機構保存本人確認情報の提供を受けることができない場合には、当該受給権者に対し、次に掲げる事項を記載し、かつ、自ら署名した届書（自ら署名することが困難な受給権者にあつては、当該受給権者の代理人が署名した届書。以下同じ。）を毎年厚生労働大臣が指定する日（以下「指定日」という。）までに提出することを求めることができる。

一　氏名、生年月日及び住所

二　個人番号又は基礎年金番号

三　老齢基礎年金の年金証書の年金コード

（氏名変更の届出）

国民年金法施行規則第19条　老齢基礎年金の受給権者（厚生労働大臣が住民基本台帳法第30条の9の規定により機構保存本人確認情報の提供を受けることができる者を除く。）は、氏名を変更したときは、次に掲げる事項を記載した届書を、当該事実があつた日から14日以内に、機構に提出しなければならない。

一　変更前及び変更後の氏名、生年月日並びに住所

一の二　個人番号又は基礎年金番号

二　老齢基礎年金の年金証書の年金コード

3　老齢基礎年金の受給権者が同時に老齢厚生年金（特別支給の老齢厚生年金を含む。次条から第25条までにおいて同じ。）の受給権を有する場合において、当該受給権者が厚生年金保険法施行規則第37条第1項の届出を行つたときは、第1項の届出を行つたものとみなす。

4　老齢基礎年金の受給権者が同時に厚生年金保険の実施者たる政府が支給する退職共済年金の受給権を有する場合において、当該受給権者が平成9年改正省令附則第76条第1項又は平成14年改正省令附則第53条第1項の届出を行つたときは、第1項の届出を行つたものとみなす。

5　老齢基礎年金の受給権者が同時に厚生年金保険法第2条の5第1項第2号から第4号までに定める者が支給する同法による老齢厚生年金（以下「第2号等老齢厚生年金」という。）の受給権を有する場合において、厚生労働大臣が法第108条第2項の規定により同項に規定する事項について必要な書類を閲覧し、又は資料の提供を受けることにより当該受給権者が他の法令の規定で第1項の規定に相当するものに基づく当該第2号等老齢厚生年金に係る同項の届出に相当する行為を行つた事実を確認したときは、同項の届出を行つたものとみなす。

（住所変更の届出）

国民年金法施行規則第20条　老齢基礎年金の受給権者（厚生労働大臣が住民基本台帳法第30条の9の

規定により機構保存本人確認情報の提供を受けることができる者を除く。）は、住所を変更したときは、次に掲げる事項を記載した届書を、当該事実のあつた日から14日以内に、機構に提出しなければならない。

一　氏名及び生年月日

二　変更後の住所

二の二　個人番号又は基礎年金番号

三　老齢基礎年金の年金証書の年金コード

2　老齢基礎年金の受給権者が同時に老齢厚生年金の受給権を有する場合において、当該受給権者が厚生年金保険法施行規則第38条第1項の届出を行つたときは、前項の届出を行つたものとみなす。

3　老齢基礎年金の受給権者が同時に厚生年金保険の実施者たる政府が支給する退職共済年金の受給権を有する場合において、当該受給権者が平成9年改正省令附則第76条の2第1項又は平成14年改正省令附則第53条第3項の届出を行つたときは、第1項の届出を行つたものとみなす。

4　老齢基礎年金の受給権者が同時に第2号等老齢厚生年金の受給権を有する場合において、厚生労働大臣が法第108条第2項の規定により同項に規定する事項について必要な書類を閲覧し、又は資料の提供を受けることにより当該受給権者が他の法令の規定で第1項の規定に相当するものに基づく当該第2号等老齢厚生年金に係る同項の届出に相当する行為を行つた事実を確認したときは、同項の届出を行つたものとみなす。

（個人番号の変更の届出）

国民年金法施行規則第20条の2　老齢基礎年金の受給権者は、その個人番号を変更したときは、次に掲げる事項を記載した届書を、速やかに、機構に提出しなければならない。

一　氏名、生年月日及び住所

二　変更前及び変更後の個人番号

三　個人番号の変更年月日

2　老齢基礎年金の受給権者が同時に老齢厚生年金の受給権を有する場合において、当該受給権者が厚生年金保険法施行規則第38条の2第1項の届出を行つたときは、前項の届出を行つたものとみなす。

（年金払渡方法等の変更の届出）

国民年金法施行規則第21条　老齢基礎年金の受給権者は、年金の払渡しを希望する機関又は当該機関の預金口座の名義を変更しようとするときは、次に掲げる事項を記載した届書を機構に提出しなければならない。

一　氏名、生年月日及び住所

一の二　個人番号又は基礎年金番号

二　次のイからハまでに掲げる者の区分に応じ、当該イからハまでに定める事項

　　イ　第16条第1項第8号イに規定する者　払渡希望金融機関の名称並びに預金口座の名義及び口座番号

　　ロ　第16条第1項第8号ロに規定する者　払渡希望郵便貯金銀行の営業所等の名称及び所在地

　　ハ　第16条第1項第8号ハに規定する者　払渡希望金融機関の名称及び公金受取口座の口座番号並びに公金受取口座への払込みを希望する旨

三　老齢基礎年金の年金証書の年金コード

3　老齢基礎年金の受給権者が同時に老齢厚生年金の受給権を有する場合において、当該受給権者が厚生年金保険法施行規則第39条第1項の届出を行つたときは、第1項の届出を行つたものとみなす。

（所在不明の届出等）

国民年金法施行規則第23条　老齢基礎年金の受給権者の属する世帯の世帯主その他その世帯に属する者は、当該受給権者の所在が1月以上明らかでないときは、速やかに、次の各号に掲げる事項を記

載した届書を機構に提出しなければならない。

一　届出人の氏名及び住所並びに届出人と受給権者との身分関係

二　受給権者と同一世帯である旨

三　受給権者の氏名及び生年月日

四　受給権者の基礎年金番号

五　受給権者の所在不明となつた年月日

六　老齢基礎年金の年金証書の年金コード

5　受給権者が同時に老齢厚生年金の受給権を有していた場合において、厚生年金保険法施行規則第40条の2第1項の届書が提出されたときは、第1項の届書の提出があつたものとみなす。

6　受給権者が同時に厚生年金保険の実施者たる政府が支給する退職共済年金の受給権を有していた場合において、平成9年改正省令附則第76条の5第1項又は平成14年改正省令附則第48条の2第1項の届書が提出されたときは、第1項の届書の提出があつたものとみなす。

7　老齢基礎年金の受給権者が同時に第2号等老齢厚生年金の受給権を有する場合において、厚生労働大臣が法第108条第2項の規定により同項に規定する事項について必要な書類を閲覧し、又は資料の提供を受けることにより当該受給権者が他の法令の規定で第1項の規定に相当するものに基づく当該第2号等老齢厚生年金に係る同項の届出に相当する行為を行つた事実を確認したときは、同項の届出を行つたものとみなす。

（死亡の届出）

国民年金法施行規則第24条　法第105条第4項の規定による老齢基礎年金の受給権者の死亡の届出は、次に掲げる事項を記載した届書を、当該事実があつた日から14日以内に、機構に提出することによつて行わなければならない。

一　氏名及び住所並びに届出人と受給権者との身分関係

二　受給権者の氏名及び生年月日

二の二　受給権者の基礎年金番号

三　受給権者の死亡した年月日

四　老齢基礎年金の年金証書の年金コード

3　受給権者が同時に老齢厚生年金の受給権を有していた場合において、厚生年金保険法施行規則第41条第1項の届出が行われたときは、第1項の届出があつたものとみなす。

4　受給権者が同時に厚生年金保険の実施者たる政府が支給する退職共済年金の受給権を有していた場合において、平成9年改正省令附則第77条第1項又は平成14年改正省令附則第48条の2第1項の届出が行われたときは、第1項の届出があつたものとみなす。

5　老齢基礎年金の受給権者が同時に第2号等老齢厚生年金の受給権を有する場合において、厚生労働大臣が法第108条第2項の規定により同項に規定する事項について必要な書類を閲覧し、又は資料の提供を受けることにより当該受給権者が他の法令の規定で第1項の規定に相当するものに基づく当該第2号等老齢厚生年金に係る同項の届出に相当する行為を行つた事実を確認したときは、同項の届出を行つたものとみなす。

（厚生労働大臣による障害基礎年金の受給権者の確認等）

国民年金法施行規則第36条　厚生労働大臣は、毎月、住民基本台帳法第30条の9の規定による障害基礎年金の受給権者に係る機構保存本人確認情報の提供を受け、必要な事項について確認を行うものとする。

（機構保存本人確認情報の提供を受けることができない障害基礎年金の受給権者に係る届出等）

国民年金法施行規則第36条の2　厚生労働大臣は、住民基本台帳法第30条の9の規定による障害基礎年金の受給権者に係る機構保存本人確認情報の提供を受けることができない場合には、当該受給権者に対し、次に掲げる事項を記載し、かつ、自ら署名した届書を毎年指定日までに提出することを

求めることができる。
　一　氏名、生年月日及び住所
　二　個人番号又は基礎年金番号
　三　障害基礎年金の年金証書の年金コード

（老齢基礎年金に関する規定の準用）

国民年金法施行規則第38条　第19条から第26条までの規定（次項又は第3項において準用する規定を除く。）〔氏名変更の届出、住所変更の届出、年金払渡方法等の変更の届出、年金証書の再交付の申請、死亡の届出、未支給年金の請求請求書等の記載事項〕は、障害基礎年金について準用する。この場合において、第25条第1項中「第16条、第16条の2第3項又は第16条の3の例により、老齢基礎年金の裁定請求書」とあるのは、「第31条の例により、障害基礎年金の裁定請求書」と、第26条中「第18条の2」とあるのは「第36条の2及び第36条の3」と読み替えるものとする。

2　第19条第3項、第20条第2項、第20条の2第2項、第21条第3項、第22条第5項、第23条第5項、第24条第3項及び第25条第3項の規定は、障害基礎年金の受給権者が同時に当該障害基礎年金と同一の支給事由に基づく障害厚生年金の受給権を有する場合について準用する。この場合において、第19条第3項中「第37条第1項」とあるのは「第53条第1項」と、第20条第2項中「第38条第1項」とあるのは「第54条第1項」と、第20条の2第2項中「第38条の2第1項」とあるのは「第54条の2第1項」と、第21条第3項中「第39条第1項」とあるのは「第55条第1項」と、第22条第5項中「第40条第1項」とあるのは「第56条第1項」と、第23条第3項中「第40条の2第1項」とあるのは「第56条の2第1項」と、第24条第3項中「第41条第1項」とあるのは「第57条第1項」と、第25条第3項中「第42条第1項」とあるのは「第58条第1項」と読み替えるものとする。

3　第19条第5項、第20条第4項、第23条第7項及び第24条第5項の規定は、障害基礎年金の受給権者が同時に第2号等障害厚生年金の受給権を有する場合について準用する。この場合において、これらの規定中「当該第2号等老齢厚生年金」とあるのは、「当該第2号等障害厚生年金」と読み替えるものとする。

（厚生労働大臣による遺族基礎年金の受給権者の確認等）

国民年金法施行規則第51条　厚生労働大臣は、毎月、住民基本台帳法第30条の9の規定による遺族基礎年金の受給権者に係る機構保存本人確認情報の提供を受け、必要な事項について確認を行うものとする。

（機構保存本人確認情報の提供を受けることができない遺族基礎年金の受給権者に係る届出等）

国民年金法施行規則第51条の2　厚生労働大臣は、住民基本台帳法第30条の9の規定による遺族基礎年金の受給権者に係る機構保存本人確認情報の提供を受けることができない場合には、当該受給権者に対し、次に掲げる事項を記載し、かつ、自ら署名した届書を毎年指定日までに提出することを求めることができる。
　一　氏名、生年月日及び住所
　二　個人番号又は基礎年金番号
　三　遺族基礎年金の年金証書の年金コード

（氏名変更の届出）

国民年金法施行規則第52条の2　遺族基礎年金の受給権者（厚生労働大臣が住民基本台帳法第30条の9の規定により機構保存本人確認情報の提供を受けることができる者を除く。）は、その氏名を変更したときは、次に掲げる事項を記載した届書を、当該事実があつた日から14日以内に、機構に提出しなければならない。
　一　変更前及び変更後の氏名、生年月日並びに住所
　二　個人番号又は基礎年金番号
　三　遺族基礎年金の年金証書の年金コード

　　四　氏名の変更の理由

3　遺族基礎年金の受給権者が同時に遺族厚生年金の受給権を有する場合において、当該受給権者が厚生年金保険法施行規則第70条第１項の届出を行つたときは、第１項の届出を行つたものとみなす。

4　遺族基礎年金の受給権者が同時に厚生年金保険の実施者たる政府が支給する遺族共済年金の受給権を有する場合において、当該受給権者が平成９年改正省令附則第76条第１項又は平成14年改正省令附則第53条第１項の届出を行つたときは、第１項の届出を行つたものとみなす。

5　遺族基礎年金の受給権者が同時に厚生年金保険法第２条の５第１項第２号から第４号までに定める者が支給する同法による遺族厚生年金（以下「第２号等遺族厚生年金」という。）の受給権を有する場合において、厚生労働大臣が法第108条第２項の規定により同項に規定する事項について必要な書類を閲覧し、又は資料の提供を受けることにより当該受給権者が他の法令の規定で第１項の規定に相当するものに基づく当該第２号等遺族厚生年金に係る同項の届出に相当する行為を行つた事実を確認したときは、同項の届出を行つたものとみなす。

（氏名変更の理由の届出）

国民年金法施行規則第52条の３　遺族基礎年金の受給権者は、その氏名を変更した場合であつて前条第１項の規定による届書の提出を要しないときは、当該変更をした日から14日以内に、次に掲げる事項を記載した届書を、機構に提出しなければならない。

　　一　氏名、生年月日及び住所
　　二　個人番号又は基礎年金番号
　　三　氏名の変更の理由

（老齢基礎年金に関する規定の準用）

国民年金法施行規則第53条　第20条から第26条までの規定（次項及び第３項において準用する規定を除く。）は、遺族基礎年金について準用する。この場合において、第25条第１項中「第16条、第16条の２第３項又は第16条の３の例により、老齢基礎年金の裁定請求書」とあるのは、「第39条又は第40条の例により、遺族基礎年金の裁定請求書」と、第26条中「第18条の２」とあるのは「第51条の２及び第51条の３」と読み替えるものとする。

2　第20条第２項、第20条の２第２項、第21条第３項、第22条第５項、第23条第５項、第24条第３項及び第25条第３項の規定は、遺族基礎年金の受給権者が同時に当該遺族基礎年金と同一の支給事由に基づく遺族厚生年金の受給権を有する場合について準用する。この場合において、第20条第２項中「第38条第１項」とあるのは「第71条第１項」と、第20条の２第２項中「第38条の２第１項」とあるのは「第71条の２第１項」と、第21条第３項中「第39条第１項」とあるのは「第72条第１項」と、第22条第５項中「第40条第１項」とあるのは「第73条第１項」と、第23条第３項中「第40条の２第１項」とあるのは「第73条の２第１項」と、第24条第３項中「第41条第１項」とあるのは「第74条第１項」と、第25条第３項中「第42条第１項」とあるのは「第75条第１項」と読み替えるものとする。

3　第20条第４項、第23条第７項及び第24条第５項の規定は、遺族基礎年金の受給権者が同時に第２号等遺族厚生年金の受給権を有する場合について準用する。この場合において、これらの規定中「当該第２号等老齢厚生年金」とあるのは、「当該第２号等遺族厚生年金」と読み替えるものとする。

戸籍法第86条　死亡の届出は、届出義務者が、死亡の事実を知つた日から７日以内（国外で死亡があつたときは、その事実を知つた日から３箇月以内）に、これをしなければならない。

② 　届書には、次の事項を記載し、診断書又は検案書を添付しなければならない。

　　一　死亡の年月日時分及び場所
　　二　その他法務省令で定める事項

③ 　やむを得ない事由によつて診断書又は検案書を得ることができないときは、死亡の事実を証すべき書面を以てこれに代えることができる。この場合には、届書に診断書又は検案書を得ることができない事由を記載しなければならない。

（国の機関等への本人確認情報の提供）

住民基本台帳法第30条の9 機構〔地方公共団体情報システム機構〕は、別表第一の上欄に掲げる国の機関又は法人から同表の下欄に掲げる事務の処理に関し求めがあつたときは、政令で定めるところにより、第30条の7第3項の規定により機構が保存する本人確認情報であつて同項の規定による保存期間が経過していないもの（以下「機構保存本人確認情報」という。）のうち住民票コード以外のものを提供するものとする。ただし、個人番号については、当該別表第一の上欄に掲げる国の機関又は法人が番号利用法第9条第1項の規定により個人番号を利用することができる場合に限り、提供するものとする。

（調査）

法第36条 厚生労働大臣は、必要があると認めるときは、年金生活者支援給付金受給者又は年金生活者支援給付金の支給要件に該当するか否かを調査する必要がある者として政令で定める者（以下「年金生活者支援給付金受給者等」という。）に対して、受給資格の有無及び年金生活者支援給付金の額の決定のために必要な事項に関する書類その他の物件を提出すべきことを命じ、又は当該職員をしてこれらの事項に関し年金生活者支援給付金受給者等その他の関係者に質問させることができる。

2 前項の規定によって質問を行う当該職員は、その身分を示す証明書を携帯し、かつ、関係者の請求があるときは、これを提示しなければならない。

（年金生活者支援給付金の支給要件に該当するか否かを調査する必要がある者）

令第13条の2 法第36条第1項に規定する年金生活者支援給付金の支給要件に該当するか否かを調査する必要がある者として政令で定める者は、毎年4月1日（第18条第1項及び第19条第1項において「基準日」という。）において次の各号のいずれかに該当する者（法第35条第1項に規定する年金生活者支援給付金受給者に該当する者を除く。）とする。

一　国民年金法による老齢基礎年金（次に掲げる年金たる給付を含む。以下この号において同じ。）の受給権者（65歳に達している者に限り、厚生労働省令で定める日までに当該老齢基礎年金の受給権者となると見込まれる者を含む。）

　イ　昭和60年国民年金等改正法第1条の規定による改正前の国民年金法（以下「旧国民年金法」という。）による老齢年金（旧国民年金法附則第9条の3第1項の規定に該当することにより支給される老齢年金及び老齢福祉年金を除く。）及び通算老齢年金

　ロ　昭和60年国民年金等改正法第3条の規定による改正前の厚生年金保険法（昭和29年法律第115号。次号ロにおいて「旧厚生年金保険法」という。）による老齢年金及び通算老齢年金

　ハ　昭和60年国民年金等改正法第5条の規定による改正前の船員保険法（昭和14年法律第73号。次号ハにおいて「旧船員保険法」という。）による老齢年金及び通算老齢年金

　ニ　国家公務員等共済組合法等の一部を改正する法律（昭和60年法律第105号。以下このニにおいて「昭和60年国共済改正法」という。）第1条の規定による改正前の国家公務員等共済組合法（昭和33年法律第128号。以下「旧国共済法」という。）及び昭和60年国共済改正法第2条の規定による改正前の国家公務員等共済組合法の長期給付に関する施行法（昭和33年法律第129号）による退職年金、減額退職年金及び通算退職年金

　ホ　地方公務員等共済組合法等の一部を改正する法律（昭和60年法律第108号。以下このホにおいて「昭和60年地共済改正法」という。）第1条の規定による改正前の地方公務員等共済組合法（昭和37年法律第152号。次号ホにおいて「旧地共済法」という。）及び昭和60年地共済改正法第2条の規定による改正前の地方公務員等共済組合法の長期給付等に関する施行法（昭和37年法律第153号）による退職年金、減額退職年金及び通算退職年金

　　ヘ　私立学校教職員共済組合法等の一部を改正する法律（昭和60年法律第106号）第１条の規定による改正前の私立学校教職員共済組合法（昭和28年法律第245号。次号ヘにおいて「旧私学共済法」という。）による退職年金、減額退職年金及び通算退職年金

　　ト　厚生年金保険制度及び農林漁業団体職員共済組合制度の統合を図るための農林漁業団体職員共済組合法等を廃止する等の法律（平成13年法律第101号）附則第16条第６項に規定する移行農林年金（次号トにおいて「移行農林年金」という。）のうち退職年金、減額退職年金及び通算退職年金

　　チ　平成24年一元化法改正前共済年金（被用者年金制度の一元化等を図るための厚生年金保険法等の一部を改正する法律（平成24年法律第63号。以下このチ及び第15条において「平成24年一元化法」という。）附則第37条第１項に規定する改正前国共済法による年金である給付、平成24年一元化法附則第61条第１項に規定する改正前地共済法による年金である給付及び平成24年一元化法附則第79条に規定する改正前私学共済法による年金である給付をいう。第15条において同じ。）のうち退職共済年金（昭和60年国民年金等改正法附則第31条第１項に規定する者に支給されるものに限る。）

　二　国民年金法による障害基礎年金（次に掲げる年金たる給付を含む。）の受給権者

　　イ　旧国民年金法による障害年金

　　ロ　旧厚生年金保険法による障害年金（障害の程度が旧厚生年金保険法別表第一に定める１級又は２級に該当する者に支給されるものに限る。）

　　ハ　旧船員保険法による障害年金（職務上の事由によるものについては障害の程度が旧船員保険法別表第四の上欄に定める１級から５級までのいずれかに該当する者に支給されるものに限り、職務外の事由によるものについては障害の程度が同表の下欄に定める１級又は２級に該当する者に支給されるものに限る。）

　　ニ　旧国共済法による障害年金（障害の程度が旧国共済法別表第三に定める１級又は２級に該当する者に支給されるものに限る。）

　　ホ　旧地共済法による障害年金（障害の程度が旧地共済法別表第三に定める１級又は２級に該当する者に支給されるものに限る。）

　　ヘ　旧私学共済法による障害年金（障害の程度が旧私学共済法第25条第１項において準用する旧国共済法別表第三に定める１級又は２級に該当する者に支給されるものに限る。）

　　ト　移行農林年金のうち障害年金（障害の程度が農林漁業団体職員共済組合法の一部を改正する法律（昭和60年法律第107号）による改正前の農林漁業団体職員共済組合法（昭和33年法律第99号）別表第二に定める１級又は２級に該当する者に支給されるものに限る。）

　三　国民年金法による遺族基礎年金の受給権者

（身分を示す証明書）

則第68条　法第36条第２項の規定によって当該職員が携帯すべき身分を示す証明書は、様式第３号〔155頁参照〕による。

（令第13条の２に規定する厚生労働省令で定める日）

則第68条の２　第13条の２第１号に規定する厚生労働省令で定める日は、法第36条第１項に規定する年金生活者支援給付金受給者等に関し、法第37条の規定による求めを行う日の属する年の翌年の８月末日とする。

（資料の提供等）

法第37条　厚生労働大臣は、年金生活者支援給付金の支給に関する処分に関し必要があると認めるときは、年金生活者支援給付金受給者等若しくは年金生活者支援給付金受給者等の属する世帯の世帯主その他その世帯に属する者の資産若しくは収入の状況又は年金生活者支援給付金受給者等に対する年金たる給付であって政令で定めるものの支給状況につき、官公署、国民年金法第３条第２項に規定する共済組合等に対し必要な書類の閲覧若しくは資料の提供を求め、又は銀行、信

託会社その他の機関若しくは年金生活者支援給付金受給者等の雇用主その他の関係者に報告を求めることができる。

（法第37条に規定する年金たる給付であって政令で定めるもの）

令第14条　法第37条に規定する年金たる給付であって政令で定めるものは、所得税法第35条第3項に規定する公的年金等とする。

【参考条文】

（管掌）

国民年金法第3条

2　国民年金事業の事務の一部は、政令の定めるところにより、法律によつて組織された共済組合（以下単に「共済組合」という。）、国家公務員共済組合連合会、全国市町村職員共済組合連合会、地方公務員共済組合連合会又は私立学校教職員共済法（昭和28年法律第245号）の規定により私立学校教職員共済制度を管掌することとされた日本私立学校振興・共済事業団（以下「共済組合等」という。）に行わせることができる。

（雑所得）

所得税法第35条

3　前項に規定する公的年金等とは、次に掲げる年金をいう。

一　第31条第1号及び第2号（退職手当等とみなす一時金）に規定する法律の規定に基づく年金その他同条第1号及び第2号に規定する制度に基づく年金（これに類する給付を含む。第3号において同じ。）で政令で定めるもの

二　恩給（一時恩給を除く。）及び過去の勤務に基づき使用者であつた者から支給される年金

三　確定給付企業年金法の規定に基づいて支給を受ける年金（第31条第3号に規定する規約に基づいて拠出された掛金のうちにその年金が支給される同法第25条第1項（加入者）に規定する加入者（同項に規定する加入者であつた者を含む。）の負担した金額がある場合には、その年金の額からその負担した金額のうちその年金の額に対応するものとして政令で定めるところにより計算した金額を控除した金額に相当する部分に限る。）その他これに類する年金として政令で定めるもの

（市町村長が行う事務）

法第38条　年金生活者支援給付金の支給に関する事務の一部は、政令で定めるところにより、市町村長が行うこととすることができる。

（市町村長が行う事務）

令第15条　法第38条の規定により、次に掲げる事務は、市町村長（特別区の区長を含む。次条において同じ。）が行うこととする。

一　法第5条及び第12条の規定による認定の請求（国民年金法第7条第1項第1号に規定する第1号被保険者（同法附則第5条第1項の規定による被保険者、平成6年国民年金等改正法附則第11条第1項の規定による被保険者、国民年金法等の一部を改正する法律（平成16年法律第104号。第27条第5号において「平成16年国民年金等改正法」という。）附則第23条第1項の規定による被保険者及び旧国民年金法による被保険者を含む。次号イ及び第4号において単に「第1号被保険者」という。）としての被保険者期間のみを有する者（厚生年金保険法第78条の7に規定する離婚時みなし被保険者期間を有する者を除く。）に支給する国民年金法による老齢基礎年金（昭和60年国民年金等改正法附則第15条第1項又は第2項の規定により支給するものを除く。）の受給権者に係るものに限る。）の受理及び当該請求に係る事実についての審査に関する事務

　二　法第17条の規定による認定の請求（次に掲げる国民年金法による障害基礎年金の受給権者に係るものに限る。）の受理及び当該請求に係る事実についての審査に関する事務

　　イ　第１号被保険者であった間に国民年金法第30条第１項に規定する初診日（以下このイ、次号及び第６号において単に「初診日」という。）がある同項に規定する傷病（以下このイ、次号及び第６号において単に「傷病」という。）又は同項第２号に規定する者であった間に初診日がある傷病（当該初診日が昭和61年４月１日以後にあるものに限る。）による障害に係る同法による障害基礎年金（同法第31条第１項の規定によるものを除く。）

　　ロ　国民年金法等の一部を改正する法律の施行に伴う経過措置に関する政令（昭和61年政令第54号。次項第２号において「昭和61年経過措置政令」という。）第29条第３項又は第31条の規定の適用を受けることにより支給される国民年金法による障害基礎年金（同法第31条第１項の規定によるものを除く。）

　　ハ　国民年金法第30条の４の規定による障害基礎年金

　　ニ　国民年金法第31条第１項の規定による障害基礎年金（特定障害年金の受給権者に係るものを除く。）

　三　法第19条において準用する法第９条第１項の規定による請求（前号イからニまでに掲げる障害基礎年金又は国民年金法第７条第１項第３号に規定する第３号被保険者（第６号において単に「第３号被保険者」という。）であった間に初診日がある傷病による障害に係る同法による障害基礎年金（同法第31条第１項の規定によるものを除く。）の受給権者に係るものに限る。）の受理及び当該請求に係る事実についての審査に関する事務

　四　法第22条の規定による認定の請求（国民年金法による遺族基礎年金（第１号被保険者の死亡によるものであって、かつ、当該遺族基礎年金と同一の支給事由に基づく厚生年金保険法による遺族厚生年金又は平成24年一元化法改正前共済年金のうち遺族共済年金若しくは平成24年一元化法附則第41条第１項若しくは第65条第１項の規定による遺族共済年金の受給権を有することとなる者に係るものを除く。）の受給権者に係るものに限る。）の受理及び当該請求に係る事実についての審査に関する事務

　五　法第24条において準用する法第９条第１項の規定による請求（国民年金法による遺族基礎年金（当該遺族基礎年金と同一の支給事由に基づく厚生年金保険法による遺族厚生年金又は平成24年一元化法改正前共済年金のうち遺族共済年金若しくは平成24年一元化法附則第41条第１項若しくは第65条第１項の規定による遺族共済年金の受給権を有することとなる者に係るものを除く。）の受給権者に係るものに限る。）の受理及び当該請求に係る事実についての審査に関する事務

　六　法第35条の規定による届出又は書類その他の物件の提出（第２号イからニまでに掲げる障害基礎年金若しくは第３号被保険者であった間に初診日がある傷病による障害に係る国民年金法による障害基礎年金（同法第31条第１項の規定によるものを除く。）の受給権者又は第４号に規定する同法による遺族基礎年金の受給権者に係るものに限り、次号に規定する届出等を除く。）の受理及び当該届出又は書類その他の物件の提出に係る事実についての審査に関する事務

　七　法第35条第１項の規定による届出又は書類その他の物件の提出であって、同項に規定する年金生活者支援給付金受給者（以下この号において単に「年金生活者支援給付金受給者」という。）又は年金生活者支援給付金受給者の属する世帯の世帯主その他その世帯に属する者の収入の状況に係るもの（以下この号において単に「届出等」という。）の受理及び当該届出等に係る事実についての審査に関する事務

2　前項第２号ニの「特定障害年金」とは、同号ニに掲げる障害基礎年金と同一の支給事由に基づく次に掲げる年金たる給付をいう。

　一　厚生年金保険法による障害厚生年金又は平成24年一元化法改正前共済年金のうち障害共済年金若しくは平成24年一元化法附則第41条第１項若しくは第65条第１項の規定による障害共済年金

二　昭和61年経過措置政令第43条に規定する障害年金

（管轄）

令第16条　前条第１項の規定により市町村長が行うこととされている事務は、法第５条、第12条、第17条若しくは第22条の規定による認定を受けようとする者又は当該認定を受けて年金生活者支援給付金の支給を受けている者若しくは受けていた者の住所地の市町村長が行うものとする。

　（請求書等の経由）

　則第63条　第１章から第３章までの規定による請求書等は、令第15条及び第16条の規定により当該請求書等の受理を行うこととされた者を経由して提出しなければならない。

　（市町村長による請求の受理、送付等）

　則第64条　市町村長（特別区にあっては、区長とする。次項、次条第５項及び第66条において同じ。）は、令第15条の規定により請求書又は届書を受理したときは、必要な審査を行い、これを機構に送付しなければならない。

　2　前項の場合において、提出された届書が第38条、第39条、第53条又は第55条の規定に基づくものであるときは、同項の規定にかかわらず、市町村長は、これらの届書に記載された事項を記載した書類を送付することによって同項の送付に代えることができる。

　（添付書類の省略等）

　則第65条　厚生労働大臣は、災害その他特別な事情がある場合において、特に必要があると認めるときは、この省令の規定によって請求書又は届書に添えなければならない書類を省略させ、又はこれに代わるべき書類を添えて提出させることができる。

　2　第１章から第３章までの規定によって請求書又は届書に添えて提出すべき年金生活者支援給付金の支給を受けている者その他の関係者の生存、生年月日、身分関係又は同一世帯の事実を明らかにすることができる書類については、１の書類によって、他の書類に係る事項を明らかにすることができるときは、当該他の書類は、省略することができる。

　3　第１章から第３章までの規定によって請求書又は届書に記載すべき事項又は添付すべき書類等については、他の請求書又は届書に記載されている事項、添付されている書類等により明らかであると厚生労働大臣が認めるときは、当該請求書又は届書に記載し、又は添付することを要しないものとする。

　4　第１章から第３章までの規定により基礎年金番号通知書その他の基礎年金番号を明らかにすることができる書類を請求書又は届書に添えなければならない場合において、厚生労働大臣が当該基礎年金番号を確認することができるときは、当該書類を請求書又は届書に添えることを要しないものとする。

　5　第１章から第３章までの規定により請求又は届出を行う者は、請求書又は届書に請求者の所得を明らかにすることができる書類を添えて提出しなければならない場合において、これらの書類を当該市町村長から受けるべきときは、これを添えることを要しないものとする。当該請求書又は届書に、当該市町村長から所得の状況につき相当の記載を受けたときも、同様とする。

　（経由の省略）

　則第66条　厚生労働大臣は、特別の事情があると認めるときは、第63条の規定にかかわらず、この省令に規定する請求書又は届書を市町村長を経由しないで提出させることができる。

（事務の区分）

令第17条　第15条第１項の規定により市町村（特別区を含む。次条及び第19条において同じ。）が処理することとされている事務は、地方自治法（昭和22年法律第67号）第２条第９項第１号に規定する第１号法定受託事務とする。

（厚生労働大臣の市町村に対する通知）

令第18条　厚生労働大臣は、基準日における法第36条第１項に規定する年金生活者支援給付金受給者等

（以下この項及び次条第１項において単に「年金生活者支援給付金受給者等」という。）に関し、法第37条の規定による求めを行うときは、厚生労働省令で定める期日までに、当該年金生活者支援給付金受給者等が基準日において住所を有する市町村に対し、当該年金生活者支援給付金受給者等の氏名及び住所、当該求めに係る処分の対象となる年金生活者支援給付金の種類その他厚生労働省令で定める事項を通知してするものとする。

2　前項の規定による通知は、国民健康保険法（昭和33年法律第192号）第45条第６項に規定する厚生労働大臣が指定する法人（以下この項及び次条第２項において「指定法人」という。）及び同法第45条第５項に規定する国民健康保険団体連合会（次条第２項において「連合会」という。）の順に経由して行われるよう指定法人に伝達することにより、これらを経由して行うものとする。

（令第18条第１項に規定する厚生労働省令で定める期日）
則第69条　令第18条第１項に規定する厚生労働省令で定める期日は、同項に規定する基準日の属する年の５月31日とする。

（令第18条第１項に規定する厚生労働省令で定める事項）
則第70条　令第18条第１項に規定する厚生労働省令で定める事項は、基礎年金番号とする。

（令第18条第１項に規定する厚生労働省令で定める期日）
年金制度の機能強化のための国民年金法等の一部を改正する法律の一部の施行に伴う経過措置に関する省令（令和２年厚生労働省令第115号）第１条　令和２年４月１日において年金生活者支援給付金の支給に関する法律施行令（平成30年政令第364号。以下「令」という。）第13条の２の規定に該当する者に関する令第18条第１項に規定する厚生労働省令で定める期日は、令和２年７月31日とする。

（市町村の厚生労働大臣に対する情報の提供）
令第19条　市町村は、前条第１項の規定による通知を受けたときは、厚生労働大臣に対し、次の各号に掲げる場合の区分に応じ、それぞれ当該各号に定める事項について情報の提供を行うものとする。

一　老齢年金生活者支援給付金又は補足的老齢年金生活者支援給付金の支給に関し求めがあった場合　次に掲げる事項

　イ　年金生活者支援給付金受給者等の基準日の属する年の前年中の法第２条第１項に規定する公的年金等の収入金額と同年の所得との合計額

　ロ　年金生活者支援給付金受給者等及び基準日において年金生活者支援給付金受給者等の属する世帯の世帯主その他その世帯に属する者につき、基準日の属する年度分の市町村民税が課されていない者であるか否かの別

二　障害年金生活者支援給付金又は遺族年金生活者支援給付金の支給に関し求めがあった場合　次に掲げる事項

　イ　年金生活者支援給付金受給者等の基準日の属する年の前年の法第15条第１項又は第20条第１項に規定する所得の額

　ロ　年金生活者支援給付金受給者等の扶養親族等（特定年齢扶養親族にあっては、控除対象扶養親族に限る。）の有無及び数（当該扶養親族等が所得税法に規定する同一生計配偶者若しくは老人扶養親族又は特定扶養親族等であるときは、それぞれそれらの者の数）〔下線部は、令和６年４月１日施行〕

2　前条第１項の通知を受けた場合における前項の規定による情報の提供は、連合会及び指定法人の順に経由して行われるよう連合会に伝達することにより、これらを経由して、厚生労働省令で定める期日までに行うものとする。

（令第19条第２項に規定する厚生労働省令で定める期日）
則第71条　令第19条第２項に規定する厚生労働省令で定める期日は、令第18条第１項の規定による通知を受けた日の属する年の７月31日とする。

（令第19条第２項に規定する厚生労働省令で定める期日）

年金制度の機能強化のための国民年金法等の一部を改正する法律の一部の施行に伴う経過措置に関する省令（令和２年厚生労働省令第115号）第２条　令和２年４月１日において令第13条の２の規定に該当する者に関する令第19条第２項に規定する厚生労働省令で定める期日は、令和２年９月30日とする。

【参考条文】

（被保険者の資格）

国民年金法第７条　次の各号のいずれかに該当する者は、国民年金の被保険者とする。

一　日本国内に住所を有する20歳以上60歳未満の者であつて次号及び第３号のいずれにも該当しないもの（厚生年金保険法（昭和29年法律第115号）に基づく老齢を支給事由とする年金たる保険給付その他の老齢又は退職を支給事由とする給付であつて政令で定めるもの（以下「厚生年金保険法に基づく老齢給付等」という。）を受けることができる者その他この法律の適用を除外すべき特別の理由がある者として厚生労働省令で定める者を除く。以下「第１号被保険者」という。）

二　厚生年金保険の被保険者（以下「第２号被保険者」という。）

三　第２号被保険者の配偶者（日本国内に住所を有する者又は外国において留学をする学生その他の日本国内に住所を有しないが渡航目的その他の事情を考慮して日本国内に生活の基礎があると認められる者として厚生労働省令で定める者に限る。）であつて主として第２号被保険者の収入により生計を維持するもの（第２号被保険者である者その他この法律の適用を除外すべき特別の理由がある者として厚生労働省令で定める者を除く。以下「被扶養配偶者」という。）のうち20歳以上60歳未満のもの（以下「第３号被保険者」という。）

（支給要件）

国民年金法第30条　障害基礎年金は、疾病にかかり、又は負傷し、かつ、その疾病又は負傷及びこれらに起因する疾病（以下「傷病」という。）について初めて医師又は歯科医師の診療を受けた日（以下「初診日」という。）において次の各号のいずれかに該当した者が、当該初診日から起算して１年６月を経過した日（その期間内にその傷病が治つた場合においては、その治つた日（その症状が固定し治療の効果が期待できない状態に至つた日を含む。）とし、以下「障害認定日」という。）において、その傷病により次項に規定する障害等級に該当する程度の障害の状態にあるときに、その者に支給する。ただし、当該傷病に係る初診日の前日において、当該初診日の属する月の前々月までに被保険者期間があり、かつ、当該被保険者期間に係る保険料納付済期間と保険料免除期間とを合算した期間が当該被保険者期間の３分の２に満たないときは、この限りでない。

一　被保険者であること。

二　被保険者であつた者であつて、日本国内に住所を有し、かつ、60歳以上65歳未満であること。

2　障害等級は、障害の程度に応じて重度のものから１級及び２級とし、各級の障害の状態は、政令で定める。

国民年金法第30条の４　疾病にかかり、又は負傷し、その初診日において20歳未満であつた者が、障害認定日以後に20歳に達したときは20歳に達した日において、障害認定日が20歳に達した日後であるときはその障害認定日において、障害等級に該当する程度の障害の状態にあるときは、その者に障害基礎年金を支給する。

2　疾病にかかり、又は負傷し、その初診日において20歳未満であつた者（同日において被保険者でなかつた者に限る。）が、障害認定日以後に20歳に達したときは20歳に達した日後において、障害認定日が20歳に達した日後であるときはその障害認定日後において、その傷病により、65歳に達する日の前日までの間に、障害等級に該当する程度の障害の状態に該当するに至つたときは、その者は、その期間内に前項の障害基礎年金の支給を請求することができる。

3　第30条の２第３項の規定は、前項の場合に準用する。

（併給の調整）

国民年金法第31条　障害基礎年金の受給権者に対して更に障害基礎年金を支給すべき事由が生じたときは、前後の障害を併合した障害の程度による障害基礎年金を支給する。

2　障害基礎年金の受給権者が前項の規定により前後の障害を併合した障害の程度による障害基礎年金の受給権を取得したときは、従前の障害基礎年金の受給権は、消滅する。

（任意加入被保険者）

国民年金法附則第5条　次の各号のいずれかに該当する者（第2号被保険者及び第3号被保険者を除く。）は、第7条第1項の規定にかかわらず、厚生労働大臣に申し出て、被保険者となることができる。

　一　日本国内に住所を有する20歳以上60歳未満の者であつて、厚生年金保険法に基づく老齢給付等を受けることができるもの（この法律の適用を除外すべき特別の理由がある者として厚生労働省令で定める者を除く。）

　二　日本国内に住所を有する60歳以上65歳未満の者（この法律の適用を除外すべき特別の理由がある者として厚生労働省令で定める者を除く。）

　三　日本国籍を有する者その他政令で定める者であつて、日本国内に住所を有しない20歳以上65歳未満のもの

昭和60年改正法附則第15条　大正15年4月2日から昭和41年4月1日までの間に生まれた者であつて、65歳に達した日において、保険料納付済期間（附則第8条第1項又は第2項の規定により保険料納付済期間とみなすこととされたものを含み、同条第4項に規定するものを除く。次項において同じ。）及び保険料免除期間（同条第1項の規定により保険料免除期間とみなすこととされたものを含み、国民年金法第90条の3第1項の規定により納付することを要しないものとされた保険料に係るものを除く。次項において同じ。）を有さず、かつ、次の各号のいずれかに該当するものが、同日において前条第1項各号のいずれかに該当するその者の配偶者によつて生計を維持していたとき（当該65歳に達した日の前日において当該配偶者がその受給権を有する同項各号に掲げる年金たる給付の加給年金額の計算の基礎となつていた場合に限る。）は、同法第26条に定める老齢基礎年金の支給要件に該当するものとみなして、その者に老齢基礎年金を支給する。ただし、その者が前条第1項ただし書に該当するときは、この限りでない。

　一　合算対象期間（附則第8条第4項及び第5項の規定により当該期間に算入することとされたものを含む。）と保険料免除期間（国民年金法第90条の3第1項の規定により納付することを要しないものとされた保険料に係るものに限る。）とを合算した期間が、10年以上であること。

　二　附則第12条第1項第2号から第7号まで及び第18号から第20号までのいずれかに該当すること。

2　大正15年4月2日から昭和41年4月1日までの間に生まれた者が65歳に達した日以後にその者の配偶者が前条第1項各号のいずれかに該当するに至つた場合において、その当時その者が保険料納付済期間及び保険料免除期間を有さず、前項各号のいずれかに該当し、かつ、その者の配偶者によつて生計を維持していたときは、新国民年金法第26条に定める老齢基礎年金の支給要件に該当するものとみなして、その者に老齢基礎年金を支給する。ただし、その者が前条第1項ただし書に該当するときは、この限りでない。

（任意加入被保険者の特例）

平成6年改正法附則第11条　昭和30年4月1日以前に生まれた者であって、次の各号のいずれかに該当するもの（国民年金法第7条第1項第2号に規定する第2号被保険者を除く。）は、同法第7条第1項の規定にかかわらず、厚生労働大臣に申し出て、国民年金の被保険者となることができる。ただし、その者が同法による老齢基礎年金、厚生年金保険法による老齢厚生年金その他の老齢又は退職を支給事由とする年金たる給付であって政令で定める給付の受給権を有する場合は、この限りでない。

一　日本国内に住所を有する65歳以上70歳未満の者（国民年金法の適用を除外すべき特別の理由がある者として厚生労働省令で定める者を除く。）

二　日本国籍を有する者であって、日本国内に住所を有しない65歳以上70歳未満のもの

（任意加入被保険者の特例）

平成16年改正法附則第23条　昭和30年４月２日から昭和40年４月１日までの間に生まれた者であって、次の各号のいずれかに該当するもの（国民年金法第７条第１項第２号に規定する第２号被保険者を除く。）は、同法第７条第１項の規定にかかわらず、厚生労働大臣に申し出て、国民年金の被保険者となることができる。ただし、その者が同法による老齢基礎年金、厚生年金保険法による老齢厚生年金その他の老齢又は退職を支給事由とする年金たる給付であって政令で定める給付の受給権を有する場合は、この限りでない。

一　日本国内に住所を有する65歳以上70歳未満の者（国民年金法の適用を除外すべき特別の理由がある者として厚生労働省令で定める者を除く。）

二　日本国籍を有する者であって、日本国内に住所を有しない65歳以上70歳未満のもの

（記録）

厚生年金保険法第78条の7　実施機関は、厚生年金保険原簿に前条第３項の規定により被保険者期間であつたものとみなされた期間（以下「離婚時みなし被保険者期間」という。）を有する者の氏名、離婚時みなし被保険者期間、離婚時みなし被保険者期間に係る標準報酬その他主務省令で定める事項を記録しなければならない。

（改正前国共済法による給付等）

平成24年一元化法附則第37条　施行日前に給付事由が生じた改正前国共済法による年金である給付（前条の規定によりなおその効力を有するものとされた改正前支給要件規定により支給される改正前国共済法による年金である給付及び他の法令の規定により当該年金である給付とみなされたものを含む。）及び旧国共済法による年金である給付（他の法令の規定により当該年金である給付とみなされたものを含む。）並びに施行日において平成24年国民年金等改正法附則第35条の規定により受給権を有するに至った者に対する同条に規定する退職共済年金等については、第３項及び第４項並びに附則第31条の規定を適用する場合並びにこれらの給付の費用に関する事項を除き、改正前国共済法の長期給付に関する改正前国共済法及びこの法律（附則第１条各号に掲げる規定を除く。）による改正前のその他の法律の規定（これらの規定に基づく命令の規定を含む。）は、なおその効力を有する。この場合において、これらの規定の適用に関し必要な読替えその他これらの規定の適用に関し必要な事項は、政令で定める。

（追加費用対象期間を有する者の特例等）

平成24年一元化法附則第41条　改正前国共済施行法その他の政令で定める法令の規定により国家公務員共済組合の組合員期間に算入するものとされた期間（以下この項及び附則第46条から第48条までにおいて「追加費用対象期間」という。）を有する者（改正前国共済法による年金である給付（他の法令の規定により当該年金である給付とみなされたものを含む。）及び旧国共済法による年金である給付（他の法令の規定により当該年金である給付とみなされたものを含む。）の受給権を有する者を除く。）については、国共済組合員等期間（第２号厚生年金被保険者期間及び追加費用対象期間をいい、昭和60年国共済改正法附則第32条第１項又は第２項の規定の適用があった場合にはその適用後の期間とする。以下同じ。）を計算の基礎として、厚生年金保険法の規定を適用するとしたならば同法の規定による老齢厚生年金、障害厚生年金又は遺族厚生年金として算定されることとなる額を、それぞれ退職共済年金、障害共済年金又は遺族共済年金として、国家公務員共済組合連合会が支給する。この場合において、同法の規定による老齢厚生年金、障害厚生年金又は遺族厚生年金は、支給しない。

（改正前地共済法による給付等）

平成24年一元化法附則第61条　施行日前に給付事由が生じた改正前地共済法による年金である給付（前条の規定によりなおその効力を有するものとされた改正前支給要件規定により支給される改正前地共済法による年金である給付及び他の法令の規定により当該年金である給付とみなされたものを含む。）及び旧地共済法による年金である給付（他の法令の規定により当該年金である給付とみなされたものを含む。）並びに施行日において平成24年国民年金等改正法附則第40条の規定により受給権を有するに至った者に対する同条に規定する退職共済年金等については、第3項及び第4項並びに附則第55条の規定を適用する場合並びにこれらの給付の費用に関する事項を除き、改正前地共済法の長期給付に関する改正前地共済法及びこの法律（附則第1条各号に掲げる規定を除く。）による改正前のその他の法律の規定（これらの規定に基づく命令の規定を含む。）は、なおその効力を有する。この場合において、これらの規定の適用に関し必要な読替えその他これらの規定の適用に関し必要な事項は、政令で定める。

（追加費用対象期間を有する者の特例等）

平成24年一元化法附則第65条　改正前地共済施行法その他の政令で定める法令の規定により地方公務員共済組合の組合員期間に算入するものとされた期間（以下この項及び附則第72条から第74条までにおいて「追加費用対象期間」という。）を有する者（改正前地共済法による年金である給付（他の法令の規定により当該年金である給付とみなされたものを含む。）及び旧地共済法による年金である給付（他の法令の規定により当該年金である給付とみなされたものを含む。）の受給権を有する者を除く。）については、地共済組合員等期間（第3号厚生年金被保険者期間及び追加費用対象期間をいい、昭和60年地共済改正法附則第35条第1項又は第2項の規定の適用があった場合にはその適用後の期間とする。以下同じ。）を計算の基礎として、厚生年金保険法の規定を適用するとしたならば同法の規定による老齢厚生年金、障害厚生年金又は遺族厚生年金として算定されることとなる額を、それぞれ退職共済年金、障害共済年金又は遺族共済年金として、組合が支給する。この場合において、同法の規定による老齢厚生年金、障害厚生年金又は遺族厚生年金は、支給しない。

（改正前私学共済法による給付）

平成24年一元化法附則第79条　施行日前に給付事由が生じた改正前私学共済法による年金である給付及び旧私学共済法による年金である給付については、改正前私学共済法の長期給付に関する改正前私学共済法及びこの法律（附則第1条各号に掲げる規定を除く。）による改正前のその他の法律の規定（これらの規定に基づく命令の規定を含む。）は、なおその効力を有する。この場合において、これらの規定の適用に関し必要な読替えその他これらの規定の適用に関し必要な事項は、政令で定める。

（障害基礎年金の支給要件に関する経過措置等）

昭和61年経過措置政令第29条

3　初診日が昭和59年10月1日から施行日の前日までの間にある傷病による障害であつて、当該初診日において国民年金の被保険者でなく、かつ、65歳未満であつた者に係るものについては、その者が当該初診日の前日において旧国民年金法第26条（同法第76条の規定により読み替えられる場合を含む。）に規定する要件に該当しないときは、新国民年金法第30条第1項及び第30条の2第1項の規定は適用せず、当該要件に該当するときは、新国民年金法第30条第1項ただし書（同法第30条の2第2項において準用する場合を含む。）の規定は適用しない。

昭和61年経過措置政令第31条　初診日において国民年金の被保険者であつた者又は初診日において国民年金の被保険者でなく、かつ、初診日において65歳未満であつた者に係る障害であつて、次の表の上欄に掲げる傷病によるものについて、新国民年金法第30条の2第1項の規定を適用する場合においては、同項中「障害認定日」とあるのは、それぞれ同表の中欄のように読み替え、同条第2項において準用する同法第30条第1項の規定を適用する場合においては、同項ただし書は、それぞれ同表の下欄のように読み替えるものとする。

初診日が昭和36年４月１日から昭和49年７月31日までの間にある傷病	当該初診日から起算して３年を経過した日	ただし、厚生年金保険法等の一部を改正する法律（昭和51年法律第63号）第12条の規定による改正前のこの項各号の要件に該当しないときは、この限りでない。
初診日が昭和49年８月１日から昭和51年９月30日までの間にある傷病	当該初診日から起算して１年６月を経過した日	ただし、厚生年金保険法等の一部を改正する法律（昭和51年法律第63号）第12条の規定による改正前のこの項各号の要件に該当せず（この場合において、同項中「障害認定日」とあるのは、「当該初診日から起算して１年６月を経過した日」とする。）、かつ、国民年金法等の一部を改正する法律（昭和60年法律第34号）第１条の規定による改正前のこの項各号の要件に該当しないときは、この限りでない。
初診日が昭和51年10月１日から昭和59年９月30日までの間にある傷病	当該初診日から起算して１年６月を経過した日	ただし、国民年金法等の一部を改正する法律（昭和60年法律第34号）第１条の規定による改正前のこの項各号の要件に該当しないときは、この限りでない。

（昭和60年改正法附則第26条第１項に規定する政令で定める障害年金）

昭和61年経過措置政令第43条 昭和60年改正法附則第26条第１項に規定する政令で定める障害年金は、次に掲げる障害年金であつて、昭和36年４月１日以後に支給事由の生じたものとする。

一　旧厚生年金保険法による障害年金（その権利を取得した当時から引き続き同法別表第一に定める１級又は２級に該当しない程度の障害の状態にある受給権者に係るものを除く。）

二　旧船員保険法による障害年金（職務上の事由によるものについてはその権利を取得した当時から引き続き同法別表第四の上欄に定める１級から５級までのいずれにも該当しない程度の障害の状態にある受給権者に係るものを除き、職務外の事由によるものについてはその権利を取得した当時から引き続き同表の下欄に定める１級又は２級に該当しない程度の障害の状態にある受給権者に係るものを除く。）

三　国家公務員共済組合が支給する障害年金（平成８年改正法附則第16条第３項の規定により厚生年金保険の実施者たる政府が支給するものとされたものを含み、その権利を取得した当時から引き続き旧国家公務員等共済組合法別表第三に定める１級又は２級に該当しない程度の障害の状態にある受給権者に係るものを除く。）

四　地方公務員共済組合が支給する障害年金（その権利を取得した当時から引き続き旧地方公務員等共済組合法別表第三に定める１級又は２級に該当しない程度の障害の状態にある受給権者に係るものを除く。）

五　日本私立学校振興・共済事業団が支給する障害年金（その権利を取得した当時から引き続き旧私立学校教職員共済組合法第25条第１項において準用する旧国家公務員等共済組合法別表第三に定める１級又は２級に該当しない程度の障害の状態にある受給権者に係るものを除く。）

地方自治法第２条 地方公共団体は、法人とする。

⑨　この法律において「法定受託事務」とは、次に掲げる事務をいう。

一　法律又はこれに基づく政令により都道府県、市町村又は特別区が処理することとされる事務のうち、国が本来果たすべき役割に係るものであつて、国においてその適正な処理を特に確保する必要があるものとして法律又はこれに基づく政令に特に定めるもの（以下「第１号法定受託事務」という。）

二　法律又はこれに基づく政令により市町村又は特別区が処理することとされる事務のうち、都道

府県が本来果たすべき役割に係るものであつて、都道府県においてその適正な処理を特に確保する必要があるものとして法律又はこれに基づく政令に特に定めるもの（以下「第2号法定受託事務」という。）

（保険医療機関等の診療報酬）

国民健康保険法第45条

5　市町村及び組合は、前項の規定による審査及び支払に関する事務を都道府県の区域を区域とする国民健康保険団体連合会（加入している都道府県、市町村及び組合の数がその区域内の都道府県、市町村及び組合の総数の3分の2に達しないものを除く。）又は社会保険診療報酬支払基金法（昭和23年法律第129号）による社会保険診療報酬支払基金（以下「支払基金」という。）に委託することができる。

6　国民健康保険団体連合会は、前項の規定及び健康保険法第76条第5項の規定による委託を受けて行う診療報酬請求書の審査に関する事務のうち厚生労働大臣の定める診療報酬請求書の審査に係るものを、一般社団法人又は一般財団法人であつて、審査に関する組織その他の事項につき厚生労働省令で定める要件に該当し、当該事務を適正かつ確実に実施することができると認められるものとして厚生労働大臣が指定するものに委託することができる。

法第39条　市町村は、年金生活者支援給付金に関する処分に関し厚生労働大臣から求めがあつたときは、その処分に必要な範囲内において、当該年金生活者支援給付金受給者等又は年金生活者支援給付金受給者等の属する世帯の世帯主その他その世帯に属する者の収入の状況に関して必要な情報の提供を行うものとする。

（事務の区分）

法第40条　前条の規定により市町村が処理することとされている事務は、地方自治法（昭和22年法律第67号）第2条第9項第1号に規定する第1号法定受託事務とする。

【参考条文】

地方自治法第2条　地方公共団体は、法人とする。

⑨　この法律において「法定受託事務」とは、次に掲げる事務をいう。

一　法律又はこれに基づく政令により都道府県、市町村又は特別区が処理することとされる事務のうち、国が本来果たすべき役割に係るものであつて、国においてその適正な処理を特に確保する必要があるものとして法律又はこれに基づく政令に特に定めるもの（以下「第1号法定受託事務」という。）

二　法律又はこれに基づく政令により市町村又は特別区が処理することとされる事務のうち、都道府県が本来果たすべき役割に係るものであつて、都道府県においてその適正な処理を特に確保する必要があるものとして法律又はこれに基づく政令に特に定めるもの（以下「第2号法定受託事務」という。）

（機構への厚生労働大臣の権限に係る事務の委任）

法第41条　次に掲げる厚生労働大臣の権限に係る事務（第38条の規定により市町村長が行うこととされたものを除く。）は、日本年金機構（以下「機構」という。）に行わせるものとする。ただし、第8号及び第9号に掲げる権限は、厚生労働大臣が自ら行うことを妨げない。

一　第5条、第6条第2項（第14条において準用する場合を含む。）及び第12条の規定による請求の受理

二　第17条及び第19条において準用する第6条第2項の規定による請求の受理

三　第22条及び第24条において準用する第6条第2項の規定による請求の受理

四　第31条第1項の規定により国税徴収の例によるものとされる徴収に係る権限（国税通則法（昭和37年法律第66号）第36条第1項の規定の例による納入の告知、同法第42条において準用する民法第423条第1項の規定の例による納付義務者に属する権利の行使、国税通則法第46条の規定の例による納付の猶予その他の厚生労働省令で定める権限並びに次号に掲げる質問及び検査並びに捜索を除く。）〔下線部は、令和6年1月1日より「、検査及び提示又は提出の要求、物件の留置き」〕

五　第31条第1項の規定によりその例によるものとされる国税徴収法（昭和34年法律第147号）第141条の規定による質問及び検査並びに同法第142条の規定による捜索〔下線部は、令和6年1月1日より「、検査及び提示又は提出の要求、同法第141条の2の規定による物件の留置き」〕

六　第31条第2項において準用する国民年金法第96条第4項の規定による国税滞納処分の例による処分及び同項の規定による市町村に対する処分の請求

七　第35条の規定による届出の受理及び同条第1項の規定による書類その他の物件の受領

八　第36条第1項の規定による命令及び質問

九　第37条の規定による書類の閲覧及び資料の提供の求め並びに報告の求め

十　第39条の規定による情報の受領

十一　前各号に掲げるもののほか、厚生労働省令で定める権限

2　機構は、前項第5号に掲げる権限及び同項第6号に掲げる国税滞納処分の例による処分（以下「滞納処分等」という。）その他同項各号に掲げる権限のうち厚生労働省令で定める権限に係る事務を効果的に行うため必要があると認めるときは、厚生労働省令で定めるところにより、厚生労働大臣に当該権限の行使に必要な情報を提供するとともに、厚生労働大臣自らその権限を行うよう求めることができる。

3　厚生労働大臣は、前項の規定による求めがあった場合において必要があると認めるとき、又は機構が天災その他の事由により第1項各号に掲げる権限に係る事務の全部若しくは一部を行うことが困難若しくは不適当となったと認めるときは、同項各号に掲げる権限の全部又は一部を自ら行うものとする。

4　国民年金法第109条の4第4項から第7項までの規定は、機構による第1項各号に掲げる権限に係る事務の実施又は厚生労働大臣による同項各号に掲げる権限の行使について準用する。

（法第41条第1項第4号に規定する厚生労働省令で定める権限）

則第72条　法第41条第1項第4号に規定する厚生労働省令で定める権限は、次に掲げる権限とする。

一　国税徴収法（昭和34年法律第147号）第32条第1項の規定の例による告知

二　国税徴収法第32条第2項の規定の例による督促

三　国税徴収法第138条の規定の例による納入の告知（納入告知書の発送又は交付に係る権限を除く。）

四　国税通則法（昭和37年法律第66号）第11条の規定の例による延長

五　国税通則法第36条第1項の規定の例による納入の告知（納入告知書の発送又は交付に係る権限を除く。）

六　国税通則法第42条において準用する民法（明治29年法律第89号）第423条第1項の規定の例による納付義務者に属する権利の行使

七　国税通則法第42条において準用する民法第424条第1項の規定の例による法律行為の取消しの裁判所への請求

八　国税通則法第46条の規定の例による納付の猶予

九　国税通則法第49条の規定の例による納付の猶予の取消し

十　国税通則法第63条の規定の例による免除

十一　国税通則法第123条第１項の規定の例による交付

（法第41条第１項第11号に規定する厚生労働省令で定める権限）

則第73条　法第41条第１項第11号に規定する厚生労働省令で定める権限は、次に掲げる権限とする。

一　法第29条に規定する返還金債権その他給付の過誤払による返還金債権に係る債権の行使

二　第５条第４項の規定による厚生労働大臣の指定

三　第２条第４項、第17条第４項、第32条第４項及び第47条第４項の規定による確認

四　第７条ただし書、第22条ただし書、第37条ただし書及び第52条ただし書の規定による確認

五　第66条の規定による経由の省略

六　第100条の規定による送付及び請求書の受理

（厚生労働大臣に対して通知する事項）

則第74条　法第41条第２項の規定により、機構が厚生労働大臣に対し、自ら権限を行うよう求めるときは、次に掲げる事項を厚生労働大臣に通知しなければならない。

一　厚生労働大臣に対し自ら行うよう求める権限の内容

二　厚生労働大臣に対し前号の権限を行うよう求める理由

三　その他必要な事項

（法第41条第４項において準用する国民年金法第109条の４第５項に規定する厚生労働省令で定める事項）

則第75条　法第41条第４項において準用する国民年金法第109条の４第５項に規定する厚生労働省令で定める事項は、次に掲げる事項とする。

一　厚生労働大臣が法第41条第２項に規定する滞納処分等（以下「滞納処分等」という。）を行うこととなる旨

二　機構から当該滞納処分等を引き継いだ年月日

三　機構から引き継ぐ前に当該滞納処分等を分掌していた日本年金機構法（平成19年法律第109号）第29条に規定する年金事務所（以下「年金事務所」という。）の名称

四　当該滞納処分等の対象となる者の氏名及び住所又は居所

五　当該滞納処分等の根拠となる法令

六　法第31条第１項の規定により徴収する徴収金（以下単に「徴収金」という。）の種別及び金額

七　その他必要な事項

（法第41条第１項各号に掲げる権限に係る事務の引継ぎ等）

則第76条　法第41条第３項の規定により厚生労働大臣が同条第１項各号に掲げる権限（以下この条において「権限」という。）の全部又は一部を自ら行うこととするときは、機構は次に掲げる事項を行わなければならない。

一　権限に係る事務の全部又は一部を厚生労働大臣に引き継ぐこと。

二　権限に係る事務に関する帳簿及び書類を厚生労働大臣に引き継ぐこと。

三　その他必要な事項

２　法第41条第３項の規定により厚生労働大臣が自ら行っている権限の全部又は一部を行わないものとするときは、厚生労働大臣は次に掲げる事項を行わなければならない。

一　権限に係る事務の全部又は一部を機構に引き継ぐこと。

二　権限に係る事務に関する帳簿及び書類を機構に引き継ぐこと。

三　その他必要な事項

（法第41条第１項各号に掲げる権限に係る事務に係る請求等）

則第77条　法第41条第１項各号に掲げる権限に係る事務に係る請求、届出その他の行為は、機構の定める年金事務所に対してするものとする。

【参考条文】

（督促及び滞納処分）

国民年金法第96条

4　厚生労働大臣は、第1項の規定による督促を受けた者がその指定の期限までに保険料その他この法律の規定による徴収金を納付しないときは、国税滞納処分の例によつてこれを処分し、又は滞納者の居住地若しくはその者の財産所在地の市町村に対して、その処分を請求することができる。

（機構への厚生労働大臣の権限に係る事務の委任）

国民年金法第109条の4　次に掲げる厚生労働大臣の権限に係る事務（第3条第2項の規定により共済組合等が行うこととされたもの及び同条第3項の規定により市町村長が行うこととされたものを除く。）は、機構に行わせるものとする。ただし、第21号、第26号、第28号から第30号まで、第31号、第32号及び第35号に掲げる権限は、厚生労働大臣が自ら行うことを妨げない。

一　第7条第2項の規定による認定並びに附則第5条第1項及び第2項の規定による申出の受理

二　削除

三　第12条第4項（第105条第2項において準用する場合を含む。）の規定による報告の受理及び第12条第5項の規定による届出の受理

三の二　第12条の2第1項の規定による届出の受理

四　第14条の2第1項（同条第2項において準用する場合を含む。）の規定による請求の受理

五　第16条（附則第9条の3の2第7項において準用する場合を含む。）の規定による請求の受理

六　第20条第2項の規定による申請の受理

七　第20条の2第1項の規定による申出の受理

八　第28条第1項（附則第9条の3第4項において準用する場合を含む。）の規定による申出の受理並びに附則第9条の2第1項（附則第9条の3第4項において準用する場合を含む。）及び第9条の2の2第1項の規定による請求の受理

九　第30条の2第1項及び第30条の4第2項の規定による請求の受理

十　第33条の2第4項の規定による認定

十一　第34条第2項及び第4項の規定による請求の受理

十二　第37条の2第3項（第49条第2項において準用する場合を含む。）の規定による認定

十三　第41条の2並びに第42条第1項及び第2項の規定による申請の受理

十四　第46条第1項の規定による申出の受理

十五　第87条の2第1項及び第3項の規定による申出の受理

十五の二　第89条第2項の規定による申出の受理

十六　第90条第1項、第90条の2第1項から第3項まで及び第90条の3第1項の規定による申請（第109条の2第1項の規定による被保険者又は被保険者であつた者の委託に係る申請及び第109条の2の2第1項の規定による被保険者の委託に係る申請を含む。）の受理及び処分（これらの規定による指定を除く。）並びに第90条第3項（第90条の2第4項において準用する場合を含む。）の規定による申請の受理及び処分の取消し

十七　第92条の2の規定による申出の受理及び承認

十八　第92条の2の2第1項の規定による申出の受理及び同条第2項の規定による承認

十九　第92条の3第1項第3号の規定による申出の受理及び同条第4項の規定による届出の受理

二十　第92条の4第2項の規定による報告の受理

二十一　第92条の5第2項の規定による報告徴収及び同条第3項の規定による立入検査

二十二　第94条第1項の規定による承認

二十三　第95条の規定により国税徴収の例によるものとされる徴収に係る権限（国税通則法（昭和37年法律第66号）第42条において準用する民法第423条第1項の規定の例による納付義務者に属す

る権利の行使、国税通則法第46条の規定の例による納付の猶予その他の厚生労働省令で定める権限並びに次号に掲げる質問及び検査並びに捜索を除く。)

二十四　第95条の規定によりその例によるものとされる国税徴収法（昭和34年法律第147号）第141条の規定による質問及び検査並びに同法第142条の規定による捜索

二十五　第96条第4項の規定による国税滞納処分の例による処分及び同項の規定による市町村に対する処分の請求

二十六　第104条の規定による戸籍事項に関する証明書の受領

二十七　第105条第1項、第3項及び第4項（附則第9条の3の2第7項において準用する場合を含む。)の規定による届出の受理並びに第105条第3項の規定による書類その他の物件の受領

二十八　第106条第1項の規定による命令及び質問

二十九　第107条第1項（附則第9条の3の2第7項において準用する場合を含む。)の規定による命令及び質問並びに第107条第2項の規定による命令及び診断

三十　第108条第1項及び第2項の規定による書類の閲覧及び資料の提供の求め、同項の規定による報告の求め並びに同条第3項の規定による協力の求め並びに附則第8条の規定による資料の提供の求め（第26号に掲げる証明書の受領を除く。)

三十の二　第108条の2の2の規定による情報の受領

三十一　第108条の3第2項の規定による情報の提供の求め

三十二　第108条の4において読み替えて準用する住民基本台帳法第30条の39第1項の規定による報告の求め及び立入検査

三十三　第109条の2第1項の規定による指定の申請の受理

三十三の二　第109条の2の2第1項の規定による指定の申請の受理

三十四　前条第1項の規定による申請の受理

三十五　次条第2項の規定による報告の受理

三十五の二　附則第5条第5項の規定による申出の受理

三十六　附則第7条の3第2項の規定による届出の受理

三十七　附則第9条の3の2第1項の規定による請求の受理

三十七の二　附則第9条の4の2第1項の規定による届出の受理

三十七の三　附則第9条の4の3第1項の規定による承認

三十七の四　附則第9条の4の7第1項、第9条の4の9第1項、第9条の4の10第1項及び第9条の4の11第1項の規定による申出の受理並びに附則第9条の4の7第2項、第9条の4の9第2項、第9条の4の10第2項及び第9条の4の11第2項の規定による承認

三十八　前各号に掲げるもののほか、厚生労働省令で定める権限

2　機構は、前項第24号に掲げる権限及び同項第25号に掲げる国税滞納処分の例による処分（以下「滞納処分等」という。)その他同項各号に掲げる権限のうち厚生労働省令で定める権限に係る事務を効果的に行うため必要があると認めるときは、厚生労働省令で定めるところにより、厚生労働大臣に当該権限の行使に必要な情報を提供するとともに、厚生労働大臣自らその権限を行うよう求めることができる。

3　厚生労働大臣は、前項の規定による求めがあつた場合において必要があると認めるとき、又は機構が天災その他の事由により第1項各号に掲げる権限に係る事務の全部若しくは一部を行うことが困難若しくは不適当となつたと認めるときは、同項各号に掲げる権限の全部又は一部を自ら行うものとする。

4　厚生労働大臣は、前項の規定により第1項各号に掲げる権限の全部若しくは一部を自ら行うこととし、又は前項の規定により自ら行つている第1項各号に掲げる権限の全部若しくは一部を行わないこととするとき（次項に規定する場合を除く。)は、あらかじめ、その旨を公示しなければならな

い。

5 厚生労働大臣は、第3項の規定により自ら行うこととした滞納処分等について、機構から引き継いだ当該滞納処分等の対象となる者が特定されている場合には、当該者に対し、厚生労働大臣が当該者に係る滞納処分等を行うこととなる旨その他の厚生労働省令で定める事項を通知しなければならない。

6 厚生労働大臣が、第3項の規定により第1項各号に掲げる権限の全部若しくは一部を自ら行うこととし、又は第3項の規定により自ら行つている第1項各号に掲げる権限の全部若しくは一部を行わないこととする場合における同項各号に掲げる権限に係る事務の引継ぎその他の必要な事項は、厚生労働省令で定める。

7 前各項に定めるもののほか、機構による第1項各号に掲げる権限に係る事務の実施又は厚生労働大臣による同項各号に掲げる権限の行使に関し必要な事項は、厚生労働省令で定める。

（年金事務所）

日本年金機構法第29条 機構は、従たる事務所の業務の一部を分掌させるため、被保険者、事業主及び受給権者の利便の確保に配慮しつつ、必要な地に年金事務所を置くものとする。

（災害等による期限の延長）

国税通則法第11条 国税庁長官、国税不服審判所長、国税局長、税務署長又は税関長は、災害その他やむを得ない理由により、国税に関する法律に基づく申告、申請、請求、届出その他書類の提出、納付又は徴収に関する期限までにこれらの行為をすることができないと認めるときは、政令で定めるところにより、その理由のやんだ日から2月以内に限り、当該期限を延長することができる。

（納税の告知）

国税通則法第36条 税務署長は、国税に関する法律の規定により次に掲げる国税（その滞納処分費を除く。次条において同じ。）を徴収しようとするときは、納税の告知をしなければならない。

一 賦課課税方式による国税（過少申告加算税、無申告加算税及び前条第3項に規定する重加算税を除く。）

二 源泉徴収等による国税でその法定納期限までに納付されなかつたもの

三 自動車重量税でその法定納期限までに納付されなかつたもの

四 登録免許税でその法定納期限までに納付されなかつたもの

（債権者代位権及び詐害行為取消権）

国税通則法第42条 民法第3編第1章第2節第2款（債権者代位権）及び第3款（詐害行為取消権）の規定は、国税の徴収に関して準用する。

（納税の猶予の要件等）

国税通則法第46条 税務署長（第43条第1項ただし書、第3項若しくは第4項（国税の徴収の所轄庁）又は第44条第1項（更生手続等が開始した場合の徴収の所管庁の特例）の規定により税関長又は国税局長が国税の徴収を行う場合には、その税関長又は国税局長。以下この章において「税務署長等」という。）は、震災、風水害、落雷、火災その他これらに類する災害により納税者がその財産につき相当な損失を受けた場合において、その者がその損失を受けた日以後1年以内に納付すべき国税で次に掲げるものがあるときは、政令で定めるところにより、その災害のやんだ日から2月以内にされたその者の申請に基づき、その納期限（納税の告知がされていない源泉徴収による国税については、その法定納期限）から1年以内の期間（第3号に掲げる国税については、政令で定める期間）を限り、その国税の全部又は一部の納税を猶予することができる。

一 次に掲げる国税の区分に応じ、それぞれ次に定める日以前に納税義務の成立した国税（消費税及び政令で定めるものを除く。）で、納期限（納税の告知がされていない源泉徴収等による国税については、その法定納期限）がその損失を受けた日以後に到来するもののうち、その申請の日以前に納付すべき税額の確定したもの

イ　源泉徴収等による国税並びに申告納税方式による消費税等（保税地域からの引取りに係るものにあつては、石油石炭税法（昭和53年法律第25号）第17条第3項（引取りに係る原油等についての石油石炭税の納付等）の規定により納付すべき石油石炭税に限る。）、航空機燃料税、電源開発促進税及び印紙税　その災害のやんだ日の属する月の末日

ロ　イに掲げる国税以外の国税　その災害のやんだ日

二　その災害のやんだ日以前に課税期間が経過した課税資産の譲渡等に係る消費税でその納期限がその損失を受けた日以後に到来するもののうちその申請の日以前に納付すべき税額の確定したもの

三　予定納税に係る所得税その他政令で定める国税でその納期限がその損失を受けた日以後に到来するもの

2　税務署長等は、次の各号のいずれかに該当する事実がある場合（前項の規定の適用を受ける場合を除く。）において、その該当する事実に基づき、納税者がその国税を一時に納付することができないと認められるときは、その納付することができないと認められる金額を限度として、納税者の申請に基づき、1年以内の期間を限り、その納税を猶予することができる。同項の規定による納税の猶予をした場合において、同項の災害を受けたことにより、その猶予期間内に猶予をした金額を納付することができないと認めるときも、同様とする。

一　納税者がその財産につき、震災、風水害、落雷、火災その他の災害を受け、又は盗難にかかつたこと。

二　納税者又はその者と生計を一にする親族が病気にかかり、又は負傷したこと。

三　納税者がその事業を廃止し、又は休止したこと。

四　納税者がその事業につき著しい損失を受けたこと。

五　前各号のいずれかに該当する事実に類する事実があつたこと。

3　税務署長等は、次の各号に掲げる国税（延納に係る国税を除く。）の納税者につき、当該各号に定める税額に相当する国税を一時に納付することができない理由があると認められる場合には、その納付することができないと認められる金額を限度として、その国税の納期限内にされたその者の申請（税務署長等においてやむを得ない理由があると認める場合には、その国税の納期限後にされた申請を含む。）に基づき、その納期限から1年以内の期間を限り、その納税を猶予することができる。

一　申告納税方式による国税（その附帯税を含む。）　その法定申告期限から1年を経過した日以後に納付すべき税額が確定した場合における当該確定した部分の税額

二　賦課課税方式による国税（その延滞税を含み、第69条（加算税の税目）に規定する加算税及び過怠税を除く。）　その課税標準申告書の提出期限（当該申告書の提出を要しない国税については、その納税義務の成立の日）から1年を経過した日以後に納付すべき税額が確定した場合における当該確定した部分の税額

三　源泉徴収等による国税（その附帯税を含む。）　その法定納期限から1年を経過した日以後に納税告知書の送達があつた場合における当該告知書に記載された納付すべき税額

4　税務署長等は、前2項の規定による納税の猶予をする場合には、その猶予に係る国税の納付については、その猶予をする期間内において、その猶予に係る金額をその者の財産の状況その他の事情からみて合理的かつ妥当なものに分割して納付させることができる。この場合においては、分割納付の各納付期限及び各納付期限ごとの納付金額を定めるものとする。

5　税務署長等は、第2項又は第3項の規定による納税の猶予をする場合には、その猶予に係る金額に相当する担保を徴さなければならない。ただし、その猶予に係る税額が100万円以下である場合、その猶予の期間が3月以内である場合又は担保を徴することができない特別の事情がある場合は、この限りでない。

6　税務署長等は、前項の規定により担保を徴する場合において、その猶予に係る国税につき滞納処

分により差し押さえた財産（租税条約等（租税条約等の実施に伴う所得税法、法人税法及び地方税法の特例等に関する法律（昭和44年法律第46号）第2条第2号（定義）に規定する租税条約等をいう。以下この項、第63条第5項（納税の猶予等の場合の延滞税の免除）及び第71条第1項第4号（国税の更正、決定等の期間制限の特例）において同じ。）の規定に基づき当該租税条約等の相手国等（同法第2条第3号に規定する相手国等をいう。以下同じ。）に共助対象国税（同法第11条の2第1項（国税の徴収の共助）に規定する共助対象国税をいう。以下この項及び第63条第5項において同じ。）の徴収の共助又は徴収のための財産の保全の共助を要請した場合における当該相手国等が当該共助対象国税について当該相手国等の法令に基づき差押えに相当する処分をした財産及び担保の提供を受けた財産を含む。）があるときは、その担保の額は、その猶予をする金額からその財産の価額を控除した額を限度とする。

7　税務署長等は、第2項又は第3項の規定により納税の猶予をした場合において、その猶予をした期間内にその猶予をした金額を納付することができないやむを得ない理由があると認めるときは、納税者の申請に基づき、その期間を延長することができる。ただし、その期間は、既にその者につきこれらの規定により納税の猶予をした期間とあわせて2年を超えることができない。

8　第4項の規定は、税務署長等が、前項の規定により第2項又は第3項の規定による納税の猶予をした期間を延長する場合について準用する。

9　税務署長等は、第4項（前項において準用する場合を含む。）の規定によりその猶予に係る金額を分割して納付させる場合において、納税者が第47条第1項（納税の猶予の通知等）の規定により通知された分割納付の各納付期限ごとの納付金額をその納付期限までに納付することができないことにつきやむを得ない理由があると認めるとき又は第49条第1項（納税の猶予の取消し）の規定により猶予期間を短縮したときは、その分割納付の各納付期限及び各納付期限ごとの納付金額を変更することができる。

（納税の猶予の取消し）

国税通則法第49条　納税の猶予を受けた者が次の各号のいずれかに該当する場合には、税務署長等は、その猶予を取り消し、又は猶予期間を短縮することができる。

一　第38条第1項各号（繰上請求）のいずれかに該当する事実がある場合において、その者がその猶予に係る国税を猶予期間内に完納することができないと認められるとき。

二　第47条第1項（納税の猶予の通知等）の規定により通知された分割納付の各納付期限ごとの納付金額をその納付期限までに納付しないとき（税務署長等がやむを得ない理由があると認めるときを除く。）。

三　その猶予に係る国税につき提供された担保について税務署長等が第51条第1項（担保の変更等）の規定によつてした命令に応じないとき。

四　新たにその猶予に係る国税以外の国税を滞納したとき（税務署長等がやむを得ない理由があると認めるときを除く。）。

五　偽りその他不正な手段によりその猶予又はその猶予の期間の延長の申請がされ、その申請に基づきその猶予をし、又はその猶予期間の延長をしたことが判明したとき。

六　前各号に掲げる場合を除き、その者の財産の状況その他の事情の変化によりその猶予を継続することが適当でないと認められるとき。

2　税務署長等は、前項の規定により納税の猶予を取り消し、又は猶予期間を短縮する場合には、第38条第1項各号のいずれかに該当する事実があるときを除き、あらかじめ、その猶予を受けた者の弁明を聞かなければならない。ただし、その者が正当な理由がなくその弁明をしないときは、この限りでない。

3　税務署長等は、第1項の規定により納税の猶予を取り消し、又は猶予期間を短縮したときは、その旨を納税者に通知しなければならない。

（納税の猶予等の場合の延滞税の免除）

国税通則法第63条　第46条第1項若しくは第2項第1号、第2号若しくは第5号（同項第1号又は第2号に該当する事実に類する事実に係る部分に限る。）（災害等による納税の猶予）の規定による納税の猶予（以下この項において「災害等による納税の猶予」という。）若しくは国税徴収法第153条第1項（滞納処分の停止）の規定による滞納処分の執行の停止をした場合又は第46条第2項第3号、第4号若しくは第5号（同項第3号又は第4号に該当する事実に類する事実に係る部分に限る。）若しくは第3項の規定による納税の猶予（以下この項において「事業の廃止等による納税の猶予」という。）若しくは同法第151条第1項若しくは第151条の2第1項（換価の猶予の要件等）の規定による換価の猶予をした場合には、その猶予又は停止をした国税に係る延滞税のうち、それぞれ、その災害等による納税の猶予若しくは当該執行の停止をした期間に対応する部分の金額に相当する金額又はその事業の廃止等による納税の猶予若しくは当該換価の猶予をした期間（当該国税の納期限の翌日から2月を経過する日後の期間に限る。）に対応する部分の金額の2分の1に相当する金額は、免除する。ただし、第49条第1項（納税の猶予の取消し）（同法第152条第3項又は第4項（換価の猶予に係る分割納付、通知等）において準用する場合を含む。）又は同法第154条第1項（滞納処分の停止の取消し）の規定による取消しの基因となるべき事実が生じた場合には、その生じた日以後の期間に対応する部分の金額については、国税局長、税務署長又は税関長は、その免除をしないことができる。

2　第11条（期限の延長）の規定により国税の納期限を延長した場合には、その国税に係る延滞税のうちその延長をした期間に対応する部分の金額は、免除する。

3　納税の猶予又は国税徴収法第151条第1項若しくは第151条の2第1項の規定による換価の猶予をした場合において、納税者が次の各号のいずれかに該当するときは、国税局長、税務署長又は税関長は、その猶予をした国税に係る延滞税（前2項の規定による免除に係る部分を除く。以下この項において同じ。）につき、猶予をした期間（当該国税を当該期間内に納付しなかつたことについてやむを得ない理由があると国税局長、税務署長又は税関長が認める場合には、猶予の期限の翌日から当該やむを得ない理由がやんだ日までの期間を含む。）に対応する部分の金額でその納付が困難と認められるものを限度として、免除することができる。

一　納税者の財産の状況が著しく不良で、納期又は弁済期の到来した地方税若しくは公課又は債務について軽減又は免除をしなければ、その事業の継続又は生活の維持が著しく困難になると認められる場合において、その軽減又は免除がされたとき。

二　納税者の事業又は生活の状況によりその延滞税の納付を困難とするやむを得ない理由があると認められるとき。

4　第23条第5項ただし書（更正の請求と国税の徴収との関係）その他の国税に関する法律の規定により国税の徴収を猶予した場合には、その猶予をした国税に係る延滞税につき、その猶予をした期間のうち当該国税の納期限の翌日から2月を経過する日後の期間（前3項の規定により延滞税の免除がされた場合には、当該免除に係る期間に該当する期間を除く。）に対応する部分の金額の2分の1に相当する金額は、免除する。

5　国税局長、税務署長又は税関長は、滞納に係る国税の全額を徴収するために必要な財産につき差押え（租税条約等の規定に基づき当該租税条約等の相手国等に共助対象国税の徴収の共助又は徴収のための財産の保全の共助を要請した場合における当該相手国等が当該共助対象国税について当該相手国等の法令に基づいて行う差押えに相当する処分を含む。以下この項において同じ。）をし、又は納付すべき税額に相当する担保の提供（租税条約等の規定に基づき当該租税条約等の相手国等に共助対象国税の徴収の共助又は徴収のための財産の保全の共助を要請した場合における当該相手国等が当該共助対象国税について当該相手国等の法令に基づいて受ける担保の提供を含む。以下この項において同じ。）を受けた場合には、その差押え又は担保の提供に係る国税を計算の基礎とする延

滞税につき、その差押え又は担保の提供がされている期間のうち、当該国税の納期限の翌日から2月を経過する日後の期間（前各項の規定により延滞税の免除がされた場合には、当該免除に係る期間に該当する期間を除く。）に対応する部分の金額の2分の1に相当する金額を限度として、免除することができる。

6 国税局長、税務署長又は税関長は、次の各号のいずれかに該当する場合には、当該各号に規定する国税に係る延滞税（前各項の規定による免除に係る部分を除く。）につき、当該各号に掲げる期間に対応する部分の金額を限度として、免除することができる。

一 第55条第3項（納付委託）（第52条第6項（保証人からの徴収）又は国税徴収法第32条第3項（第2次納税義務者からの徴収）において準用する場合を含む。）の規定による有価証券の取立て及び国税の納付の再委託を受けた金融機関が当該有価証券の取立てをすべき日後に当該国税の納付をした場合（同日後にその納付があつたことにつき当該有価証券の取立てを委託した者の責めに帰すべき事由がある場合を除く。）　同日の翌日からその納付があつた日までの期間

二 納税貯蓄組合法（昭和26年法律第145号）第6条第1項（租税納付の委託）の規定による国税の納付の委託を受けた同法第2条第2項（定義）に規定する指定金融機関（国税の収納をすることができるものを除く。）がその委託を受けた日後に当該国税の納付をした場合（同日後にその納付があつたことにつき納税者の責めに帰すべき事由がある場合を除く。）　同日の翌日からその納付があつた日までの期間

三 震災、風水害、火災その他これらに類する災害により、国税を納付することができない事由が生じた場合　その事由が生じた日からその事由が消滅した日以後7日を経過した日までの期間

四 前3号のいずれかに該当する事実に類する事実が生じた場合で政令で定める場合　政令で定める期間

（納税証明書の交付等）

国税通則法第123条 国税局長、税務署長又は税関長は、国税に関する事項のうち納付すべき税額その他政令で定めるものについての証明書の交付を請求する者があるときは、その者に関するものに限り、政令で定めるところにより、これを交付しなければならない。

（第2次納税義務の通則）

国税徴収法第32条 税務署長は、納税者の国税を第2次納税義務者から徴収しようとするときは、その者に対し、政令で定めるところにより、徴収しようとする金額、納付の期限その他必要な事項を記載した納付通知書により告知しなければならない。この場合においては、その者の住所又は居所の所在地を所轄する税務署長に対しその旨を通知しなければならない。

2 第2次納税義務者がその国税を前項の納付の期限までに完納しないときは、税務署長は、次項において準用する国税通則法第38条第1項及び第2項（繰上請求）の規定による請求をする場合を除き、納付催告書によりその納付を督促しなければならない。この場合においては、その納付催告書は、国税に関する法律に別段の定めがあるものを除き、その納付の期限から50日以内に発するものとする。

（滞納処分費の納入の告知）

国税徴収法第138条 国税が完納された場合において、滞納処分費につき滞納者の財産を差し押えようとするときは、税務署長は、政令で定めるところにより、滞納者に対し、納入の告知をしなければならない。

（質問及び検査）

国税徴収法第141条 徴収職員は、滞納処分のため滞納者の財産を調査する必要があるときは、その必要と認められる範囲内において、次に掲げる者に質問し、又はその者の財産に関する帳簿書類（その作成又は保存に代えて電磁的記録（電子的方式、磁気的方式その他の人の知覚によつては認識することができない方式で作られる記録であつて、電子計算機による情報処理の用に供されるものを

いう。）の作成又は保存がされている場合における当該電磁的記録を含む。第146条の２及び第188条第２号において同じ。）を検査することができる。

一　滞納者

二　滞納者の財産を占有する第三者及びこれを占有していると認めるに足りる相当の理由がある第三者

三　滞納者に対し債権若しくは債務があり、又は滞納者から財産を取得したと認めるに足りる相当の理由がある者

四　滞納者が株主又は出資者である法人

（捜索の権限及び方法）

国税徴収法第142条　徴収職員は、滞納処分のため必要があるときは、滞納者の物又は住居その他の場所につき捜索することができる。

２　徴収職員は、滞納処分のため必要がある場合には、次の各号の１に該当するときに限り、第三者の物又は住居その他の場所につき捜索することができる。

一　滞納者の財産を所持する第三者がその引渡をしないとき。

二　滞納者の親族その他の特殊関係者が滞納者の財産を所持すると認めるに足りる相当の理由がある場合において、その引渡をしないとき。

３　徴収職員は、前２項の捜索に際し必要があるときは、滞納者若しくは第三者に戸若しくは金庫その他の容器の類を開かせ、又は自らこれらを開くため必要な処分をすることができる。

（債権者代位権の要件）

民法第423条　債権者は、自己の債権を保全するため必要があるときは、債務者に属する権利（以下「被代位権利」という。）を行使することができる。ただし、債務者の一身に専属する権利及び差押えを禁じられた権利は、この限りでない。

（詐害行為取消請求）

民法第424条　債権者は、債務者が債権者を害することを知ってした行為の取消しを裁判所に請求することができる。ただし、その行為によって利益を受けた者（以下この款において「受益者」という。）がその行為の時において債権者を害することを知らなかったときは、この限りでない。

（機構が行う滞納処分等に係る認可等）

法第42条　機構は、滞納処分等を行う場合には、あらかじめ、厚生労働大臣の認可を受けるとともに、次条第１項に規定する滞納処分等実施規程に従い、徴収職員に行わせなければならない。

２　国民年金法第109条の６第２項及び第３項の規定は、前項の規定による機構が行う滞納処分等について準用する。

（機構が行う滞納処分等の結果の報告）

則第78条　法第42条第２項において準用する国民年金法第109条の６第３項の規定による報告は次に掲げる事項について行うものとする。

一　機構が行った差押え、参加差押え、交付要求及び財産の換価に係る納付義務者の氏名及び住所又は居所

二　差押え、参加差押え、交付要求及び財産の換価を行った年月日並びにその結果

三　その他参考となるべき事項

【参考条文】

（機構が行う滞納処分等に係る認可等）

国民年金法第109条の６　機構は、滞納処分等を行う場合には、あらかじめ、厚生労働大臣の認可を受

けるとともに、次条第１項に規定する滞納処分等実施規程に従い、徴収職員に行わせなければならない。

2　前項の徴収職員は、滞納処分等に係る法令に関する知識並びに実務に必要な知識及び能力を有する機構の職員のうちから、厚生労働大臣の認可を受けて、機構の理事長が任命する。

3　機構は、滞納処分等をしたときは、厚生労働省令で定めるところにより、速やかに、その結果を厚生労働大臣に報告しなければならない。

（滞納処分等実施規程の認可等）

法第43条　機構は、滞納処分等の実施に関する規程（次項において「滞納処分等実施規程」という。）を定め、厚生労働大臣の認可を受けなければならない。これを変更しようとするときも、同様とする。

2　国民年金法第109条の７第２項及び第３項の規定は、滞納処分等実施規程の認可及び変更について準用する。

（滞納処分等実施規程の記載事項）

則第79条　法第43条第２項において準用する国民年金法第109条の７第２項の厚生労働省令で定める事項は、次に掲げる事項とする。

一　滞納処分等の実施体制

二　滞納処分等の認可の申請に関する事項

三　滞納処分等の実施時期

四　財産の調査に関する事項

五　差押えを行う時期

六　差押えに係る財産の選定方法

七　差押財産の換価の実施に関する事項

八　徴収金の納付の猶予及び差押財産の換価の猶予に関する事項

九　その他滞納処分等の公正かつ確実な実施を確保するために必要な事項

【参考条文】

（滞納処分等実施規程の認可等）

国民年金法第109条の７　機構は、滞納処分等の実施に関する規程（以下この条において「滞納処分等実施規程」という。）を定め、厚生労働大臣の認可を受けなければならない。これを変更しようとするときも、同様とする。

2　滞納処分等実施規程には、差押えを行う時期、差押えに係る財産の選定方法その他の滞納処分等の公正かつ確実な実施を確保するために必要なものとして厚生労働省令で定める事項を記載しなければならない。

3　厚生労働大臣は、第１項の認可をした滞納処分等実施規程が滞納処分等の公正かつ確実な実施上不適当となつたと認めるときは、機構に対し、その滞納処分等実施規程を変更すべきことを命ずることができる。

（機構が行う命令等に係る認可等）

法第44条　機構は、第41条第１項第８号に掲げる権限に係る事務を行う場合には、あらかじめ、厚生労働大臣の認可を受けなければならない。

2　機構が第41条第１項第８号に掲げる権限に係る事務を行う場合における第７条（第14条、第19条及び第24条において準用する場合を含む。）及び第36条の規定の適用については、これらの規

定中「当該職員」とあるのは、「日本年金機構の職員」とする。

（地方厚生局長等への権限の委任）

法第45条 この法律に規定する厚生労働大臣の権限は、厚生労働省令で定めるところにより、地方厚生局長に委任することができる。

2 前項の規定により地方厚生局長に委任された権限は、厚生労働省令で定めるところにより、地方厚生支局長に委任することができる。

（地方厚生局長等への権限の委任）

則第80条 法第45条第1項の規定により、次に掲げる厚生労働大臣の権限は、地方厚生局長に委任する。ただし、厚生労働大臣が当該権限を自ら行うことを妨げない。

一 法第41条第3項の規定により厚生労働大臣が同条第1項各号に掲げる権限の全部又は一部を自ら行うこととした場合における当該権限

二 法第41条第4項において準用する国民年金法第109条の4第4項の規定による公示

三 法第41条第4項において準用する国民年金法第109条の4第5項の規定による通知

四 法第42条第2項において準用する国民年金法第109条の6第2項の規定による認可

五 法第42条第2項において準用する国民年金法第109条の6第3項の規定による報告の受理

六 法第44条第1項の規定による認可

七 法第46条第2項において準用する国民年金法第109条の10第2項の規定により厚生労働大臣が同条第1項各号に掲げる事務の全部又は一部を自ら行うこととした場合における当該事務に係る権限

八 法第47条第2項において準用する国民年金法第109条の11第2項の規定による認可

九 法第47条第2項において準用する国民年金法第109条の11第4項の規定による報告の受理

2 法第45条第2項の規定により、前項各号に掲げる権限のうち地方厚生支局の管轄区域に係るものは、地方厚生支局長に委任する。ただし、地方厚生局長が当該権限を自ら行うことを妨げない。

【参考条文】

（機構への厚生労働大臣の権限に係る事務の委任）

国民年金法第109条の4

4 厚生労働大臣は、前項の規定により第1項各号に掲げる権限の全部若しくは一部を自ら行うこととし、又は前項の規定により自ら行つている第1項各号に掲げる権限の全部若しくは一部を行わないこととするとき（次項に規定する場合を除く。）は、あらかじめ、その旨を公示しなければならない。

5 厚生労働大臣は、第3項の規定により自ら行うこととした滞納処分等について、機構から引き継いだ当該滞納処分等の対象となる者が特定されている場合には、当該者に対し、厚生労働大臣が当該者に係る滞納処分等を行うこととなる旨その他の厚生労働省令で定める事項を通知しなければならない。

（機構が行う滞納処分等に係る認可等）

国民年金法第109条の6

2 前項の徴収職員は、滞納処分等に係る法令に関する知識並びに実務に必要な知識及び能力を有する機構の職員のうちから、厚生労働大臣の認可を受けて、機構の理事長が任命する。

3 機構は、滞納処分等をしたときは、厚生労働省令で定めるところにより、速やかに、その結果を厚生労働大臣に報告しなければならない。

（機構への事務の委託）

国民年金法第109条の10

2　厚生労働大臣は、機構が天災その他の事由により前項各号に掲げる事務の全部又は一部を実施することが困難又は不適当となつたと認めるときは、同項各号に掲げる事務の全部又は一部を自ら行うものとする。

（機構が行う収納）

国民年金法第109条の11

2　前項の収納を行う機構の職員は、収納に係る法令に関する知識並びに実務に必要な知識及び能力を有する機構の職員のうちから、厚生労働大臣の認可を受けて、機構の理事長が任命する。

4　機構は、厚生労働省令で定めるところにより、収納に係る事務の実施状況及びその結果を厚生労働大臣に報告するものとする。

（機構への事務の委託）

法第46条　厚生労働大臣は、機構に、次に掲げる事務（第38条の規定により市町村長が行うこととされたものを除く。）を行わせるものとする。

一　第2条第1項及び第2項、第7条（第14条において準用する場合を含む。）並びに第10条の規定による老齢年金生活者支援給付金又は補足的老齢年金生活者支援給付金の支給に係る事務（当該老齢年金生活者支援給付金又は補足的老齢年金生活者支援給付金の支給の認定を除く。）

二　第5条及び第12条の規定による認定に係る事務（第41条第1項第1号に掲げる請求の受理及び当該認定を除く。）

三　第8条（第14条において準用する場合を含む。）の規定による老齢年金生活者支援給付金又は補足的老齢年金生活者支援給付金の支払の一時差止めに係る事務（当該支払の一時差止めに係る決定を除く。）

四　第9条第1項（第14条において準用する場合を含む。）の規定による請求の内容の確認に係る事務

五　第15条第1項及び第2項並びに第19条において準用する第7条の規定による障害年金生活者支援給付金の支給に係る事務（当該障害年金生活者支援給付金の支給の認定を除く。）

六　第17条の規定による認定に係る事務（第41条第1項第2号に掲げる請求の受理及び当該認定を除く。）

七　第19条において準用する第8条の規定による障害年金生活者支援給付金の支払の一時差止めに係る事務（当該支払の一時差止めに係る決定を除く。）

八　第19条において準用する第9条第1項の規定による請求の内容の確認に係る事務

九　第20条第1項及び第2項並びに第24条において準用する第7条の規定による遺族年金生活者支援給付金の支給に係る事務（当該遺族年金生活者支援給付金の支給の認定を除く。）

十　第22条の規定による認定に係る事務（第41条第1項第3号に掲げる請求の受理及び当該認定を除く。）

十一　第24条において準用する第8条の規定による遺族年金生活者支援給付金の支払の一時差止めに係る事務（当該支払の一時差止めに係る決定を除く。）

十二　第24条において準用する第9条第1項の規定による請求の内容の確認に係る事務

十三　第31条第1項の規定による不正利得の徴収に係る事務（第41条第1項第4号から第6号までに掲げる権限を行使する事務及び次条第1項の規定により機構が行う収納、第31条第2項において準用する国民年金法第96条第1項の規定による督促その他の厚生労働省令で定める権限を行使する事務並びに次号及び第16号に掲げる事務を除く。）

十四　第31条第2項において準用する国民年金法第96条第1項及び第2項の規定による督促に係る事務（当該督促及び督促状を発すること（督促状の発送に係る事務を除く。）を除く。）

　十五　第31条第2項において準用する国民年金法第97条第1項及び第4項の規定による延滞金の
　　徴収に係る事務（第41条第1項第4号から第6号までに掲げる権限を行使する事務及び次条第
　　1項の規定により機構が行う収納、第31条第2項において準用する国民年金法第96条第1項の
　　規定による督促その他の厚生労働省令で定める権限を行使する事務並びに前号及び次号に掲げ
　　る事務を除く。）
　十六　第41条第1項第4号に規定する厚生労働省令で定める権限に係る事務（当該権限を行使す
　　る事務を除く。）
　十七　介護保険法（平成9年法律第123号）第203条その他の厚生労働省令で定める法律の規定に
　　よる求めに応じたこの法律の実施に関し厚生労働大臣が保有する情報の提供に係る事務（当該
　　情報の提供及び厚生労働省令で定める事務を除く。）
　十八　前各号に掲げるもののほか、厚生労働省令で定める事務
2　国民年金法第109条の10第2項及び第3項の規定は、前項の事務について準用する。

（法第46条第1項第13号及び第15号に規定する厚生労働省令で定める権限）
則第81条　法第46条第1項第13号及び第15号に規定する厚生労働省令で定める権限は、次に掲げる権
　限とする。
　一　法第31条第2項において準用する国民年金法第96条第1項の規定による督促
　二　法第31条第2項において準用する国民年金法第96条第2項の規定による督促状の発行

（法第46条第1項第17号に規定する厚生労働省令で定める法律の規定）
則第82条　法第46条第1項第17号に規定する厚生労働省令で定める法律の規定は、次に掲げるもの（当
　該法律又は他の法律において準用する場合を含む。）とする。ただし、当該法律又は他の法律の規定
　により適用を除外される場合におけるものを除く。
　一　健康保険法（大正11年法律第70号）第51条の2及び第108条第6項
　二　船員保険法（昭和14年法律第73号）第28条、第50条及び第70条第5項
　三　労働者災害補償保険法（昭和22年法律第50号）第49条の3第1項
　四　私立学校教職員共済法（昭和28年法律第245号）第47条の2
　五　国家公務員共済組合法（昭和33年法律第128号）第66条第9項及び第114条
　六　国民健康保険法（昭和33年法律第192号）第113条の2及び附則第20条
　七　児童扶養手当法（昭和36年法律第238号）第30条
　八　地方公務員等共済組合法（昭和37年法律第152号）第68条第9項及び第144条の25の2
　九　特別児童扶養手当等の支給に関する法律（昭和39年法律第134号）第37条
　十　労働保険の保険料の徴収等に関する法律（昭和44年法律第84号）第43条の2
　十一　雇用の分野における男女の均等な機会及び待遇の確保等に関する法律（昭和47年法律第113号）
　　第26条及び第28条第2項
　十二　賃金の支払の確保等に関する法律（昭和51年法律第34号）第12条の2
　十三　高齢者の医療の確保に関する法律（昭和57年法律第80号）第138条
　十四　介護保険法（平成9年法律第123号）第203条
　十五　厚生年金保険制度及び農林漁業団体職員共済組合制度の統合を図るための農林漁業団体職員
　　共済組合法等を廃止する等の法律（平成13年法律第101号）附則第25条第1項の規定によりなおそ
　　の効力を有するものとされた同法附則第2条第1項第1号に規定する廃止前農林共済法第78条の
　　2
　十六　被用者年金制度の一元化等を図るための厚生年金保険法等の一部を改正する法律（平成24年
　　法律第63号。以下「平成24年一元化法」という。）附則第37条第1項の規定によりなおその効力を
　　有するものとされた平成24年一元化法第2条の規定による改正前の国家公務員共済組合法第114条

の2

十七　平成24年一元化法附則第61条第1項の規定によりなおその効力を有するものとされた平成24年一元化法第3条の規定による改正前の地方公務員等共済組合法第144条の25の2

十八　平成24年一元化法附則第79条の規定によりなおその効力を有するものとされた平成24年一元化法第4条の規定による改正前の私立学校教職員共済法第47条の2

十九　統計法（平成19年法律第53号）第29条及び第31条第1項

（法第46条第1項第18号に規定する厚生労働省令で定める事務）

則第83条　法第46条第1項第18号に規定する厚生労働省令で定める事務は、次に掲げる事務とする。

一　第3条第1項、第18条第1項、第33条第1項及び第48条第1項の規定による交付に係る事務並びに第3条第2項及び第3項、第18条第2項及び第3項、第33条第2項及び第3項並びに第48条第2項及び第3項の規定による通知に係る事務

二　第5条第1項、第20条第1項、第35条第1項及び第50条第1項の規定による確認に係る事務、第5条第2項及び第3項、第20条第2項及び第3項、第35条第2項及び第3項並びに第50条第2項及び第3項の規定による報告並びに書類の提出の求めに係る事務、第6条第3項、第21条第3項、第36条第3項及び第51条第3項の規定による書類の提出の求めに係る事務並びに第12条第3項、第27条第3項、第42条第3項及び第58条第3項の規定による書類の提出の求めに係る事務

三　第6条第1項、第21条第1項、第36条第1項及び第51条第1項の規定による届書の提出の求めに係る事務

四　第65条第1項、第3項及び第4項までの規定による添付書類の省略に係る事務

五　住民基本台帳法第30条の9の規定による機構保存本人確認情報の提供を受けることに係る事務

六　番号利用法第22条第1項の規定による特定個人情報（番号利用法第2条第8項に規定する特定個人情報をいう。）の提供を受けることに係る事務

（法第46条第1項各号に掲げる事務に係る請求等）

則第84条　法第46条第1項各号に掲げる事務に係る請求、届出その他の行為は、機構の定める年金事務所に対してするものとする。

【参考条文】

（督促及び滞納処分）

国民年金法第96条　保険料その他この法律の規定による徴収金を滞納する者があるときは、厚生労働大臣は、期限を指定して、これを督促することができる。

2　前項の規定によつて督促をしようとするときは、厚生労働大臣は、納付義務者に対して、督促状を発する。

（延滞金）

国民年金法第97条　前条第1項の規定によつて督促をしたときは、厚生労働大臣は、徴収金額に、納期限の翌日から徴収金完納又は財産差押の日の前日までの期間の日数に応じ、年14.6パーセント（当該督促が保険料に係るものであるときは、当該納期限の翌日から3月を経過する日までの期間については、年7.3パーセント）の割合を乗じて計算した延滞金を徴収する。ただし、徴収金額が500円未満であるとき、又は滞納につきやむを得ない事情があると認められるときは、この限りでない。

4　督促状に指定した期限までに徴収金を完納したとき、又は前3項の規定によつて計算した金額が50円未満であるときは、延滞金は、徴収しない。

（機構への事務の委託）

国民年金法第109条の10　厚生労働大臣は、機構に、次に掲げる事務（第3条第2項の規定により共済組合等が行うこととされたもの及び同条第3項の規定により市町村長が行うこととされたものを除く。）を行わせるものとする。

一　第14条の規定による記録に係る事務（当該記録を除く。）

二　第14条の５の規定による情報の通知に係る事務（当該通知を除く。）

三　第16条（附則第９条の３の２第７項において準用する場合を含む。）の規定による裁定に係る事務（第109条の４第１項第５号に掲げる請求の受理及び当該裁定を除く。）

四　第19条第１項（附則第９条の３の２第７項において準用する場合を含む。）及び第３項の規定による請求の内容の確認に係る事務

五　第20条第１項及び第２項の規定による年金給付の支給の停止に係る事務（第109条の４第１項第６号に掲げる申請の受理及び当該支給の停止に係る決定を除く。）

六　第20条の２第１項及び第２項の規定による年金給付の支給の停止に係る事務（第109条の４第１項第７号に掲げる申出の受理及び当該支給の停止に係る決定を除く。）

七　第23条（附則第９条の３の２第７項において準用する場合を含む。）の規定による不正利得の徴収に係る事務（第109条の４第１項第23号から第25号までに掲げる権限を行使する事務及び次条第１項の規定により機構が行う収納、第96条第１項の規定による督促その他の厚生労働省令で定める権限を行使する事務並びに第31号及び第38号に掲げる事務を除く。）

八　第26条並びに附則第９条の２第３項（附則第９条の３第４項において準用する場合を含む。）、第９条の２の２第３項及び第９条の３第１項の規定による老齢基礎年金又は老齢年金の支給に係る事務（第109条の４第１項第８号に掲げる申出及び請求の受理並びに当該老齢基礎年金又は老齢年金の裁定を除く。）

九　第30条第１項、第30条の２第３項（第30条の４第３項において準用する場合を含む。）、第30条の３第１項、第30条の４第１項、第31条第１項及び第32条の規定による障害基礎年金の支給に係る事務（第109条の４第１項第９号に掲げる請求の受理及び当該障害基礎年金の裁定を除く。）

十　第32条第１項、第36条第１項及び第２項、第36条の２第１項及び第４項、第36条の３第１項並びに第36条の４第１項及び第２項の規定による障害基礎年金の支給の停止に係る事務（当該支給の停止に係る決定を除く。）

十一　第33条の２第２項及び第３項並びに第34条第１項の規定による障害基礎年金の額の改定に係る事務（第109条の４第１項第10号に掲げる認定及び同項第11号に掲げる請求の受理並びに当該改定に係る決定を除く。）

十二　第37条の規定による遺族基礎年金の支給に係る事務（当該遺族基礎年金の裁定を除く。）

十三　第39条第２項及び第３項並びに第39条の２第２項（第42条第３項において準用する場合を含む。）の規定による遺族基礎年金の額の改定に係る事務（当該改定に係る決定を除く。）

十四　第41条、第41条の２並びに第42条第１項及び第２項の規定による遺族基礎年金の支給の停止に係る事務（第109条の４第１項第13号に掲げる申請の受理及び当該支給の停止に係る決定を除く。）

十五　第43条の規定による付加年金の支給に係る事務（第109条の４第１項第14号に掲げる申出の受理及び当該付加年金の裁定を除く。）

十六　第45条第２項の規定による付加年金の額の改定に係る事務（当該改定に係る決定を除く。）

十七　第47条の規定による付加年金の支給の停止に係る事務（当該支給の停止に係る決定を除く。）

十八　第49条第１項及び第52条の６の規定による寡婦年金の支給に係る事務（当該寡婦年金の裁定を除く。）

十九　第52条の規定による寡婦年金の支給の停止に係る事務（当該支給の停止に係る決定を除く。）

二十　第52条の２第１項及び第２項並びに第52条の６の規定による死亡一時金の支給に係る事務（当該死亡一時金の裁定を除く。）

二十一　第69条の規定による障害基礎年金の支給に係る事務（当該障害基礎年金の裁定を除く。）

二十二　第70条の規定による給付の支給に係る事務（当該給付の裁定を除く。）

二十三　第71条第1項の規定による遺族基礎年金、寡婦年金又は死亡一時金の支給に係る事務（当該遺族基礎年金、寡婦年金又は死亡一時金の裁定を除く。）

二十四　第72条の規定による年金給付の支給の停止に係る事務（当該支給の停止に係る決定を除く。）

二十五　第73条の規定による年金給付の支払の一時差止めに係る事務（当該支払の一時差止めに係る決定を除く。）

二十六　第87条第1項及び第92条の4第6項の規定による保険料の徴収に係る事務（第109条の4第1項第17号から第20号まで及び第23号から第25号までに掲げる権限を行使する事務並びに次条第1項の規定により機構が行う収納、第96条第1項の規定による督促その他の厚生労働省令で定める権限を行使する事務並びに第31号及び第38号に掲げる事務を除く。）

二十七　第92条第1項の規定による保険料の通知に係る事務（当該通知を除く。）

二十八　第92条の2の2第1項の規定による指定に係る事務（第109条の4第1項第18号に掲げる申出の受理及び当該指定を除く。）

二十九　第92条の3第1項第2号の規定による指定に係る事務（第109条の4第1項第19号に掲げる申出の受理及び当該指定を除く。）

三十　第92条の6第1項の規定による指定の取消しに係る事務（当該取消しを除く。）

三十一　第96条第1項及び第2項の規定による督促に係る事務（当該督促及び督促状を発すること（督促状の発送に係る事務を除く。）を除く。）

三十二　第97条第1項及び第4項の規定による延滞金の徴収に係る事務（第109条の4第1項第23号から第25号までに掲げる権限を行使する事務及び次条第1項の規定により機構が行う収納、第96条第1項の規定による督促その他の厚生労働省令で定める権限を行使する事務並びに前号及び第38号に掲げる事務を除く。）

三十三　第108条の3第1項の規定による統計調査に係る事務（第109条の4第1項第31号に掲げる情報の提供の求め並びに当該統計調査に係る企画及び立案、総合調整並びに結果の提供を除く。）

三十四　第108条の4において読み替えて準用する住民基本台帳法第30条の38第4項の規定による勧告及び同条第5項の規定による命令に係る事務（当該勧告及び命令を除く。）

三十五　第109条第2項の規定による認可及び同条第3項の規定による認可の取消しに係る事務（当該認可及び認可の取消しを除く。）

三十六　第109条の2第1項の規定による指定に係る事務（第109条の4第1項第33号に掲げる申請の受理及び当該指定を除く。）、第109条の2第4項の規定による情報の提供に係る事務（当該情報の提供を除く。）、同条第5項の規定による命令に係る事務（当該命令を除く。）及び同条第6項の規定による指定の取消しに係る事務（当該指定の取消しを除く。）

三十六の二　第109条の2の2第1項の規定による指定に係る事務（第109条の4第1項第33号の2に掲げる申請の受理及び当該指定を除く。）、第109条の2の2第4項の規定による命令に係る事務（当該命令を除く。）及び同条第5項の規定による指定の取消しに係る事務（当該指定の取消しを除く。）

三十七　第109条の3第1項の規定による指定に係る事務（第109条の4第1項第34号に掲げる申請の受理及び当該指定を除く。）、第109条の3第3項の規定による情報の提供に係る事務（当該情報の提供を除く。）、同条第4項の規定による命令に係る事務（当該命令を除く。）及び同条第5項の規定による指定の取消しに係る事務（当該指定の取消しを除く。）

三十八　第109条の4第1項第23号に規定する厚生労働省令で定める権限に係る事務（当該権限を行使する事務を除く。）

三十九　附則第7条の3第4項及び第9条の2の2第5項の規定による老齢基礎年金の額の改定に係る事務（第109条の4第1項第36号に掲げる届出の受理及び当該改定に係る決定を除く。）

四十　附則第9条の3の2第2項の規定による脱退一時金の支給に係る事務（第109条の4第1項第

37号に掲げる請求の受理及び当該脱退一時金の裁定を除く。）

四十一　介護保険法第203条その他厚生労働省令で定める法律の規定による求めに応じたこの法律の実施に関し厚生労働大臣が保有する情報の提供に係る事務（当該情報の提供及び厚生労働省令で定める事務を除く。）

四十二　前各号に掲げるもののほか、厚生労働省令で定める事務

2　厚生労働大臣は、機構が天災その他の事由により前項各号に掲げる事務の全部又は一部を実施することが困難又は不適当となつたと認めるときは、同項各号に掲げる事務の全部又は一部を自ら行うものとする。

3　前2項に定めるもののほか、機構又は厚生労働大臣による第1項各号に掲げる事務の実施に関し必要な事項は、厚生労働省令で定める。

（資料の提供等）

介護保険法第203条　市町村は、保険給付、地域支援事業及び保険料に関して必要があると認めるときは、被保険者、被保険者の配偶者若しくは被保険者の属する世帯の世帯主その他その世帯に属する者の資産若しくは収入の状況又は被保険者に対する老齢等年金給付の支給状況につき、官公署若しくは年金保険者に対し必要な文書の閲覧若しくは資料の提供を求め、又は銀行、信託会社その他の機関若しくは被保険者の雇用主その他の関係人に報告を求めることができる。

2　都道府県知事又は市町村長は、第41条第1項本文、第42条の2第1項本文、第46条第1項、第48条第1項第1号、第53条第1項本文、第54条の2第1項本文、第58条第1項若しくは第115条の45の3第1項の指定又は第94条第1項若しくは第107条第1項の許可に関し必要があると認めるときは、これらの指定又は許可に係る申請者若しくはその役員等若しくは開設者若しくはその役員又は病院等の管理者、特別養護老人ホームの長若しくは第94条第3項第11号若しくは第107条第3項第14号に規定する使用人の保険料等の納付状況につき、当該保険料等を徴収する者に対し、必要な書類の閲覧又は資料の提供を求めることができる。

（情報の提供等）

健康保険法第51条の2　厚生労働大臣は、協会〔全国健康保険協会〕に対し、厚生労働省令で定めるところにより、被保険者の資格に関する事項、標準報酬に関する事項その他協会の業務の実施に関して必要な情報の提供を行うものとする。

（傷病手当金又は出産手当金と報酬等との調整）

健康保険法第108条

6　保険者は、前3項の規定により傷病手当金の支給を行うにつき必要があると認めるときは、老齢退職年金給付の支払をする者（次項において「年金保険者」という。）に対し、第2項の障害厚生年金若しくは障害基礎年金、第3項の障害手当金又は前項の老齢退職年金給付の支給状況につき、必要な資料の提供を求めることができる。

（被保険者の資格に関する情報の提供等）

船員保険法第28条　厚生労働大臣は、協会〔全国健康保険協会〕に対し、厚生労働省令で定めるところにより、被保険者の資格に関する事項、標準報酬に関する事項その他協会の業務の実施に関して必要な情報の提供を行うものとする。

（給付の実施に必要な情報の提供）

船員保険法第50条　厚生労働大臣は、協会に対し、第29条第1項第1号（第53条第4項の規定により同条第1項第6号に掲げる給付が行われる場合に限る。）及び第2項に規定する保険給付の実施に必要な情報の提供を行うものとする。

（傷病手当金と報酬等との調整）

船員保険法第70条

5　協会は、前3項の規定により傷病手当金の支給を行うにつき必要があると認めるときは、老齢退

職年金給付の支払をする者（次項において「年金保険者」という。）に対し、第2項の障害厚生年金若しくは障害基礎年金、第3項の障害手当金又は前項の老齢退職年金給付の支給状況につき、必要な資料の提供を求めることができる。

労働者災害補償保険法第49条の3　厚生労働大臣は、この法律の施行に関し、関係行政機関又は公私の団体に対し、資料の提供その他必要な協力を求めることができる。

2　前項の規定による協力を求められた関係行政機関又は公私の団体は、できるだけその求めに応じなければならない。

（資料の提供）

私立学校教職員共済法第47条の2　事業団は、年金である給付に関する処分に関し必要があると認めるときは、受給権者に対する厚生年金保険法による年金である保険給付（これに相当する給付として政令で定めるものを含む。）の支給状況につき、厚生労働大臣又は他の法律に基づく共済組合に対し、必要な資料の提供を求めることができる。

（傷病手当金）

国家公務員共済組合法第66条

9　組合は、前3項の規定による傷病手当金に関する処分に関し必要があると認めるときは、第6項の障害厚生年金若しくは障害基礎年金、第7項の障害手当金又は前項の退職老齢年金給付の支給状況につき、退職老齢年金給付の支払をする者（次項において「年金支給実施機関」という。）に対し、必要な資料の提供を求めることができる。

（資料の提供）

国家公務員共済組合法第114条　連合会は、年金である給付に関する処分に関し必要があると認めるときは、受給権者に対する厚生年金保険法による年金である保険給付（これに相当する給付として政令で定めるものを含む。）の支給状況につき、厚生労働大臣、地方の組合又は日本私立学校振興・共済事業団に対し、必要な資料の提供を求めることができる。

（資料の提供等）

国民健康保険法第113条の2　市町村は、被保険者の資格、保険給付及び保険料に関し必要があると認めるときは、被保険者の資格の取得及び喪失に関する事項、被保険者の保険給付を受けた事由が第三者の行為によつて生じたものであることを確認するために必要な事項、被保険者若しくは被保険者の属する世帯の世帯主の資産若しくは収入の状況又は国民年金の被保険者の種別の変更若しくは国民年金法の規定による保険料の納付状況につき、官公署に対し、必要な書類の閲覧若しくは資料の提供を求め、又は銀行、信託会社その他の機関若しくは被保険者の雇用主その他の関係者に報告を求めることができる。

2　市町村は、被保険者の資格に関し必要があると認めるときは、他の市町村、組合、第6条第1号から第3号までに掲げる法律の規定による保険者若しくは共済組合又は私立学校教職員共済法の規定により私立学校教職員共済制度を管掌することとされた日本私立学校振興・共済事業団に対し、他の市町村若しくは組合が行う国民健康保険の被保険者、健康保険若しくは船員保険の被保険者若しくは被扶養者、共済組合の組合員若しくは被扶養者又は私立学校教職員共済制度の加入者若しくは被扶養者の氏名及び住所、健康保険法第3条第3項に規定する適用事業所の名称及び所在地その他の必要な資料の提供を求めることができる。

（資料の提供等）

国民健康保険法附則第20条　退職被保険者等所属市町村は、退職被保険者の資格に関し必要があると認めるときは、退職被保険者の年金保険の被保険者等であつた期間又は退職被保険者に対する附則第6条第1項各号に掲げる法令に基づく老齢又は退職を支給事由とする年金たる給付の支給状況につき、当該年金たる給付の支払をする者に対し、必要な書類の閲覧又は資料の提供を求めることができる。〔本条は令和6年4月1日より削除〕

（資料の提供等）

児童扶養手当法第30条　都道府県知事等は、手当の支給に関する処分に関し必要があると認めるときは、受給資格者、当該児童若しくは受給資格者の配偶者若しくは扶養義務者の資産若しくは収入の状況又は受給資格者、当該児童若しくは当該児童の父若しくは母に対する公的年金給付の支給状況につき、官公署、日本年金機構、法律によつて組織された共済組合若しくは国家公務員共済組合連合会若しくは日本私立学校振興・共済事業団に対し、必要な書類の閲覧若しくは資料の提供を求め、又は銀行、信託会社その他の機関若しくは受給資格者の雇用主その他の関係人に対し、必要な事項の報告を求めることができる。

（傷病手当金）

地方公務員等共済組合法第68条

9　組合は、前3項の規定による傷病手当金に関する処分に関し必要があると認めるときは、第6項の障害厚生年金若しくは障害基礎年金、第7項の障害手当金又は前項の退職老齢年金給付の支給状況につき、退職老齢年金給付の支払をする者に対し、必要な資料の提供を求めることができる。

（資料の提供）

地方公務員等共済組合法第144条の25の2　組合は、年金である給付に関する処分に関し必要があると認めるときは、受給権者に対する厚生年金保険法による年金である保険給付（これに相当する給付として政令で定めるものを含む。）の支給状況につき、厚生労働大臣、国家公務員共済組合連合会又は日本私立学校振興・共済事業団に対し、必要な資料の提供を求めることができる。

（資料の提供等）

特別児童扶養手当等の支給に関する法律第37条　行政庁は、手当の支給に関する処分に関し必要があると認めるときは、受給資格者、受給資格者の配偶者若しくは扶養義務者若しくは障害児の資産若しくは収入の状況又は障害児に対する第3条第3項第2号に規定する年金たる給付、重度障害児に対する第17条第1号に規定する給付若しくは特別障害者に対する第26条の4に規定する給付の支給状況につき、官公署に対し、必要な書類の閲覧若しくは資料の提供を求め、又は銀行、信託会社その他の機関若しくは受給資格者の雇用主その他の関係者に対し、必要な事項の報告を求めることができる。

（資料の提供）

労働保険の保険料の徴収等に関する法律第43条の2　行政庁は、保険関係の成立又は労働保険料に関し必要があると認めるときは、官公署に対し、法人の事業所の名称、所在地その他必要な資料の提供を求めることができる。

（資料提供の要求等）

雇用の分野における男女の均等な機会及び待遇の確保等に関する法律第26条　委員会〔紛争調整委員会〕は、当該委員会に係属している事件の解決のために必要があると認めるときは、関係行政庁に対し、資料の提供その他必要な協力を求めることができる。

（調査等）

雇用の分野における男女の均等な機会及び待遇の確保等に関する法律第28条　厚生労働大臣は、男性労働者及び女性労働者のそれぞれの職業生活に関し必要な調査研究を実施するものとする。

2　厚生労働大臣は、この法律の施行に関し、関係行政機関の長に対し、資料の提供その他必要な協力を求めることができる。

（資料の提供等）

賃金の支払の確保等に関する法律第12条の2　都道府県労働局長、労働基準監督署長又は労働基準監督官は、この法律の施行に関し、関係行政機関又は公私の団体に対し、資料の提供その他必要な協力を求めることができる。

2　前項の規定による協力を求められた関係行政機関又は公私の団体は、できるだけその求めに応じ

なければならない。

（資料の提供等）

高齢者の医療の確保に関する法律第138条　後期高齢者医療広域連合は、被保険者の資格、後期高齢者医療給付及び保険料に関して必要があると認めるときは、被保険者の後期高齢者医療給付を受けた事由が第三者の行為によつて生じたものであることを確認するために必要な事項、被保険者、被保険者の配偶者若しくは被保険者の属する世帯の世帯主その他その世帯に属する者の資産若しくは収入の状況又は被保険者に対する第107条第２項に規定する老齢等年金給付の支給状況につき、市町村その他の官公署若しくは年金保険者に対し必要な文書の閲覧若しくは資料の提供を求め、又は銀行、信託会社その他の機関若しくは被保険者の雇用主その他の関係人に報告を求めることができる。

2　後期高齢者医療広域連合は、被保険者の資格に関し必要があると認めるときは、他の後期高齢者医療広域連合及び保険者（国民健康保険にあつては、市町村）に対し、他の後期高齢者医療広域連合が行う後期高齢者医療の被保険者及び加入者（国民健康保険にあつては、当該市町村の区域内に住所を有する被保険者）の氏名及び住所、健康保険法第３条第３項に規定する適用事業所の名称及び所在地その他の必要な資料の提供を求めることができる。

3　市町村は、保険料の徴収に関して必要があると認めるときは、被保険者、被保険者の配偶者若しくは被保険者の属する世帯の世帯主その他その世帯に属する者の資産若しくは収入の状況又は被保険者に対する第107条第２項に規定する老齢等年金給付の支給状況につき、官公署若しくは年金保険者に対し必要な文書の閲覧若しくは資料の提供を求め、又は銀行、信託会社その他の機関若しくは被保険者の雇用主その他の関係人に報告を求めることができる。

（資料の提供）

廃止前農林共済法第78条の２　組合は、年金である給付に関する処分に関し必要があると認めるときは、その受給権者に対する厚生年金保険法による年金である保険給付若しくは国民年金法による年金である給付若しくは他の法律に基づく共済組合が支給する年金である給付若しくは私立学校教職員共済法による年金である給付又はその配偶者に対する第38条の２第２項（第45条の３第２項において準用する場合を含む。以下この条において同じ。）に規定する政令で定める給付の支給状況につき、社会保険庁長官、当該他の法律に基づく共済組合若しくは日本私立学校振興・共済事業団又は第38条の２第２項に規定する政令で定める給付に係る制度の管掌機関に対し、必要な資料の提供を求めることができる。

（資料の提供）

平成24年一元化法第２条の規定による改正前の国家公務員共済組合法第114条の２　連合会は、第93条の４に定めるもののほか、年金である給付に関する処分に関し必要があると認めるときは、受給権者に対する厚生年金保険法による年金である保険給付、国民年金法による年金である給付、地方公務員等共済組合法による年金である給付若しくは私立学校教職員共済法による年金である給付又はその配偶者に対する第79条第６項（第87条第３項において準用する場合を含む。以下この条において同じ。）に規定する政令で定める給付の支給状況につき、厚生労働大臣、地方の組合若しくは日本私立学校振興・共済事業団又は第79条第３項に規定する政令で定める給付に係る制度の管掌機関に対し、必要な資料の提供を求めることができる。

（資料の提供）

平成24年一元化法第３条の規定による改正前の地方公務員等共済組合法第144条の25の２　組合は、第99条の９に定めるもののほか、年金である給付に関する処分に関し必要があると認めるときは、受給権者に対する厚生年金保険法による年金である保険給付、国民年金法による年金である給付、国家公務員共済組合法による年金である給付若しくは私立学校教職員共済法による年金である給付又はその配偶者に対する第81条第７項（第92条第４項において準用する場合を含む。以下この条において同じ。）に規定する政令で定める給付の支給状況につき、厚生労働大臣、国の組合若しくは日本

私立学校振興・共済事業団又は第81条第7項に規定する政令で定める給付に係る制度の管掌機関に対し、必要な資料の提供を求めることができる。

（資料の提供）

平成24年一元化法第4条の規定による改正前の私立学校教職員共済法第47条の2　事業団は、年金である給付に関する処分に関し必要があると認めるときは、受給権者に対する厚生年金保険法による年金である保険給付若しくは他の法律に基づく共済組合が支給する又はその配偶者に対する第25条において準用する国家公務員共済組合法第77条第6項（同法第87条第6項において準用する場合を含む。以下この条において同じ。）に規定する政令で定める給付の支給状況につき、厚生労働大臣若しくは当該他の法律に基づく共済組合又は同法第79条第6項に規定する政令で定める給付に係る制度の管掌機関に対し、必要な資料の提供を求めることができる。

（協力の要請）

統計法第29条　行政機関の長は、他の行政機関が保有する行政記録情報を用いることにより正確かつ効率的な統計の作成又は統計調査その他の統計を作成するための調査における被調査者の負担の軽減に相当程度寄与すると認めるときは、当該行政記録情報を保有する行政機関の長に対し、その提供を求めることができる。この場合において、行政記録情報の提供を求める行政機関の長は、当該行政記録情報を保有する行政機関の長に対し、利用目的その他の政令で定める事項を明示しなければならない。

2　行政機関の長は、前項に定めるもののほか、基幹統計調査を円滑に行うためその他基幹統計を作成するため必要があると認めるときは、他の行政機関の長に対し、必要な資料の提供、調査、報告その他の協力を求めることができる。

3　行政機関の長は、前項の規定による求めを行った場合において、他の行政機関の長の協力が得られなかったときは、総務大臣に対し、その旨を通知するものとする。

統計法第31条　総務大臣は、第29条第3項又は前条第2項の規定による通知があった場合において、基幹統計調査を円滑に行うためその他基幹統計を作成するため必要があると認めるときは、当該基幹統計を作成する行政機関以外の行政機関の長、地方公共団体の長その他の執行機関、独立行政法人等その他の関係者又はその他の個人若しくは法人その他の団体に対し、当該基幹統計を作成する行政機関の長への必要な資料の提供、調査、報告その他の協力を行うよう求めることができる。

（機構が行う収納）

法第47条　厚生労働大臣は、会計法（昭和22年法律第35号）第7条第1項の規定にかかわらず、政令で定める場合における第31条第1項の規定による徴収金、年金生活者支援給付金の過誤払による返還金その他の厚生労働省令で定めるものの収納を、政令で定めるところにより、機構に行わせることができる。

2　国民年金法第109条の11第2項から第6項までの規定は、前項の規定による機構が行う収納について準用する。この場合において、必要な技術的読替えは、政令で定める。

（機構が収納を行う場合）

令第20条　法第47条第1項に規定する政令で定める場合は、次に掲げる場合とする。

一　法第31条第2項において準用する国民年金法第96条第2項の規定による督促を受けた者（次号及び第4号において「納付義務者」という。）が法第31条第1項の規定による徴収金の納付を日本年金機構法（平成19年法律第109号）第29条に規定する年金事務所（次条第2項において単に「年金事務所」という。）において行うことを希望する旨の申出があった場合

二　法第47条第2項において準用する国民年金法第109条の11第2項の規定により任命された法第47条第1項の収納を行う日本年金機構（以下「機構」という。）の職員（第4号及び第25条において「収

納職員」という。）であって併せて法第42条第１項の徴収職員として同条第２項において準用する国民年金法第109条の６第２項の規定により任命されたもの（以下この号及び次号において「収納・徴収職員」という。）が、法第31条第１項の規定による徴収金を徴収するため、納付義務者を訪問した際に、当該納付義務者が当該収納・徴収職員による法第31条第１項の規定による徴収金の収納を希望した場合

三 収納・徴収職員が、法第31条第１項の規定による徴収金を徴収するため法第41条第１項第６号に掲げる国税滞納処分の例による処分により金銭を取得した場合

四 前３号に掲げる場合のほか、法第31条第１項の規定による徴収金、年金生活者支援給付金の過誤払による返還金その他の厚生労働省令で定めるもの（以下「徴収金等」という。）の収納職員による収納が納付義務者の利便に資する場合その他の徴収金等の収納職員による収納が適切かつ効果的な場合として厚生労働省令で定める場合

（法第47条第１項に規定する厚生労働省令で定めるもの）

則第85条 法第47条第１項に規定する厚生労働省令で定めるものは、次のとおりとする。

一 徴収金（当該徴収金につき支払うべき利息があるときは、当該利息を含む。）

二 年金生活者支援給付金の過誤払による返還金（当該返還金につき支払うべき利息があるときは、当該利息を含む。）

（令第20条第４号に規定する厚生労働省令で定める場合）

則第86条 令第20条第４号に規定する厚生労働省令で定める場合は、次の各号に掲げる場合とする。

一 機構の職員が、徴収金等（令第20条第４号に規定する徴収金等をいう。以下同じ。）を納付しようとする納付義務者に対して、窓口での現金収納を原則として行わない旨の説明をしたにもかかわらず、納付義務者が徴収金等を納付しようとする場合

二 納付義務者が納入告知書又は納付書において指定する納付場所（年金事務所を除く。）での納付が困難であると認められる場合

（公示）

令第21条 厚生労働大臣は、法第47条第１項の規定により機構に徴収金等の収納を行わせることとしたときは、その旨を公示しなければならない。

2 機構は、前項の公示があったときは、遅滞なく、徴収金等の収納を行う年金事務所の名称及び所在地その他の徴収金等の収納に関し必要な事項として厚生労働省令で定めるものを公表しなければならない。これを変更したときも、同様とする。

（令第21条第２項に規定する厚生労働省令で定めるもの）

則第87条 令第21条第２項に規定する厚生労働省令で定めるものは、次の各号に掲げるものとする。

一 年金事務所の名称及び所在地

二 年金事務所で徴収金等の収納を実施する場合

（機構が行う収納について準用する国民年金法の規定の読替え）

令第22条 法第47条第２項の規定により国民年金法第109条の11第２項から第６項までの規定を準用する場合には、同条第２項中「前項」とあるのは「年金生活者支援給付金の支給に関する法律（平成24年法律第102号。以下「年金生活者支援給付金法」という。）第47条第１項」と、同条第３項及び第６項中「第１項」とあるのは「年金生活者支援給付金法第47条第１項」と読み替えるものとする。

（徴収金等の収納期限）

令第23条 機構において国の毎会計年度所属の徴収金等を収納するのは、翌年度の４月30日限りとする。

（機構による収納手続）

令第24条 機構は、徴収金等につき、法第47条第１項の規定による収納を行ったときは、当該徴収金等の納付をした者に対し、厚生労働省令で定めるところにより、領収証書を交付しなければならない。この場合において、機構は、厚生労働省令で定めるところにより、遅滞なく、当該収納を行った旨を

会計法（昭和22年法律第35号）第4条の2第3項に規定する歳入徴収官に報告しなければならない。

2　厚生労働大臣は、前項に規定する厚生労働省令を定めるときは、あらかじめ、財務大臣に協議しなければならない。

（領収証書等の様式）

則第88条　令第24条第1項の規定により交付する領収証書及び歳入徴収官（会計法（昭和22年法律第35号）第4条の2第3項に規定する歳入徴収官をいう。第97条において同じ。）へ報告する報告書は、様式第4号〔156頁参照〕による。

（徴収金等の日本銀行への送付）

則第89条　機構は、法第47条第1項の規定により徴収金等を収納したときは、送付書（様式第5号〔157頁参照〕）を添え、これを現金収納の日又はその翌日（当該翌日が日曜日、土曜日、国民の祝日に関する法律（昭和23年法律第178号）に規定する休日、1月2日、同月3日、12月29日、同月30日又は同月31日に当たるときは、これらの日の翌日を当該翌日とみなす。）において、日本銀行（本店、支店、代理店又は歳入代理店をいう。）に送付しなければならない。

（帳簿の備付け）

令第25条　機構は、収納職員による徴収金等の収納及び当該収納をした徴収金等の日本銀行への送付に関する帳簿を備え、当該徴収金等の収納及び送付に関する事項を記録しなければならない。

（帳簿の備付け）

則第90条　令第25条に規定する帳簿は、様式第6号〔158頁参照〕によるものとし、収納職員（令第20条第2号に規定する収納職員をいう。以下同じ。）ごとに、徴収金等の収納及び送付の都度、直ちにこれを記録しなければならない。

（厚生労働省令への委任）

令第26条　第20条から前条までに定めるもののほか、法第47条の規定により機構が行う収納について必要な事項は、厚生労働省令で定める。

2　厚生労働大臣は、前項に規定する厚生労働省令を定めるときは、あらかじめ、財務大臣に協議しなければならない。

（徴収職員による歳入金以外の金銭等の受領）

則第91条　徴収職員（法第42条第1項の徴収職員をいう。以下同じ。）は、徴収金等を徴収するため第三債務者、公売に付す財産の買受人等から歳入金以外の金銭を受領することができる。

2　徴収職員は、前項の規定により歳入金以外の金銭を受領したときは、領収証を交付しなければならない。

3　国税通則法第55条の規定に基づき、徴収職員は納付義務者から有価証券の納付委託を受けたときは、有価証券の取立てに要する費用の額に相当する金銭を受領するものとする。

4　徴収職員は、前項の規定により有価証券の取立てに要する費用の額に相当する金銭を受領したときは、領収証を交付しなければならない。ただし、徴収職員が国税通則法第55条の規定による納付受託証書に当該金銭を受領したことを記載したときは、この限りでない。

5　第2項又は前項の規定により交付する領収証は、様式第7号〔159頁参照〕による。

（現金の保管等）

則第92条　収納職員がその手許に保管する現金は、これを堅固な容器の中に保管しなければならない。

2　収納職員は、その取扱いに係る現金を、私金と混同してはならない。

（証券の取扱い）

則第93条　収納職員は、法令の規定により現金に代え証券を受領したときは、現金に準じその取扱いをしなければならない。

（収納に係る事務の実施状況等の報告）

則第94条　法第47条第2項において準用する国民年金法第109条の11第4項の収納に係る事務の実施状

況及びその結果の報告は、毎月10日までに、徴収金等収納状況報告書（様式第8号）〔160頁参照〕により行わなければならない。

（帳簿金庫の検査）

則第95条 機構の理事長は、毎年3月31日（同日が土曜日に当たるときはその前日とし、同日が日曜日に当たるときはその前々日とする。）又は収納職員が交替するとき、若しくはその廃止があったときは、年金事務所ごとに機構の職員のうちから検査員を命じて、当該収納職員の帳簿金庫を検査させなければならない。

2 機構の理事長は、必要があると認めるときは、随時、年金事務所ごとに機構の職員のうちから検査員を命じて、収納職員の帳簿金庫を検査させるものとする。

3 検査員は、前2項の検査をするときは、これを受ける収納職員その他適当な機構の職員を立ち会わせなければならない。

4 検査員は、収納職員の帳簿金庫を検査したときは、検査書2通を作成し、1通を当該収納職員に交付し、他の1通を機構の理事長に提出しなければならない。

5 検査員は、前項の検査書に記名して印を押すとともに、第3項の規定により立ち会った者に記名させ、かつ、印を押させるものとする。

（収納職員の交替等）

則第96条 収納職員が交替するときは、前任の収納職員は、交替の日の前日をもって、その月分の徴収金等収納簿の締切りをし、前条の規定による検査を受けた上、引継ぎの年月日を記入し、後任の収納職員とともに記名して認印を押さなければならない。

2 前任の収納職員は、様式第9号〔161頁参照〕の現金現在高調書及びその引き継ぐべき帳簿、証拠その他の書類の目録各2通を作成し、後任の収納職員の立会いの上現物に対照し、受渡しをした後、現金現在高調書及び目録に年月日及び受渡しを終えた旨を記入し、両収納職員において記名して認印を押し、各1通を保存しなければならない。

3 収納職員が廃止されるときは、廃止される収納職員は、前2項の規定に準じ、その残務を引き継ぐべき収納職員に残務の引継ぎの手続をしなければならない。

4 前任の収納職員又は廃止される収納職員が第1項及び第2項又は前項の規定による引継ぎの事務を行うことができないときは、機構の理事長が指定した職員がこれらの収納職員に係る引継ぎの事務を行うものとする。

（送付書の訂正等）

則第97条 機構は、令第24条第1項の規定による歳入徴収官への報告又は第89条に規定する送付書の記載事項に誤りがあるときは、日本銀行において当該年度所属の歳入金を受け入れることができる期限までに当該歳入徴収官又は日本銀行（本店、支店又は代理店をいう。次条において同じ。）にその訂正を請求しなければならない。

2 機構は、会計法第4条の2第3項に規定する歳入徴収官から、機構が収納した歳入金の所属年度、主管名、会計名又は取扱庁名について、誤びゅうの訂正の請求があったときは、これを訂正し、その旨を当該歳入徴収官に通知しなければならない。

（領収証書の亡失等）

則第98条 機構は、現金の送付に係る領収証書を亡失又は毀損した場合には、日本銀行からその送付済の証明を受けなければならない。

（情報の提供等）

則第99条 機構は、厚生労働大臣の求めに応じて、速やかに、年金生活者支援給付金の支給要件に該当する者に関する事項その他厚生労働大臣の権限の行使に関して必要な情報の提供を行うものとする。

（徴収金の還付請求）

則第100条　厚生労働大臣は、徴収金を納付した者が、納付義務のない徴収金を納付した場合においては、当該納付義務のない徴収金の額（以下この条において「過誤納額」という。）について、歳入徴収官事務規程（昭和27年大蔵省令第141号）第7条の規定に基づき調査決定し、当該納付義務のない徴収金を納付した者（以下この条において「納付した者」という。）に対し、過誤納額還付通知書を送付しなければならない。この場合において、還付する額は、納付した額のうち、同条の規定に基づき調査決定した時における過誤納額に相当する額とする。

2　前項に規定する過誤納額還付通知書に記載する事項は、次のとおりとする。

一　納付した者の氏名

二　過誤納に係る調査決定をした年月日

三　還付する額

四　還付する理由

五　その他必要な事項

3　第1項の還付を請求しようとする者（以下この項及び次項において「還付請求者」という。）は、次に掲げる事項を記載した請求書を厚生労働大臣に提出しなければならない。

一　還付請求者の氏名（還付請求者が納付した者の相続人である場合にあっては、還付請求者の氏名及び還付請求者と死亡した納付した者との身分関係）及び住所

二　納付した者の氏名

三　次のイ及びロに掲げる者の区分に応じ、当該イ及びロに定める事項

　　イ　第2条第1項第4号イ、第17条第1項第4号イ、第32条第1項第4号イ及び第47条第1項第4号イに規定する者　払渡希望金融機関の名称及び預金口座の口座番号

　　ロ　第2条第1項第4号ロ、第17条第1項第4号ロ、第32条第1項第4号ロ及び第47条第1項第4号ロに規定する者　払渡希望郵便貯金銀行の営業所等の名称及び所在地

四　その他必要な事項

4　前項の場合において、還付請求者が納付した者の相続人であるときは、次の各号に掲げる書類を添えなければならない。

一　納付した者の死亡を明らかにすることができる書類

二　先順位の相続人であることを明らかにすることができる書類

【参考条文】

（機構が行う収納）

国民年金法第109条の11　厚生労働大臣は、会計法第7条第1項の規定にかかわらず、政令で定める場合における保険料その他この法律の規定による徴収金、年金給付の過誤払による返還金その他の厚生労働省令で定めるもの（以下この条において「保険料等」という。）の収納を、政令で定めるところにより、機構に行わせることができる。

2　前項の収納を行う機構の職員は、収納に係る法令に関する知識並びに実務に必要な知識及び能力を有する機構の職員のうちから、厚生労働大臣の認可を受けて、機構の理事長が任命する。

3　機構は、第1項の規定により保険料等の収納をしたときは、遅滞なく、これを日本銀行に送付しなければならない。

4　機構は、厚生労働省令で定めるところにより、収納に係る事務の実施状況及びその結果を厚生労働大臣に報告するものとする。

5　機構は、前2項に定めるもののほか、厚生労働大臣が定める収納に係る事務の実施に関する規程に従つて収納を行わなければならない。

6　前各項に定めるもののほか、第1項の規定による保険料等の収納について必要な事項は、政令で定める。

（機構が行う滞納処分等に係る認可等）

国民年金法第109条の6

2　前項の徴収職員は、滞納処分等に係る法令に関する知識並びに実務に必要な知識及び能力を有する機構の職員のうちから、厚生労働大臣の認可を受けて、機構の理事長が任命する。

会計法第4条の2　各省各庁の長は、政令の定めるところにより、当該各省各庁所属の職員にその所掌の歳入の徴収に関する事務を委任することができる。

②　各省各庁の長は、必要があるときは、政令の定めるところにより、他の各省各庁所属の職員に前項の事務を委任することができる。

③　各省各庁の長は、必要があるときは、政令の定めるところにより、当該各省各庁所属の職員又は他の各省各庁所属の職員に、歳入徴収官（各省各庁の長又は第1項若しくは前項の規定により委任された職員をいう。以下同じ。）の事務の一部を分掌させることができる。

会計法第7条　歳入は、出納官吏でなければ、これを収納することができない。但し、出納員に収納の事務を分掌させる場合又は日本銀行に収納の事務を取り扱わせる場合はこの限りでない。

②　出納官吏又は出納員は、歳入の収納をしたときは、遅滞なく、その収納金を日本銀行に払い込まなければならない。

（納付委託）

国税通則法第55条　納税者が次に掲げる国税を納付するため、国税の納付に使用することができる証券以外の有価証券を提供して、その証券の取立てとその取り立てた金銭による当該国税の納付を委託しようとする場合には、税務署（第43条第1項ただし書、第3項若しくは第4項又は第44条第1項（国税の徴収の所轄庁）の規定により税関長又は国税局長が国税の徴収を行う場合には、その税関又は国税局。以下この条において同じ。）の当該職員は、その証券が最近において確実に取り立てることができるものであると認められるときに限り、その委託を受けることができる。この場合において、その証券の取立てにつき費用を要するときは、その委託をしようとする者は、その費用の額に相当する金額をあわせて提供しなければならない。

一　納税の猶予又は滞納処分に関する猶予に係る国税

二　納付の委託をしようとする有価証券の支払期日以後に納期限の到来する国税

三　前2号に掲げる国税のほか、滞納に係る国税で、その納付につき納税者が誠実な意思を有し、かつ、その納付の委託を受けることが国税の徴収上有利と認められるもの

2　税務署の当該職員は、前項の委託を受けたときは、納付受託証書を交付しなければならない。

3　第1項の委託があつた場合において、必要があるときは、税務署の当該職員は、確実と認める金融機関にその取立て及び納付の再委託をすることができる。

4　第1項の委託があつた場合において、その委託に係る有価証券の提供により同項第1号に掲げる国税につき国税に関する法律の規定による担保の提供の必要がないと認められるに至つたときは、その認められる限度において当該担保の提供があつたものとすることができる。

（調査決定の変更等）

歳入徴収官事務規程第7条　歳入徴収官は、調査決定をした後において、当該調査決定をした金額（以下「徴収決定済額」という。）につき、法令の規定又は調査決定もれその他の誤びゆう等特別の事由により変更しなければならないときは、直ちにその変更の事由に基く増加額又は減少額に相当する金額について調査決定をしなければならない。

2　歳入徴収官は、納入者の住所の変更、各省各庁の所掌事務の異動又は各省各庁の内部における所掌事務の異動その他の事情により、調査決定をした歳入の徴収に関する事務を他の歳入徴収官から引継を受け、又は他の歳入徴収官に引き継いだときは、直ちにその引継に係る増加額又は減少額に相当する金額について調査決定をしなければならない。

3　歳入徴収官は、納入者が、誤つて納付義務のない歳入金を納付し、又は徴収決定済額をこえた金

額の歳入金を納付した場合においては、その納付した金額について徴収決定外誤納として調査決定をしなければならない。

（情報の提供等）

法第48条　機構は、厚生労働大臣に対し、厚生労働省令で定めるところにより、年金生活者支援給付金の支給に関する事項その他厚生労働大臣の権限の行使に関して必要な情報の提供を行うものとする。

2　厚生労働大臣及び機構は、この法律に基づく年金生活者支援給付金の支給に関する事業が、適正かつ円滑に行われるよう、必要な情報交換を行うことその他相互の密接な連携の確保に努めるものとする。

（政令への委任）

法第49条　この法律に規定するもののほか、年金生活者支援給付金の支給手続その他年金生活者支援給付金に関し必要な事項は、政令で定める。

（経過措置）

法第50条　この法律の規定に基づき命令を制定し、又は改廃する場合においては、その命令で、その制定又は改廃に伴い合理的に必要とされる範囲内において、所要の経過措置（罰則に関する経過措置を含む。）を定めることができる。

（罰則）

法第51条　偽りその他不正の手段により年金生活者支援給付金の支給を受けた者は、3年以下の懲役又は100万円以下の罰金に処する。ただし、刑法（明治40年法律第45号）に正条があるときは、刑法による。

法第52条　第35条第2項の規定に違反して届出をしなかった戸籍法の規定による死亡の届出義務者は、10万円以下の過料に処する。

附　則　抄

（施行期日）
法附第１条　この法律は、社会保障の安定財源の確保等を図る税制の抜本的な改革を行うための消費税法の一部を改正する等の法律（平成24年法律第68号）附則第１条第２号に掲げる規定の施行の日から施行する。ただし、次の各号に掲げる規定は、当該各号に定める日から施行する。
一　次条並びに附則第３条及び第23条の規定　公布の日
二　附則第５条第１項の規定　この法律の施行の日（以下「施行日」という。）前の政令で定める日

年金生活者支援給付金の支給に関する法律の一部の施行期日を定める政令（平成30年政令第363号）
　年金生活者支援給付金の支給に関する法律附則第１条第２号に掲げる規定の施行期日は、平成31年４月１日とする。

【参考条文】
　（施行期日）
　社会保障の安定財源の確保等を図る税制の抜本的な改革を行うための消費税法の一部を改正する等の法律附則第１条　この法律は、平成26年４月１日から施行する。ただし、次の各号に掲げる規定は、当該各号に定める日から施行する。
　二　第３条の規定及び附則第15条から第16条の２までの規定　令和元年10月１日

（準備行為）
法附第２条　厚生労働大臣、市町村長及び機構は、施行日前においても、この法律に基づく年金生活者支援給付金の支給に関する事業の実施に必要な準備行為をすることができる。

（検討）
法附第３条　年金生活者支援給付金の額その他の事項については、低所得である高齢者等の生活状況、低所得者対策の実施状況及び国民年金法第27条本文に規定する老齢基礎年金の額等を勘案し、総合的に検討が加えられ、その結果に応じて所要の見直しを行うものとする。

（財源の確保）
法附第４条　年金生活者支援給付金の支給に要する費用の財源は、社会保障の安定財源の確保等を図る税制の抜本的な改革を行うための消費税法の一部を改正する等の法律の施行により増加する消費税の収入を活用して、確保するものとする。

（年金生活者支援給付金の認定の請求等に関する経過措置）
法附第５条　施行日において年金生活者支援給付金の支給要件に該当すべき者（施行日において当該支給要件を満たすこととなる者を除く。）は、施行日前においても、施行日にその要件に該当することを条件として、当該年金生活者支援給付金について第５条第１項、第12条第１項、第17条第１項又は第22条第１項の規定による認定の請求の手続をとることができる。
２　前項の手続をとった者が、この法律の施行の際当該手続に係る年金生活者支援給付金の支給要件に該当しているときは、その者に対する当該年金生活者支援給付金の支給は、第６条第１項（第14条、第19条及び第24条において準用する場合を含む。）の規定にかかわらず、施行日の属する月から始める。

3 次の各号に掲げる者が、施行日から起算して3月を経過する日までの間に第5条第1項、第12条第1項、第17条第1項又は第22条第1項の規定による認定の請求をしたときは、その者に対する年金生活者支援給付金の支給は、第6条第1項（第14条、第19条及び第24条において準用する場合を含む。）の規定にかかわらず、それぞれ当該各号に定める月から始める。

一　施行日において年金生活者支援給付金の支給要件に該当している者（施行日において当該支給要件を満たすこととなった者を除く。）　施行日の属する月

二　施行日以後施行日から起算して2月を経過する日までの間に年金生活者支援給付金の支給要件を満たすこととなった者　その者が当該認定の請求に係る年金生活者支援給付金の支給要件を満たすこととなった日の属する月の翌月

（厚生労働大臣の市町村に対する資料の提供の求め）

年金生活者支援給付金の支給に関する法律の一部の施行に伴う経過措置に関する政令（平成28年政令第211号）第1条　厚生労働大臣は、年金生活者支援給付金の支給に関する法律（以下「法」という。）第25条第1項に規定する年金生活者支援給付金（次条第1項及び第4条において「年金生活者支援給付金」という。）の速やかな支給のため必要があると認めるときは、支給要件調査対象者又は支給要件調査対象者の属する世帯の世帯主その他その世帯に属する者の収入の状況につき、市町村（特別区を含む。以下同じ。）に対し資料の提供を求めることができる。

2　前項の支給要件調査対象者は、平成31年4月1日において次の各号のいずれかに該当する者とする。

一　国民年金法（昭和34年法律第141号）による老齢基礎年金（次に掲げる年金たる給付を含む。以下この号において同じ。）の受給権者（65歳に達している者に限り、厚生労働省令で定める日までに当該老齢基礎年金の受給権者となると見込まれる者を含む。）

イ　国民年金法等の一部を改正する法律（昭和60年法律第34号。ロ、ハ及びチにおいて「昭和60年国民年金等改正法」という。）第1条の規定による改正前の国民年金法（以下この項において「旧国民年金法」という。）による老齢年金（旧国民年金法附則第9条の3第1項の規定に該当することにより支給される老齢年金及び老齢福祉年金を除く。）及び通算老齢年金

ロ　昭和60年国民年金等改正法第3条の規定による改正前の厚生年金保険法（昭和29年法律第115号。次号において「旧厚生年金保険法」という。）による老齢年金及び通算老齢年金

ハ　昭和60年国民年金等改正法第5条の規定による改正前の船員保険法（昭和14年法律第73号。次号において「旧船員保険法」という。）による老齢年金及び通算老齢年金

ニ　国家公務員等共済組合法等の一部を改正する法律（昭和60年法律第105号。以下この号において「昭和60年国共済改正法」という。）第1条の規定による改正前の国家公務員等共済組合法（昭和33年法律第128号。次号において「旧国共済法」という。）及び昭和60年国共済改正法第2条の規定による改正前の国家公務員等共済組合法の長期給付に関する施行法（昭和33年法律第129号）による退職年金、減額退職年金及び通算退職年金

ホ　地方公務員等共済組合法等の一部を改正する法律（昭和60年法律第108号。以下この号において「昭和60年地共済改正法」という。）第1条の規定による改正前の地方公務員等共済組合法（昭和37年法律第152号。次号において「旧地共済法」という。）及び昭和60年地共済改正法第2条の規定による改正前の地方公務員等共済組合法等の長期給付等に関する施行法（昭和37年法律第153号）による退職年金、減額退職年金及び通算退職年金

ヘ　私立学校教職員共済組合法等の一部を改正する法律（昭和60年法律第106号）第1条の規定による改正前の私立学校教職員共済組合法（昭和28年法律第245号。次号において「旧私学共済法」という。）による退職年金、減額退職年金及び通算退職年金

ト　厚生年金保険制度及び農林漁業団体職員共済組合制度の統合を図るための農林漁業団体職員共済組合法等を廃止する等の法律（平成13年法律第101号）附則第16条第6項に規定する移行農林年

金（次号において「移行農林年金」という。）のうち退職年金、減額退職年金及び通算退職年金

　　チ　平成24年一元化法改正前共済年金（被用者年金制度の一元化等を図るための厚生年金保険法等の一部を改正する法律（平成24年法律第63号。以下このチにおいて「平成24年一元化法」という。）附則第37条第1項に規定する改正前国共済法による年金である給付、平成24年一元化法附則第61条第1項に規定する改正前地共済法による年金である給付及び平成24年一元化法附則第79条に規定する改正前私学共済法による年金である給付をいう。）のうち退職共済年金（昭和60年国民年金等改正法附則第31条第1項に規定する者に支給されるものに限る。）

　二　国民年金法による障害基礎年金（次に掲げる年金たる給付を含む。）の受給権者

　　イ　旧国民年金法による障害年金

　　ロ　旧厚生年金保険法による障害年金（障害の程度が旧厚生年金保険法別表第一に定める1級又は2級に該当する者に支給されるものに限る。）

　　ハ　旧船員保険法による障害年金（職務上の事由によるものについては障害の程度が旧船員保険法別表第四の上欄に定める1級から5級までのいずれかに該当する者に支給されるものに限り、職務外の事由によるものについては障害の程度が同表の下欄に定める1級又は2級に該当する者に支給されるものに限る。）

　　ニ　旧国共済法による障害年金（障害の程度が旧国共済法別表第三に定める1級又は2級に該当する者に支給されるものに限る。）

　　ホ　旧地共済法による障害年金（障害の程度が旧地共済法別表第三に定める1級又は2級に該当する者に支給されるものに限る。）

　　ヘ　旧私学共済法による障害年金（障害の程度が旧私学共済法第25条第1項において準用する旧国共済法別表第三に定める1級又は2級に該当する者に支給されるものに限る。）

　　ト　移行農林年金のうち障害年金（障害の程度が農林漁業団体職員共済組合法の一部を改正する法律（昭和60年法律第107号）による改正前の農林漁業団体職員共済組合法（昭和33年法律第99号）別表第二に定める1級又は2級に該当する者に支給されるものに限る。）

　三　国民年金法による遺族基礎年金の受給権者

（経過措置政令第1条第2項第1号に規定する厚生労働省令で定める日）

年金生活者支援給付金の支給に関する法律の一部の施行に伴う経過措置に関する省令（平成28年厚生労働省令第97号）第1条　年金生活者支援給付金の支給に関する法律の一部の施行に伴う経過措置に関する政令（平成28年政令第211号。以下「経過措置政令」という。）第1条第2項第1号に規定する厚生労働省令で定める日は、同条第1項の規定による求めを行う日の属する年の翌年の6月末日とする。

（厚生労働大臣の市町村に対する通知）

年金生活者支援給付金の支給に関する法律の一部の施行に伴う経過措置に関する政令（平成28年政令第211号）第2条　厚生労働大臣は、前条第1項の規定による求めを行うときは、平成31年5月31日までに支給要件調査対象者（同条第2項に規定する支給要件調査対象者をいう。以下この項及び次条第1項において同じ。）が同年4月1日において住所を有する市町村に対し、当該支給要件調査対象者の氏名及び住所、支給要件に係る調査の対象となる年金生活者支援給付金の種類その他厚生労働省令で定める事項を通知してするものとする。

2　前項の場合においては、厚生労働大臣は、国民健康保険法（昭和33年法律第192号）第45条第6項に規定する厚生労働大臣が指定する法人（以下この項及び次条第7項において「指定法人」という。）及び同法第45条第5項に規定する国民健康保険団体連合会（次条第7項において「連合会」という。）の順に経由して行われるよう指定法人に伝達することにより、これらを経由して当該通知を行うものとする。

（経過措置政令第2条第1項に規定する厚生労働省令で定める事項）

年金生活者支援給付金の支給に関する法律の一部の施行に伴う経過措置に関する省令（平成28年厚生労働省令第97号）第2条　経過措置政令第2条第1項（経過措置政令第5条第2項において準用する場合を含む。）に規定する厚生労働省令で定める事項は、国民年金法（昭和34年法律第141号）第14条に規定する基礎年金番号とする。

（市町村の厚生労働大臣に対する情報の提供）

年金生活者支援給付金の支給に関する法律の一部の施行に伴う経過措置に関する政令（平成28年政令第211号）第3条　市町村は、前条第1項の規定による通知を受けたときは、厚生労働大臣に対し、次の各号に掲げる区分に応じ、それぞれ当該各号に掲げる事項について情報の提供を行うものとする。

一　老齢年金生活者支援給付金又は補足的老齢年金生活者支援給付金の支給に関し求めがあったとき　次に掲げる事項

　　イ　支給要件調査対象者（第1条第2項第1号に該当する者に限る。ロにおいて同じ。）の平成30年中の法第2条第1項に規定する公的年金等の収入金額と同年の所得との合計額

　　ロ　支給要件調査対象者及び平成31年4月1日において支給要件調査対象者の属する世帯の世帯主その他その世帯に属する者に係る平成31年度分の地方税法（昭和25年法律第226号）第5条第2項第1号に掲げる市町村民税（特別区が同法第1条第2項の規定によって課する同号に掲げる税を含む。次項及び第3項において同じ。）が課されていない者であるか否かの別

二　障害年金生活者支援給付金又は遺族年金生活者支援給付金の支給に関し求めがあったとき　次に掲げる事項

　　イ　支給要件調査対象者（第1条第2項第2号又は第3号に該当する者に限る。ロにおいて同じ。）の平成30年の所得の額

　　ロ　支給要件調査対象者の扶養親族等（法第15条第1項に規定する扶養親族等をいう。以下この項において同じ。）の有無及び数（当該扶養親族等が所得税法（昭和40年法律第33号）に規定する同一生計配偶者（70歳以上の者に限る。）、老人扶養親族、特定扶養親族又は控除対象扶養親族（19歳未満の者に限る。）であるときは、それぞれそれらの者の数）

2　前項第1号イに規定する所得は、市町村民税についての地方税法その他の市町村民税に関する法令の規定による非課税所得以外の所得とする。

3　第1項第1号イに規定する所得の額は、平成31年度分の市町村民税に係る地方税法第292条第1項第13号に規定する合計所得金額から所得税法第35条第2項第1号に掲げる金額を控除して得た額（その額が零を下回る場合には、零とする。）とする。

4　第1項第2号イに規定する所得は、地方税法第4条第2項第1号に掲げる道府県民税（都が同法第1条第2項の規定によって課する同号に掲げる税を含む。以下この項から第6項までにおいて同じ。）についての同法その他の道府県民税に関する法令の規定による非課税所得以外の所得とする。

5　第1項第2号イに規定する所得の額は、平成31年度分の道府県民税に係る地方税法第32条第1項に規定する総所得金額、退職所得金額及び山林所得金額、同法附則第33条の3第1項に規定する土地等に係る事業所得等の金額、同法附則第34条第1項に規定する長期譲渡所得の金額、同法附則第35条第1項に規定する短期譲渡所得の金額、同法附則第35条の4第1項に規定する先物取引に係る雑所得等の金額、外国居住者等の所得に対する相互主義による所得税等の非課税等に関する法律（昭和37年法律第144号）第8条第2項（同法第12条第5項及び第16条第2項において準用する場合を含む。）に規定する特例適用利子等の額、同法第8条第4項（同法第12条第6項及び第16条第3項において準用する場合を含む。）に規定する特例適用配当等の額、租税条約等の実施に伴う所得税法、法人税法及び地方税法の特例等に関する法律（昭和44年法律第46号）第3条の2の2第4項に規定する条約適用利子等の額並びに同条第6項に規定する条約適用配当等の額の合計額とする。

6　次の各号に該当する者については、当該各号に掲げる額を前項の規定によって計算した額からそれぞれ控除するものとする。

一　平成31年度分の道府県民税につき、地方税法第34条第１項第１号から第４号まで又は第10号の２に規定する控除を受けた者については、当該雑損控除額、医療費控除額、社会保険料控除額、小規模企業共済等掛金控除額又は配偶者特別控除額に相当する額

二　平成31年度分の道府県民税につき、地方税法第34条第１項第６号に規定する控除を受けた者については当該控除の対象となった障害者（国民年金法第30条の４の規定による障害基礎年金（当該障害基礎年金の全額につき支給を停止されているものを除く。）の受給権者を除く。）１人につき27万円（当該障害者が同号に規定する特別障害者である場合には、40万円）、同項第８号に規定する控除を受けた者については当該控除を受けた者につき27万円（当該控除を受けた者が地方税法第34条第３項に規定する寡婦である場合には、35万円）、地方税法第34条第１項第９号に規定する控除を受けた者については当該控除を受けた者につき27万円

三　平成31年度分の道府県民税につき、地方税法附則第６条第１項に規定する免除を受けた者については、当該免除に係る所得の額

7　前条第１項の通知を受けた場合における第１項の規定による情報の提供は、連合会及び指定法人の順に経由して行われるよう連合会に伝達することにより、これらを経由して、厚生労働省令で定める期日までに行うものとする。

（経過措置政令第３条第７項に規定する厚生労働省令で定める期日）

年金生活者支援給付金の支給に関する法律の一部の施行に伴う経過措置に関する省令（平成28年厚生労働省令第97号）第３条　経過措置政令第３条第７項に規定する厚生労働省令で定める期日は、経過措置政令第２条第１項の規定による通知を受けた日の属する年の７月31日とする。

（認定の請求に関する情報の提供）

年金生活者支援給付金の支給に関する法律の一部の施行に伴う経過措置に関する政令（平成28年政令第211号）第４条　厚生労働大臣は、法の施行の日までに、年金生活者支援給付金の速やかな支給のため、前条第１項の規定による情報により年金生活者支援給付金の支給要件に該当する蓋然性が高いと認められる者に対し、法第５条第１項、第12条第１項、第17条第１項又は第22条第１項の規定による認定の請求（次条において単に「認定の請求」という。）に関する情報を通知するものとする。

（認定の請求の手続を行おうとする者に対する相談等のための厚生労働大臣の市町村に対する資料の提供の求め等）

年金生活者支援給付金の支給に関する法律の一部の施行に伴う経過措置に関する政令（平成28年政令第211号）第５条　厚生労働大臣は、認定の請求の手続を行おうとする者（法附則第５条第１項の規定により法の施行の日前に認定の請求の手続を行おうとする者を含む。）に対する相談並びに情報の提供及び助言のため必要があると認めるときは、平成30年12月１日において第１条第２項各号のいずれかに該当する者又はその者の属する世帯の世帯主その他その世帯に属する者の収入の状況につき、市町村に対し資料の提供を求めることができる。

2　前項の規定による求めに係る厚生労働大臣の市町村に対する通知及び市町村の厚生労働大臣に対する情報の提供については、第２条及び第３条の規定を準用する。この場合において、第２条第１項中「平成31年５月31日」とあるのは「平成31年１月18日」と、「同年４月１日」とあるのは「平成30年12月１日」と、第３条第１項第１号イ中「平成30年」とあるのは「平成29年」と、同号ロ中「平成31年４月１日」とあるのは「平成30年12月１日」と、「平成31年度」とあるのは「平成30年度」と、同項第２号イ中「平成30年」とあるのは「平成29年」と、同条第３項、第５項及び第６項中「平成31年度」とあるのは「平成30年度」と読み替えるものとする。

（経過措置政令第５条第２項において準用する経過措置政令第３条第７項に規定する厚生労働省令で定める期日）

年金生活者支援給付金の支給に関する法律の一部の施行に伴う経過措置に関する省令（平成28年厚生労働省令第97号）第４条　経過措置政令第５条第２項において準用する経過措置政令第３条第７項

に規定する厚生労働省令で定める期日は、経過措置政令第5条第2項において準用する経過措置政令第2条第1項の通知を受けた日の属する年の3月15日とする。

（機構への厚生労働大臣の権限に係る事務の委任）

年金生活者支援給付金の支給に関する法律の一部の施行に伴う経過措置に関する政令（平成28年政令第211号）第6条　次に掲げる厚生労働大臣の権限に係る事務は、日本年金機構（次項及び次条において「機構」という。）に行わせるものとする。

一　第1条第1項及び前条第1項の規定による求め

二　第3条第1項（前条第2項において準用する場合を含む。）の規定による情報の受領

三　第4条の規定による通知

四　前3号に掲げるもののほか、この政令の実施に関し厚生労働省令で定める権限

2　国民年金法第109条の4第3項、第4項、第6項及び第7項の規定は、機構による前項各号に掲げる権限に係る事務の実施について準用する。この場合において、次の表の上欄に掲げる同条の規定中同表の中欄に掲げる字句は、それぞれ同表の下欄に掲げる字句に読み替えるものとする。

第3項	前項の規定による求めがあつた場合において必要があると認めるとき、又は機構	機構
	第1項各号	年金生活者支援給付金の支給に関する法律の一部の施行に伴う経過措置に関する政令（平成28年政令第211号。以下この条において「経過措置政令」という。）第6条第1項各号
	若しくは	又は
第4項	により第1項各号	により経過措置政令第6条第1項各号
	行つている第1項各号	行つている同条第1項各号
	するとき（次項に規定する場合を除く。）	するとき
第6項	により第1項各号	により経過措置政令第6条第1項各号
	行つている第1項各号	行つている同条第1項各号
第7項	前各項	経過措置政令第6条第1項並びに第3項、第4項及び前項
	第1項各号	同条第1項各号

（機構への事務の委託）

年金生活者支援給付金の支給に関する法律の一部の施行に伴う経過措置に関する政令（平成28年政令第211号）第7条　厚生労働大臣は、機構に、次に掲げる事務を行わせるものとする。

一　第2条第1項（第5条第2項において準用する場合を含む。）の規定による通知に係る事務（当該通知を除く。）

二　前号に掲げるもののほか、この政令の実施に関し厚生労働省令で定める事務

2　国民年金法第109条の10第2項及び第3項の規定は、前項の規定による機構への事務の委託について準用する。この場合において、同条第2項中「前項各号」とあるのは「年金生活者支援給付金の支給に関する法律の一部の施行に伴う経過措置に関する政令（平成28年政令第211号。次項において「経過措置政令」という。）第7条第1項各号」と、同条第3項中「前2項」とあるのは「経過措置政令第7条第1項各号及び前項」と、「第1項各号」とあるのは「同条第1項各号」と読み替えるものとする。

【参考条文】

〔以下の参考条文は施行日（令和元年10月1日）時点のもの〕

（国民年金原簿）

国民年金法第14条　厚生労働大臣は、国民年金原簿を備え、これに被保険者の氏名、資格の取得及び喪失、種別の変更、保険料の納付状況、基礎年金番号（政府管掌年金事業（政府が管掌する国民年金事業及び厚生年金保険事業をいう。）の運営に関する事務その他当該事業に関連する事務であつて厚生労働省令で定めるものを遂行するために用いる記号及び番号であつて厚生労働省令で定めるものをいう。）その他厚生労働省令で定める事項を記録するものとする。

国民年金法第30条の4　疾病にかかり、又は負傷し、その初診日において20歳未満であつた者が、障害認定日以後に20歳に達したときは20歳に達した日において、障害認定日が20歳に達した日後であるときはその障害認定日において、障害等級に該当する程度の障害の状態にあるときは、その者に障害基礎年金を支給する。

2　疾病にかかり、又は負傷し、その初診日において20歳未満であつた者（同日において被保険者でなかつた者に限る。）が、障害認定日以後に20歳に達したときは20歳に達した日後において、障害認定日が20歳に達した日後であるときはその障害認定日後において、その傷病により、65歳に達する日の前日までの間に、障害等級に該当する程度の障害の状態に該当するに至つたときは、その者は、その期間内に前項の障害基礎年金の支給を請求することができる。

3　第30条の2第3項の規定は、前項の場合に準用する。

（機構への厚生労働大臣の権限に係る事務の委任）

国民年金法第109条の4　次に掲げる厚生労働大臣の権限に係る事務（第3条第2項の規定により共済組合等が行うこととされたもの及び同条第3項の規定により市町村長が行うこととされたものを除く。）は、機構に行わせるものとする。ただし、第21号、第26号、第28号から第30号まで、第31号、第32号及び第35号に掲げる権限は、厚生労働大臣が自ら行うことを妨げない。

一　第7条第2項の規定による認定並びに附則第5条第1項及び第2項の規定による申出の受理

二　削除

三　第12条第4項（第105条第2項において準用する場合を含む。）の規定による報告の受理及び第12条第5項の規定による届出の受理

三の二　第12条の2第1項の規定による届出の受理

四　第13条第1項（附則第5条第4項において準用する場合を含む。）及び附則第7条の4第2項の規定による国民年金手帳の作成及び交付

四の二　第14条の2第1項（同条第2項において準用する場合を含む。）の規定による請求の受理

五　第16条（附則第9条の3の2第7項において準用する場合を含む。）の規定による請求の受理

六　第20条第2項の規定による申請の受理

七　第20条の2第1項の規定による申出の受理

八　第28条第1項（附則第9条の3第4項において準用する場合を含む。）の規定による申出の受理並びに附則第9条の2第1項（附則第9条の3第4項において準用する場合を含む。）及び第9条の2の2第1項の規定による請求の受理

九　第30条の2第1項及び第30条の4第2項の規定による請求の受理

十　第33条の2第4項の規定による認定

十一　第34条第2項及び第4項の規定による請求の受理

十二　第37条の2第3項（第49条第2項において準用する場合を含む。）の規定による認定

十三　第41条の2並びに第42条第1項及び第2項の規定による申請の受理

十四　第46条第1項の規定による申出の受理

十五　第87条の2第1項及び第3項の規定による申出の受理

十五の二　第89条第2項の規定による申出の受理

十六　第90条第1項、第90条の2第1項から第3項まで及び第90条の3第1項の規定による申請（第

109条の2第1項の規定による被保険者又は被保険者であつた者の委託に係る申請及び第109条の2の2第1項の規定による被保険者の委託に係る申請を含む。）の受理及び処分（これらの規定による指定を除く。）並びに第90条第3項（第90条の2第4項において準用する場合を含む。）の規定による申請の受理及び処分の取消し

十七　第92条の2の規定による申出の受理及び承認

十八　第92条の2の2第1項の規定による申出の受理及び同条第2項の規定による承認

十九　第92条の3第1項第3号の規定による申出の受理及び同条第4項の規定による届出の受理

二十　第92条の4第2項の規定による報告の受理

二十一　第92条の5第2項の規定による報告徴収及び同条第3項の規定による立入検査

二十二　第94条第1項の規定による承認

二十三　第95条の規定により国税徴収の例によるものとされる徴収に係る権限（国税通則法（昭和37年法律第66号）第42条において準用する民法第423条第1項の規定の例による納付義務者に属する権利の行使、国税通則法第46条の規定の例による納付の猶予その他の厚生労働省令で定める権限並びに次号に掲げる質問及び検査並びに捜索を除く。）

二十四　第95条の規定によりその例によるものとされる国税徴収法（昭和34年法律第147号）第141条の規定による質問及び検査並びに同法第142条の規定による捜索

二十五　第96条第4項の規定による国税滞納処分の例による処分及び同項の規定による市町村に対する処分の請求

二十六　第104条の規定による戸籍事項に関する証明書の受領

二十七　第105条第1項、第3項及び第4項（附則第9条の3の2第7項において準用する場合を含む。）の規定による届出の受理並びに第105条第3項の規定による書類その他の物件の受領

二十八　第106条第1項の規定による命令及び質問

二十九　第107条第1項（附則第9条の3の2第7項において準用する場合を含む。）の規定による命令及び質問並びに第107条第2項の規定による命令及び診断

三十　第108条第1項及び第2項の規定による書類の閲覧及び資料の提供の求め、同項の規定による報告の求め並びに同条第3項の規定による協力の求め並びに附則第8条の規定による資料の提供の求め（第26号に掲げる証明書の受領を除く。）

三十の二　第108条の2の2の規定による情報の受領

三十一　第108条の3第2項の規定による情報の提供の求め

三十二　第108条の4において読み替えて準用する住民基本台帳法第30条の39第1項の規定による報告の求め及び立入検査

三十三　第109条の2第1項の規定による指定の申請の受理

三十三の二　第109条の2の2第1項の規定による指定の申請の受理

三十四　前条第1項の規定による申請の受理

三十五　次条第2項の規定による報告の受理

三十五の二　附則第5条第5項の規定による申出の受理

三十六　附則第7条の3第2項の規定による届出の受理

三十七　附則第9条の3の2第1項の規定による請求の受理

三十七の二　附則第9条の4の2第1項の規定による届出の受理

三十七の三　附則第9条の4の3第1項の規定による承認

三十七の四　附則第9条の4の7第1項、第9条の4の9第1項、第9条の4の10第1項及び第9条の4の11第1項の規定による申出の受理並びに附則第9条の4の7第2項、第9条の4の9第2項、第9条の4の10第2項及び第9条の4の11第2項の規定による承認

三十八　前各号に掲げるもののほか、厚生労働省令で定める権限

2 機構は、前項第24号に掲げる権限及び同項第25号に掲げる国税滞納処分の例による処分（以下「滞納処分等」という。）その他同項各号に掲げる権限のうち厚生労働省令で定める権限に係る事務を効果的に行うため必要があると認めるときは、厚生労働省令で定めるところにより、厚生労働大臣に当該権限の行使に必要な情報を提供するとともに、厚生労働大臣自らその権限を行うよう求めることができる。

3 厚生労働大臣は、前項の規定による求めがあつた場合において必要があると認めるとき、又は機構が天災その他の事由により第1項各号に掲げる権限に係る事務の全部若しくは一部を行うことが困難若しくは不適当となつたと認めるときは、同項各号に掲げる権限の全部又は一部を自ら行うものとする。

4 厚生労働大臣は、前項の規定により第1項各号に掲げる権限の全部若しくは一部を自ら行うこととし、又は前項の規定により自ら行つている第1項各号に掲げる権限の全部若しくは一部を行わないこととするとき（次項に規定する場合を除く。）は、あらかじめ、その旨を公示しなければならない。

6 厚生労働大臣が、第3項の規定により第1項各号に掲げる権限の全部若しくは一部を自ら行うこととし、又は第3項の規定により自ら行つている第1項各号に掲げる権限の全部若しくは一部を行わないこととする場合における同項各号に掲げる権限に係る事務の引継ぎその他の必要な事項は、厚生労働省令で定める。

7 前各項に定めるもののほか、機構による第1項各号に掲げる権限に係る事務の実施又は厚生労働大臣による同項各号に掲げる権限の行使に関し必要な事項は、厚生労働省令で定める。

（機構への事務の委託）

国民年金法第109条の10 厚生労働大臣は、機構に、次に掲げる事務（第3条第2項の規定により共済組合等が行うこととされたもの及び同条第3項の規定により市町村長が行うこととされたものを除く。）を行わせるものとする。

一 第14条の規定による記録に係る事務（当該記録を除く。）

二 第14条の5の規定による情報の通知に係る事務（当該通知を除く。）

三 第16条（附則第9条の3の2第7項において準用する場合を含む。）の規定による裁定に係る事務（第109条の4第1項第5号に掲げる請求の受理及び当該裁定を除く。）

四 第19条第1項（附則第9条の3の2第7項において準用する場合を含む。）及び第3項の規定による請求の内容の確認に係る事務

五 第20条第1項及び第2項の規定による年金給付の支給の停止に係る事務（第109条の4第1項第6号に掲げる申請の受理及び当該支給の停止に係る決定を除く。）

六 第20条の2第1項及び第2項の規定による年金給付の支給の停止に係る事務（第109条の4第1項第7号に掲げる申出の受理及び当該支給の停止に係る決定を除く。）

七 第23条（附則第9条の3の2第7項において準用する場合を含む。）の規定による不正利得の徴収に係る事務（第109条の4第1項第23号から第25号までに掲げる権限を行使する事務及び次条第1項の規定により機構が行う収納、第96条第1項の規定による督促その他の厚生労働省令で定める権限を行使する事務並びに第31号及び第38号に掲げる事務を除く。）

八 第26条並びに附則第9条の2第3項（附則第9条の3第4項において準用する場合を含む。）、第9条の2の2第3項及び第9条の3第1項の規定による老齢基礎年金又は老齢年金の支給に係る事務（第109条の4第1項第8号に掲げる申出及び請求の受理並びに当該老齢基礎年金又は老齢年金の裁定を除く。）

九 第30条第1項、第30条の2第3項（第30条の4第3項において準用する場合を含む。）、第30条の3第1項、第30条の4第1項、第31条第1項及び第32条の規定による障害基礎年金の支給に係る事務（第109条の4第1項第9号に掲げる請求の受理及び当該障害基礎年金の裁定を除く。）

　　十　　第32条第１項、第36条第１項及び第２項、第36条の２第１項及び第４項、第36条の３第１項並びに第36条の４第１項及び第２項の規定による障害基礎年金の支給の停止に係る事務（当該支給の停止に係る決定を除く。）

　　十一　　第33条の２第２項及び第３項並びに第34条第１項の規定による障害基礎年金の額の改定に係る事務（第109条の４第１項第10号に掲げる認定及び同項第11号に掲げる請求の受理並びに当該改定に係る決定を除く。）

　　十二　　第37条の規定による遺族基礎年金の支給に係る事務（当該遺族基礎年金の裁定を除く。）

　　十三　　第39条第２項及び第３項並びに第39条の２第２項（第42条第３項において準用する場合を含む。）の規定による遺族基礎年金の額の改定に係る事務（当該改定に係る決定を除く。）

　　十四　　第41条、第41条の２並びに第42条第１項及び第２項の規定による遺族基礎年金の支給の停止に係る事務（第109条の４第１項第13号に掲げる申請の受理及び当該支給の停止に係る決定を除く。）

　　十五　　第43条の規定による付加年金の支給に係る事務（第109条の４第１項第14号に掲げる申出の受理及び当該付加年金の裁定を除く。）

　　十六　　第45条第２項の規定による付加年金の額の改定に係る事務（当該改定に係る決定を除く。）

　　十七　　第47条の規定による付加年金の支給の停止に係る事務（当該支給の停止に係る決定を除く。）

　　十八　　第49条第１項及び第52条の６の規定による寡婦年金の支給に係る事務（当該寡婦年金の裁定を除く。）

　　十九　　第52条の規定による寡婦年金の支給の停止に係る事務（当該支給の停止に係る決定を除く。）

　　二十　　第52条の２第１項及び第２項並びに第52条の６の規定による死亡一時金の支給に係る事務（当該死亡一時金の裁定を除く。）

　　二十一　　第69条の規定による障害基礎年金の支給に係る事務（当該障害基礎年金の裁定を除く。）

　　二十二　　第70条の規定による給付の支給に係る事務（当該給付の裁定を除く。）

　　二十三　　第71条第１項の規定による遺族基礎年金、寡婦年金又は死亡一時金の支給に係る事務（当該遺族基礎年金、寡婦年金又は死亡一時金の裁定を除く。）

　　二十四　　第72条の規定による年金給付の支給の停止に係る事務（当該支給の停止に係る決定を除く。）

　　二十五　　第73条の規定による年金給付の支払の一時差止めに係る事務（当該支払の一時差止めに係る決定を除く。）

　　二十六　　第87条第１項及び第92条の４第６項の規定による保険料の徴収に係る事務（第109条の４第１項第17号から第20号まで及び第23号から第25号までに掲げる権限を行使する事務並びに次条第１項の規定により機構が行う収納、第96条第１項の規定による督促その他の厚生労働省令で定める権限を行使する事務並びに第31号及び第38号に掲げる事務を除く。）

　　二十七　　第92条第１項の規定による保険料の通知に係る事務（当該通知を除く。）

　　二十八　　第92条の２の２第１項の規定による指定に係る事務（第109条の４第１項第18号に掲げる申出の受理及び当該指定を除く。）

　　二十九　　第92条の３第１項第２号の規定による指定に係る事務（第109条の４第１項第19号に掲げる申出の受理及び当該指定を除く。）

　　三十　　第92条の６第１項の規定による指定の取消しに係る事務（当該取消しを除く。）

　　三十一　　第96条第１項及び第２項の規定による督促に係る事務（当該督促及び督促状を発すること（督促状の発送に係る事務を除く。）を除く。）

　　三十二　　第97条第１項及び第４項の規定による延滞金の徴収に係る事務（第109条の４第１項第23号から第25号までに掲げる権限を行使する事務及び次条第１項の規定により機構が行う収納、第96条第１項の規定による督促その他の厚生労働省令で定める権限を行使する事務並びに前号及び第38号に掲げる事務を除く。）

三十三　第108条の3第1項の規定による統計調査に係る事務（第109条の4第1項第31号に掲げる情報の提供の求め並びに当該統計調査に係る企画及び立案、総合調整並びに結果の提供を除く。）

三十四　第108条の4において読み替えて準用する住民基本台帳法第30条の38第4項の規定による勧告及び同条第5項の規定による命令に係る事務（当該勧告及び命令を除く。）

三十五　第109条第2項の規定による認可及び同条第3項の規定による認可の取消しに係る事務（当該認可及び認可の取消しを除く。）

三十六　第109条の2第1項の規定による指定に係る事務（第109条の4第1項第33号に掲げる申請の受理及び当該指定を除く。）、第109条の2第4項の規定による情報の提供に係る事務（当該情報の提供を除く。）、同条第5項の規定による命令に係る事務（当該命令を除く。）及び同条第6項の規定による指定の取消しに係る事務（当該指定の取消しを除く。）

三十六の二　第109条の2の2第1項の規定による指定に係る事務（第109条の4第1項第33号の2に掲げる申請の受理及び当該指定を除く。）、第109条の2の2第4項の規定による命令に係る事務（当該命令を除く。）及び同条第5項の規定による指定の取消しに係る事務（当該指定の取消しを除く。）

三十七　第109条の3第1項の規定による指定に係る事務（第109条の4第1項第34号に掲げる申請の受理及び当該指定を除く。）、第109条の3第3項の規定による情報の提供に係る事務（当該情報の提供を除く。）、同条第4項の規定による命令に係る事務（当該命令を除く。）及び同条第5項の規定による指定の取消しに係る事務（当該指定の取消しを除く。）

三十八　第109条の4第1項第23号に規定する厚生労働省令で定める権限に係る事務（当該権限を行使する事務を除く。）

三十九　附則第7条の3第4項及び第9条の2の2第5項の規定による老齢基礎年金の額の改定に係る事務（第109条の4第1項第36号に掲げる届出の受理及び当該改定に係る決定を除く。）

四十　附則第9条の3の2第2項の規定による脱退一時金の支給に係る事務（第109条の4第1項第37号に掲げる請求の受理及び当該脱退一時金の裁定を除く。）

四十一　介護保険法第203条その他の厚生労働省令で定める法律の規定による求めに応じたこの法律の実施に関し厚生労働大臣が保有する情報の提供に係る事務（当該情報の提供及び厚生労働省令で定める事務を除く。）

四十二　前各号に掲げるもののほか、厚生労働省令で定める事務

2　厚生労働大臣は、機構が天災その他の事由により前項各号に掲げる事務の全部又は一部を実施することが困難又は不適当となつたと認めるときは、同項各号に掲げる事務の全部又は一部を自ら行うものとする。

3　前2項に定めるもののほか、機構又は厚生労働大臣による第1項各号に掲げる事務の実施に関し必要な事項は、厚生労働省令で定める。

（保険医療機関等の診療報酬）

国民健康保険法第45条

5　市町村及び組合は、前項の規定による審査及び支払に関する事務を都道府県の区域を区域とする国民健康保険団体連合会（加入している都道府県、市町村及び組合の数がその区域内の都道府県、市町村及び組合の総数の3分の2に達しないものを除く。）又は社会保険診療報酬支払基金法（昭和23年法律第129号）による社会保険診療報酬支払基金（以下「支払基金」という。）に委託することができる。

6　国民健康保険団体連合会は、前項の規定及び健康保険法第76条第5項の規定による委託を受けて行う診療報酬請求書の審査に関する事務のうち厚生労働大臣の定める診療報酬請求書の審査に係るものを、一般社団法人又は一般財団法人であつて、審査に関する組織その他の事項につき厚生労働省令で定める要件に該当し、当該事務を適正かつ確実に実施することができると認められるものと

して厚生労働大臣が指定するものに委託することができる。

（用語）

地方税法第1条

2　この法律中道府県に関する規定は都に、市町村に関する規定は特別区に準用する。この場合においては、「道府県」、「道府県税」、「道府県民税」、「道府県たばこ税」、「道府県知事」又は「道府県職員」とあるのは、それぞれ「都」、「都税」、「都民税」、「都たばこ税」、「都知事」又は「都職員」と、「市町村」、「市町村税」、「市町村民税」、「市町村たばこ税」、「市町村長」又は「市町村職員」とあるのは、それぞれ「特別区」、「特別区税」、「特別区民税」、「特別区たばこ税」、「特別区長」又は「特別区職員」と読み替えるものとする。

（都道府県が課することができる税目）

地方税法第4条　道府県税は、普通税及び目的税とする。

2　道府県は、普通税として、次に掲げるものを課するものとする。ただし、徴収に要すべき経費が徴収すべき税額に比して多額であると認められるものその他特別の事情があるものについては、この限りでない。

一　道府県民税

（市町村が課することができる税目）

地方税法第5条　市町村税は、普通税及び目的税とする。

2　市町村は、普通税として、次に掲げるものを課するものとする。ただし、徴収に要すべき経費が徴収すべき税額に比して多額であると認められるものその他特別の事情があるものについては、この限りでない。

一　市町村民税

（所得割の課税標準）

地方税法第32条　所得割の課税標準は、前年の所得について算定した総所得金額、退職所得金額及び山林所得金額とする。

（所得控除）

地方税法第34条　道府県は、所得割の納税義務者が次の各号に掲げる者のいずれかに該当する場合には、それぞれ当該各号に定める金額をその者の前年の所得について算定した総所得金額、退職所得金額又は山林所得金額から控除するものとする。

一　前年中に災害又は盗難若しくは横領（以下この号において「災害等」という。）により自己又は自己と生計を一にする配偶者その他の親族で政令で定めるものの有する資産（第32条第10項に規定する資産及び生活に通常必要でない資産として政令で定める資産を除く。）について損失を受けた場合（当該災害等に関連して政令で定めるやむを得ない支出をした場合を含む。）において、当該損失の金額（当該支出をした金額を含み、保険金、損害賠償金その他これらに類するものにより埋められた部分の金額を除く。以下この号において「損失の金額」という。）の合計額が、次に掲げる場合の区分に応じ、それぞれ次に定める金額を超える所得割の納税義務者　次に掲げる場合の区分に応じ、それぞれ次に定める金額を超える場合におけるその超える金額

イ　損失の金額に含まれる災害関連支出の金額（損失の金額のうち災害に直接関連して支出をした金額として政令で定める金額をいう。以下この号において同じ。）が5万円以下である場合（災害関連支出の金額がない場合を含む。）　当該納税義務者の前年の総所得金額、退職所得金額及び山林所得金額の合計額の10分の1に相当する金額

ロ　損失の金額に含まれる災害関連支出の金額が5万円を超える場合　損失の金額の合計額から災害関連支出の金額のうち5万円を超える部分の金額を控除した金額とイに定める金額とのいずれか低い金額

ハ　損失の金額が全て災害関連支出の金額である場合　5万円とイに定める金額とのいずれか低

　い金額

二　前年中に自己又は自己と生計を一にする配偶者その他の親族に係る医療費（医師又は歯科医師による診療又は治療、治療又は療養に必要な医薬品の購入その他医療又はこれに関連する人的役務の提供の対価のうち通常必要であると認められるものとして政令で定めるものをいう。）を支払い、その支払つた医療費の金額（保険金、損害賠償金その他これらに類するものにより埋められた部分の金額を除く。）の合計額が、前年の総所得金額、退職所得金額及び山林所得金額の合計額の100分の5に相当する金額（その金額が10万円を超える場合には、10万円）を超える所得割の納税義務者　その超える金額（その金額が200万円を超える場合には、200万円）

三　前年中に自己又は自己と生計を一にする配偶者その他の親族の負担すべき社会保険料（所得税法第74条第2項に規定する社会保険料（租税特別措置法第41条の7第2項において社会保険料とみなされる金銭の額を含む。）をいう。）を支払つた、又は給与から控除される所得割の納税義務者　その支払つた、又は給与から控除される金額

四　前年中に次に掲げる掛金を支払つた所得割の納税義務者　その支払つた金額の合計額

　イ　小規模企業共済法（昭和40年法律第102号）第2条第2項に規定する共済契約（政令で定めるものを除く。）に基づく掛金

　ロ　確定拠出年金法（平成13年法律第88号）第3条第3項第7号の2に規定する企業型年金加入者掛金又は同法第55条第2項第4号に規定する個人型年金加入者掛金

　ハ　条例の規定により地方公共団体が精神又は身体に障害のある者に関して実施する共済制度で政令で定めるものに係る契約に基づく掛金

六　障害者である所得割の納税義務者又は障害者である同一生計配偶者若しくは扶養親族を有する所得割の納税義務者　各障害者につき26万円（その者が特別障害者（障害者のうち、精神又は身体に重度の障害がある者で政令で定めるものをいう。第4項及び第9項並びに第37条において同じ。）である場合には、30万円）

八　寡婦又は寡夫である所得割の納税義務者　26万円

九　勤労学生である所得割の納税義務者　26万円

十の二　自己と生計を一にする配偶者（他の所得割の納税義務者の扶養親族とされる者並びに第32条第3項に規定する青色事業専従者に該当するもので同項に規定する給与の支払を受けるもの及び同条第4項に規定する事業専従者に該当するものを除くものとし、前年の合計所得金額が76万円未満であるものに限る。）で控除対象配偶者に該当しないものを有する所得割の納税義務者で、前年の合計所得金額が1,000万円以下であるもの（その配偶者がこの号に規定する所得割の納税義務者としてこの号の規定の適用を受けている者を除く。）　次に掲げるその配偶者の区分に応じ、それぞれ次に定める金額

　イ　前年の合計所得金額が45万円未満である配偶者　33万円

　ロ　前年の合計所得金額が45万円以上75万円未満である配偶者　38万円からその配偶者の前年の合計所得金額のうち38万円を超える部分の金額（当該超える部分の金額が5万円の整数倍の金額から3万円を控除した金額でないときは、5万円の整数倍の金額から3万円を控除した金額で当該超える部分の金額に満たないもののうち最も多い金額とする。）を控除した金額

　ハ　前年の合計所得金額が75万円以上である配偶者　3万円

3　所得割の納税義務者が、第23条第1項第11号に規定する寡婦のうち同号イに該当する者で、扶養親族である子を有し、かつ、前年の合計所得金額が500万円以下であるものである場合には、当該納税義務者に係る第1項第8号の金額は、30万円とする。

（市町村民税に関する用語の意義）

地方税法第292条　市町村民税について、次の各号に掲げる用語の意義は、それぞれ当該各号に定めるところによる。

十三　合計所得金額　第313条第8項及び第9項の規定による控除前の同条第1項の総所得金額、退職所得金額及び山林所得金額の合計額をいう。

（肉用牛の売却による事業所得に係る道府県民税及び市町村民税の課税の特例）

地方税法附則第6条　道府県は、昭和57年度から令和9年度までの各年度分の個人の道府県民税に限り、所得割の納税義務者が前年中に租税特別措置法第25条第1項各号に掲げる売却の方法により当該各号に定める肉用牛を売却し、かつ、その売却した肉用牛が全て同項に規定する免税対象飼育牛（次項において「免税対象飼育牛」という。）である場合（その売却した肉用牛の頭数の合計が1,500頭以内である場合に限る。）において、第45条の2第1項の規定による申告書（その提出期限後において道府県民税の納税通知書が送達される時までに提出されたもの及びその時までに提出された第45条の3第1項の確定申告書を含む。次項において同じ。）にその肉用牛の売却に係る同法第25条第1項に規定する事業所得の明細に関する事項の記載があるとき（これらの申告書にその記載がないことについてやむを得ない理由があると市町村長が認めるときを含む。次項において同じ。）は、当該事業所得に係る道府県民税の所得割の額として政令で定める額を免除するものとする。

（土地の譲渡等に係る事業所得等に係る道府県民税及び市町村民税の課税の特例）

地方税法附則第33条の3　道府県は、当分の間、道府県民税の所得割の納税義務者が前年中に租税特別措置法第28条の4第1項に規定する事業所得又は雑所得を有する場合には、当該事業所得及び雑所得については、第32条第1項及び第2項並びに第35条の規定にかかわらず、他の所得と区分し、前年中の当該事業所得及び雑所得の金額として政令で定めるところにより計算した金額（以下この項において「土地等に係る事業所得等の金額」という。）に対し、次に掲げる金額のうちいずれか多い金額に相当する道府県民税の所得割を課する。

一　土地等に係る事業所得等の金額（第3項第3号の規定により読み替えて適用される第34条の規定の適用がある場合には、その適用後の金額。次号において「土地等に係る課税事業所得等の金額」という。）の100分の4.8（当該納税義務者が指定都市の区域内に住所を有する場合には、100分の2.4）に相当する金額

二　土地等に係る課税事業所得等の金額につきこの項の規定の適用がないものとした場合に算出される道府県民税の所得割の額として政令で定めるところにより計算した金額の100分の110に相当する金額

（長期譲渡所得に係る道府県民税及び市町村民税の課税の特例）

地方税法附則第34条　道府県は、当分の間、道府県民税の所得割の納税義務者が前年中に租税特別措置法第31条第1項に規定する譲渡所得を有する場合には、当該譲渡所得については、第32条第1項及び第2項並びに第35条の規定にかかわらず、他の所得と区分し、前年中の長期譲渡所得の金額に対し、長期譲渡所得の金額（同法第33条の4第1項若しくは第2項、第34条第1項、第34条の2第1項、第34条の3第1項、第35条第1項、第35条の2第1項又は第36条の規定に該当する場合には、これらの規定の適用により同法第31条第1項に規定する長期譲渡所得の金額から控除する金額を控除した金額とし、これらの金額につき第3項第3号の規定により読み替えて適用される第34条の規定の適用がある場合には、その適用後の金額。次条第1項及び第2項並びに附則第34条の3第1項において「課税長期譲渡所得金額」という。）の100分の2（当該納税義務者が指定都市の区域内に住所を有する場合には、100分の1）に相当する金額に相当する道府県民税の所得割を課する。この場合において、長期譲渡所得の金額の計算上生じた損失の金額があるときは、道府県民税に関する規定の適用については、当該損失の金額は生じなかつたものとみなす。

（短期譲渡所得に係る道府県民税及び市町村民税の課税の特例）

地方税法附則第35条　道府県は、当分の間、所得割の納税義務者が前年中に租税特別措置法第32条第1項に規定する譲渡所得（同条第2項に規定する譲渡による所得を含む。）を有する場合には、当該譲渡所得については、第32条第1項及び第2項並びに第35条の規定にかかわらず、他の所得と区分し、

前年中の短期譲渡所得の金額に対し、課税短期譲渡所得金額（短期譲渡所得の金額（同法第33条の
4第1項若しくは第2項、第34条第1項、第34条の2第1項、第34条の3第1項、第35条第1項又
は第36条の規定に該当する場合には、これらの規定の適用により同法第32条第1項に規定する短期
譲渡所得の金額から控除する金額を控除した金額とし、これらの金額につき第4項第3号の規定に
より読み替えて適用される第34条の規定の適用がある場合には、その適用後の金額）をいう。）の
100分の3.6（当該納税義務者が指定都市の区域内に住所を有する場合には、100分の1.8）に相当する
金額に相当する道府県民税の所得割を課する。この場合において、短期譲渡所得の金額の計算上生
じた損失の金額があるときは、道府県民税に関する規定の適用については、当該損失の金額は生じ
なかつたものとみなす。

（先物取引に係る雑所得等に係る道府県民税及び市町村民税の課税の特例）

地方税法附則第35条の4　道府県は、当分の間、道府県民税の所得割の納税義務者が前年中に租税特
別措置法第41条の14第1項に規定する事業所得、譲渡所得又は雑所得を有する場合には、当該事業
所得、譲渡所得及び雑所得については、第32条第1項及び第2項並びに第35条の規定にかかわらず、
他の所得と区分し、前年中の当該事業所得の金額、譲渡所得の金額及び雑所得の金額として政令で
定めるところにより計算した金額（以下この項において「先物取引に係る雑所得等の金額」という。）
に対し、先物取引に係る課税雑所得等の金額（先物取引に係る雑所得等の金額（次項第3号の規定
により読み替えて適用される第34条の規定の適用がある場合には、その適用後の金額）をいう。）の
100分の2（当該納税義務者が指定都市の区域内に住所を有する場合には、100分の1）に相当する
金額に相当する道府県民税の所得割を課する。この場合において、先物取引に係る雑所得等の金額
の計算上生じた損失の金額があるときは、道府県民税に関する規定の適用については、当該損失の
金額は生じなかつたものとみなす。

（雑所得）

所得税法第35条　雑所得とは、利子所得、配当所得、不動産所得、事業所得、給与所得、退職所得、
山林所得、譲渡所得及び一時所得のいずれにも該当しない所得をいう。

2　雑所得の金額は、次の各号に掲げる金額の合計額とする。

一　その年中の公的年金等の収入金額から公的年金等控除額を控除した残額

二　その年中の雑所得（公的年金等に係るものを除く。）に係る総収入金額から必要経費を控除した
　金額

（事業から生ずる所得に対する特別徴収に係る住民税の特例等）

外国居住者等の所得に対する相互主義による所得税等の非課税等に関する法律第8条　住民税の納税
義務者が支払を受ける特定対象事業所得については、地方税法第24条第1項第5号及び第6号、第
32条第12項及び第13項、第71条の5、第71条の6、第71条の8から第71条の21まで、第71条の26か
ら第71条の42まで、第71条の47並びに第313条第12項及び第13項の規定は、適用しない。

2　道府県内に住所を有する個人が支払を受けるべき特定対象事業所得のうち、地方税法第23条第1
項第14号に掲げる利子等（同号ロに規定する国外一般公社債等の利子等及び同号ニに規定する国外
私募公社債等運用投資信託等の配当等を除く。）に該当するものであつて前項の規定の適用を受ける
もの（以下この条において「特例適用利子等」という。）については、同法第32条第1項及び第2項
並びに第35条の規定にかかわらず、他の所得と区分し、その前年中の当該特例適用利子等に係る利
子所得の金額、配当所得の金額、譲渡所得の金額、一時所得の金額及び雑所得の金額の合計額（以
下この項及び第7項において「特例適用利子等の額」という。）に対し、特例適用利子等の額（次項
第4号の規定により読み替えられた同法第34条の規定の適用がある場合には、その適用後の金額）
に100分の2（当該個人が地方自治法（昭和22年法律第67号）第252条の19第1項の市（以下この条
において「指定都市」という。）の区域内に住所を有する場合には、100分の1）の税率を乗じて計
算した金額に相当する道府県民税の所得割（地方税法第23条第1項第2号に掲げる所得割をいう。

以下「道府県民税の所得割」という。）を課する。

4　道府県内に住所を有する個人が支払を受けるべき特定対象事業所得のうち、地方税法第23条第1項第15号に掲げる特定配当等に該当するものであつて第1項の規定の適用を受けるもの（以下この条において「特例適用配当等」という。）については、同法第32条第1項及び第2項並びに第35条の規定にかかわらず、他の所得と区分し、その前年中の当該特例適用配当等に係る利子所得の金額、配当所得の金額及び雑所得の金額の合計額（以下この項及び第九項において「特例適用配当等の額」という。）に対し、特例適用配当等の額（第6項第4号の規定により読み替えられた同法第34条の規定の適用がある場合には、その適用後の金額）に100分の2（当該個人が指定都市の区域内に住所を有する場合には、100分の1）の税率を乗じて計算した金額に相当する道府県民税の所得割を課する。

（国際運輸業に係る所得に対する事業税の非課税等）

外国居住者等の所得に対する相互主義による所得税等の非課税等に関する法律第12条　道府県は、国際運輸業を営む外国居住者等が有する当該国際運輸業に係る所得で法人税法第141条第1号イ及びロに掲げる国内源泉所得に該当するもの（地方税法第72条の12第1号イに規定する付加価値額及び同号ロに規定する資本金等の額を含む。以下この条において「対象国際運輸業所得」という。）のうち、当該外国居住者等に係る外国においてその法令に基づき当該外国居住者等の所得（所得以外のもので外国の事業税に相当する税の課税標準とされているものを含む。）として取り扱われるものについては、事業税を課することができない。

5　第8条第2項及び第3項の規定は、道府県内に住所を有する個人が支払を受けるべき特定対象国際運輸業所得のうち、地方税法第23条第1項第14号に掲げる利子等（同号ロに規定する国外一般公社債等の利子等及び同号ニに規定する国外私募公社債等運用投資信託等の配当等を除く。）に該当するものであつて前項の規定の適用を受けるもの（第7項において「特例適用利子等」という。）に係る利子所得、配当所得、譲渡所得、一時所得及び雑所得について準用する。この場合において、第8条第3項第2号中「第8条第2項」とあるのは「第12条第5項において準用する外国居住者等所得相互免除法第8条第2項」と、「第8条第3項第4号」とあるのは「第12条第5項において準用する外国居住者等所得相互免除法第8条第3項第4号」と、同項第3号中「前条第11項第2号、第13項第3号、第17項第3号及び第19項第3号」とあるのは「第11条第8項において準用する前条第11項第2号、第11条第9項において準用する前条第13項第3号、第11条第11項において準用する前条第17項第3号及び第11条第12項において準用する前条第19項第3号」と、同項第5号中「第8条第2項」とあるのは「第12条第5項において準用する外国居住者等所得相互免除法第8条第2項」と、「第8条第3項第4号」とあるのは「第12条第5項において準用する外国居住者等所得相互免除法第8条第3項第4号」と読み替えるものとする。

6　第8条第4項から第6項までの規定は、道府県内に住所を有する個人が支払を受けるべき特定対象国際運輸業所得のうち、地方税法第23条第1項第15号に掲げる特定配当等に該当するものであつて第4項の規定の適用を受けるもの（第8項において「特例適用配当等」という。）に係る利子所得、配当所得及び雑所得について準用する。この場合において、第8条第6項第2号中「第8条第4項」とあるのは「第12条第6項において準用する外国居住者等所得相互免除法第8条第4項」と、「第8条第6項第4号」とあるのは「第12条第6項において準用する外国居住者等所得相互免除法第8条第6項第4号」と、同項第3号中「前条第15項第3号」とあるのは「第11条第10項において準用する前条第15項第3号」と、同項第5号中「第8条第4項」とあるのは「第12条第6項において準用する外国居住者等所得相互免除法第8条第4項」と、「第8条第6項第4号」とあるのは「第12条第6項において準用する外国居住者等所得相互免除法第8条第6項第4号」と読み替えるものとする。

（配当等に対する特別徴収に係る住民税の特例等）

外国居住者等の所得に対する相互主義による所得税等の非課税等に関する法律第16条　住民税の納税義務者が支払を受ける特定非課税対象利子については、地方税法第24条第1項第5号及び第6号、

第32条第12項及び第13項、第71条の5、第71条の6、第71条の8から第71条の21まで、第71条の26から第71条の42まで、第71条の47並びに第313条第12項及び第13項の規定は、適用しない。

2　第8条第2項及び第3項の規定は、道府県内に住所を有する個人が支払を受けるべき特定非課税対象利子のうち、地方税法第23条第1項第14号に掲げる利子等（同号ロに規定する国外一般公社債等の利子等及び同号ニに規定する国外私募公社債等運用投資信託等の配当等を除く。）に該当するものであつて前項の規定の適用を受けるもの（第4項において「特例適用利子等」という。）に係る利子所得、配当所得、譲渡所得、一時所得及び雑所得について準用する。この場合において、第8条第3項第2号中「第8条第2項」とあるのは「第16条第2項において準用する外国居住者等所得相互免除法第8条第2項」と、「第8条第3項第4号」とあるのは「第16条第2項において準用する外国居住者等所得相互免除法第8条第3項第4号」と、同項第3号中「前条第11項第2号、第13項第3号、第17項第3号及び第19項第3号」とあるのは「第15条第14項において準用する前条第11項第2号、第15条第15項において準用する前条第13項第3号、第15条第17項において準用する前条第17項第3号及び第15条第18項において準用する前条第19項第3号」と、同項第5号中「第8条第2項」とあるのは「第16条第2項において準用する外国居住者等所得相互免除法第8条第2項」と、「第8条第3項第4号」とあるのは「第16条第2項において準用する外国居住者等所得相互免除法第8条第3項第4号」と読み替えるものとする。

3　第8条第4項から第6項までの規定は、道府県内に住所を有する個人が支払を受けるべき特定非課税対象利子のうち、地方税法第23条第1項第15号に掲げる特定配当等に該当するものであつて第1項の規定の適用を受けるもの（第5項において「特例適用配当等」という。）に係る利子所得、配当所得及び雑所得について準用する。この場合において、第8条第6項第2号中「第8条第4項」とあるのは「第16条第3項において準用する外国居住者等所得相互免除法第8条第4項」と、「第8条第6項第4号」とあるのは「第16条第3項において準用する外国居住者等所得相互免除法第8条第6項第4号」と、同項第3号中「前条第15項第3号」とあるのは「第15条第16項において準用する前条第15項第3号」と、同項第5号中「第8条第4項」とあるのは「第16条第3項において準用する外国居住者等所得相互免除法第8条第4項」と、「第8条第6項第4号」とあるのは「第16条第3項において準用する外国居住者等所得相互免除法第8条第6項第4号」と読み替えるものとする。

（配当等に対する特別徴収に係る住民税の税率の特例等）

租税条約等の実施に伴う所得税法、法人税法及び地方税法の特例等に関する法律第3条の2の2　租税条約が住民税（道府県民税及び市町村民税をいう。以下この条において同じ。）についても適用がある場合において、住民税の納税義務者が支払を受ける配当等のうち、当該租税条約の規定において、当該租税条約の相手国等においてその法令に基づき当該納税義務者が構成員となつている当該相手国等の団体の所得として取り扱われるものとされるもの（以下この条において「特定外国配当等」という。）であつて限度税率を定める当該租税条約の規定の適用があるものに対する地方税法第71条の6第1項若しくは第2項又は第71条の28の規定の適用については、当該限度税率が当該特定外国配当等に適用されるこれらの規定に規定する税率以上である場合を除き、これらの規定に規定する税率に代えて、当該租税条約の規定により当該特定外国配当等につきそれぞれ適用される限度税率によるものとする。この場合において、同法第32条第12項及び第13項並びに第313条第12項及び第13項の規定は、適用しない。

4　道府県内に住所を有する個人が支払を受けるべき特定外国配当等のうち、地方税法第23条第1項第14号に掲げる利子等（同号ロに規定する国外一般公社債等の利子等及び同号ニに規定する国外私募公社債等運用投資信託等の配当等を除く。）に該当するものであつて第1項又は前項の規定の適用を受けるもの（以下この項及び次項において「条約適用利子等」という。）については、同法第32条第1項及び第2項並びに第35条の規定にかかわらず、他の所得と区分し、その前年中の当該条約適用利子等に係る利子所得の金額、配当所得の金額、譲渡所得の金額、一時所得の金額及び雑所得の

金額の合計額（以下この項において「条約適用利子等の額」という。）に対し、条約適用利子等の額（次項第 4 号の規定により読み替えられた同法第34条の規定の適用がある場合には、その適用後の金額）に100分の 5 の税率から第 1 項の限度税率を控除して得た率に 5 分の 2 （当該個人が地方自治法（昭和22年法律第67号）第252条の19第 1 項の市（以下この条において「指定都市」という。）の区域内に住所を有する場合には、 5 分の 1 ）を乗じて得た率（当該個人が前項の規定の適用を受ける場合には、100分の 2 （当該個人が指定都市の区域内に住所を有する場合には、100分の 1 ）の税率）を乗じて計算した金額に相当する道府県民税の所得割（地方税法第23条第 1 項第 2 号に掲げる所得割をいう。次項、第 6 項及び第 8 項において同じ。）を課する。

6　道府県内に住所を有する個人が支払を受けるべき特定外国配当等のうち、地方税法第23条第 1 項第15号に掲げる特定配当等であつて第 1 項又は第 3 項の規定の適用を受けるもの（以下この項から第 8 項までにおいて「条約適用配当等」という。）については、同法第32条第 1 項及び第 2 項並びに第35条の規定にかかわらず、他の所得と区分し、その前年中の当該条約適用配当等に係る利子所得、配当所得及び雑所得の金額（以下この項において「条約適用配当等の額」という。）に対し、条約適用配当等の額（第 8 項第 4 号の規定により読み替えられた同法第34条の規定の適用がある場合には、その適用後の金額）に100分の 5 の税率から第 1 項の限度税率を控除して得た率に 5 分の 2 （当該個人が指定都市の区域内に住所を有する場合には、 5 分の 1 ）を乗じて得た率（当該個人が第 3 項の規定の適用を受ける場合には、100分の 2 （当該個人が指定都市の区域内に住所を有する場合には、100分の 1 ）の税率）を乗じて計算した金額に相当する道府県民税の所得割を課する。

（老齢年金生活者支援給付金等の支給要件の特例）

法附第 6 条　第 2 条の規定の適用については、当分の間、同条第 1 項中「老齢基礎年金（」とあるのは「老齢基礎年金（国民年金法等の一部を改正する法律（昭和60年法律第34号）附則第15条第 1 項又は第 2 項の規定による老齢基礎年金を除く。」と、「の受給権者」とあるのは「の受給権者（65歳に達している者に限る。）」と、「同法」とあるのは「国民年金法」とする。

【参考条文】

昭和60年改正法附則第15条　大正15年 4 月 2 日から昭和41年 4 月 1 日までの間に生まれた者であつて、65歳に達した日において、保険料納付済期間（附則第 8 条第 1 項又は第 2 項の規定により保険料納付済期間とみなすこととされたものを含み、同条第 4 項に規定するものを除く。次項において同じ。）及び保険料免除期間（同条第 1 項の規定により保険料免除期間とみなすこととされたものを含み、国民年金法第90条の 3 第 1 項の規定により納付することを要しないものとされた保険料に係るものを除く。次項において同じ。）を有さず、かつ、次の各号のいずれかに該当するものが、同日において前条第 1 項各号のいずれかに該当するその者の配偶者によつて生計を維持していたとき（当該65歳に達した日の前日において当該配偶者がその受給権を有する同項各号に掲げる年金たる給付の加給年金額の計算の基礎となつていた場合に限る。）は、同法第26条に定める老齢基礎年金の支給要件に該当するものとみなして、その者に老齢基礎年金を支給する。ただし、その者が前条第 1 項ただし書に該当するときは、この限りでない。

一　合算対象期間（附則第 8 条第 4 項及び第 5 項の規定により当該期間に算入することとされたものを含む。）と保険料免除期間（国民年金法第90条の 3 第 1 項の規定により納付することを要しないものとされた保険料に係るものに限る。）とを合算した期間が、10年以上であること。

二　附則第12条第 1 項第 2 号から第 7 号まで及び第18号から第20号までのいずれかに該当すること。

2　大正15年 4 月 2 日から昭和41年 4 月 1 日までの間に生まれた者が65歳に達した日以後にその者の配偶者が前条第 1 項各号のいずれかに該当するに至つた場合において、その当時その者が保険料納付済期間及び保険料免除期間を有さず、前項各号のいずれかに該当し、かつ、その者の配偶者によ

つて生計を維持していたときは、新国民年金法第26条に定める老齢基礎年金の支給要件に該当するものとみなして、その者に老齢基礎年金を支給する。ただし、その者が前条第1項ただし書に該当するときは、この限りでない。

（老齢年金生活者支援給付金等の額の計算の特例）

法附第7条　第3条の規定の適用については、当分の間、同条第1号中「他の法令」とあるのは、「その者の20歳に達した日の属する月前の期間及び60歳に達した日の属する月以後の期間に係る同法第7条第1項第2号に規定する第2号被保険者としての国民年金の被保険者期間に係る同法第5条第1項に規定する保険料納付済期間を除き、他の法令」とする。

【参考条文】

（用語の定義）

国民年金法第5条　この法律において、「保険料納付済期間」とは、第7条第1項第1号に規定する被保険者としての被保険者期間のうち納付された保険料（第96条の規定により徴収された保険料を含み、第90条の2第1項から第3項までの規定によりその一部の額につき納付することを要しないものとされた保険料につきその残余の額が納付又は徴収されたものを除く。以下同じ。）に係るもの及び第88条の2の規定により納付することを要しないものとされた保険料に係るもの、第7条第1項第2号に規定する被保険者としての被保険者期間並びに同項第3号に規定する被保険者としての被保険者期間を合算した期間をいう。

国民年金法第7条　次の各号のいずれかに該当する者は、国民年金の被保険者とする。

一　日本国内に住所を有する20歳以上60歳未満の者であつて次号及び第3号のいずれにも該当しないもの（厚生年金保険法（昭和29年法律第115号）に基づく老齢を支給事由とする年金たる保険給付その他の老齢又は退職を支給事由とする給付であつて政令で定めるもの（以下「厚生年金保険法に基づく老齢給付等」という。）を受けることができる者を除く。以下「第1号被保険者」という。）

二　厚生年金保険の被保険者（以下「第2号被保険者」という。）

三　第2号被保険者の配偶者であつて主として第2号被保険者の収入により生計を維持するもの（第2号被保険者である者を除く。以下「被扶養配偶者」という。）のうち20歳以上60歳未満のもの（以下「第3号被保険者」という。）

法附第8条　第3条各号に規定する額を計算する場合においては、国民年金法等の一部を改正する法律（昭和60年法律第34号。以下「昭和60年国民年金等改正法」という。）附則別表第四の上欄に掲げる者については、同条中「480」とあるのは、それぞれ同表の下欄のように読み替えるものとする。

【参考条文】

昭和60年改正法附則別表第四

大正15年4月2日から昭和2年4月1日までの間に生まれた者	300
昭和2年4月2日から昭和3年4月1日までの間に生まれた者	312
昭和3年4月2日から昭和4年4月1日までの間に生まれた者	324
昭和4年4月2日から昭和5年4月1日までの間に生まれた者	336
昭和5年4月2日から昭和6年4月1日までの間に生まれた者	348

昭和 6 年 4 月 2 日から昭和 7 年 4 月 1 日までの間に生まれた者	360
昭和 7 年 4 月 2 日から昭和 8 年 4 月 1 日までの間に生まれた者	372
昭和 8 年 4 月 2 日から昭和 9 年 4 月 1 日までの間に生まれた者	384
昭和 9 年 4 月 2 日から昭和10年 4 月 1 日までの間に生まれた者	396
昭和10年 4 月 2 日から昭和11年 4 月 1 日までの間に生まれた者	408
昭和11年 4 月 2 日から昭和12年 4 月 1 日までの間に生まれた者	420
昭和12年 4 月 2 日から昭和13年 4 月 1 日までの間に生まれた者	432
昭和13年 4 月 2 日から昭和14年 4 月 1 日までの間に生まれた者	444
昭和14年 4 月 2 日から昭和15年 4 月 1 日までの間に生まれた者	456
昭和15年 4 月 2 日から昭和16年 4 月 1 日までの間に生まれた者	468

法附第 9 条 国民年金法等の一部を改正する法律（平成16年法律第104号）附則第10条第 1 項に規定する特定月の前月以前の期間に係る保険料免除期間（国民年金法第 5 条第 2 項に規定する保険料免除期間をいい、他の法令の規定により同項に規定する保険料免除期間とみなされた期間を含む。）を有する者に支給する老齢年金生活者支援給付金についての第 3 条の規定の適用については、同条第 2 号中「同法第27条各号」とあるのは、「国民年金法等の一部を改正する法律（平成16年法律第104号）附則第10条第 1 項各号」とする。

【参考条文】

（用語の定義）

国民年金法第 5 条

2　この法律において、「保険料免除期間」とは、保険料全額免除期間、保険料 4 分の 3 免除期間、保険料半額免除期間及び保険料 4 分の 1 免除期間を合算した期間をいう。

平成16年改正法附則第10条　平成26年 4 月（以下「特定月」という。）の前月以前の期間に係る保険料免除期間を有する者であって、第 4 条の規定による改正後の国民年金法第27条ただし書に該当するものに支給する平成21年 4 月以後の月分の国民年金法による老齢基礎年金の額については、同条ただし書（同法第28条第 4 項、附則第 9 条の 2 第 4 項並びに第 9 条の 2 の 2 第 4 項及び第 5 項並びに他の法令において適用する場合を含む。）の規定にかかわらず、78万900円に同法第27条に規定する改定率を乗じて得た額（その額に50円未満の端数が生じたときは、これを切り捨て、50円以上100円未満の端数が生じたときは、これを100円に切り上げるものとする。）に、次の各号に掲げる月数を合算した月数（480を限度とする。）を480で除して得た数を乗じて得た額とする。

一　保険料納付済期間の月数

二　平成21年 4 月から平成26年 3 月までの期間及び特定月以後の期間に係る保険料 4 分の 1 免除期間の月数（480から保険料納付済期間の月数を控除して得た月数を限度とする。）の 8 分の 7 に相当する月数

三　平成21年 4 月から平成26年 3 月までの期間及び特定月以後の期間に係る保険料 4 分の 1 免除期間の月数から前号に規定する保険料 4 分の 1 免除期間の月数を控除して得た月数の 8 分の 3 に相当する月数

四　特定月の前月以前の期間（平成21年 4 月から平成26年 3 月までの期間を除く。）に係る保険料 4 分の 1 免除期間の月数（480から保険料納付済期間の月数並びに平成21年 4 月から平成26年 3 月ま

での期間及び特定月以後の期間に係る保険料４分の１免除期間の月数を合算した月数を控除して
得た月数を限度とする。）の６分の５に相当する月数

五　特定月の前月以前の期間（平成21年４月から平成26年３月までの期間を除く。）に係る保険料４
　分の１免除期間の月数から前号に規定する保険料４分の１免除期間の月数を控除して得た月数の
　２分の１に相当する月数

六　平成21年４月から平成26年３月までの期間及び特定月以後の期間に係る保険料半額免除期間の
　月数（480から保険料納付済期間の月数及び保険料４分の１免除期間の月数を合算した月数を控除
　して得た月数を限度とする。）の４分の３に相当する月数

七　平成21年４月から平成26年３月までの期間及び特定月以後の期間に係る保険料半額免除期間の
　月数から前号に規定する保険料半額免除期間の月数を控除して得た月数の４分の１に相当する月
　数

八　特定月の前月以前の期間（平成21年４月から平成26年３月までの期間を除く。）に係る保険料半
　額免除期間の月数（480から保険料納付済期間の月数、保険料４分の１免除期間の月数並びに平成
　21年４月から平成26年３月までの期間及び特定月以後の期間に係る保険料半額免除期間の月数を
　合算した月数を控除して得た月数を限度とする。）の３分の２に相当する月数

九　特定月の前月以前の期間（平成21年４月から平成26年３月までの期間を除く。）に係る保険料半
　額免除期間の月数から前号に規定する保険料半額免除期間の月数を控除して得た月数の３分の１
　に相当する月数

十　平成21年４月から平成26年３月までの期間及び特定月以後の期間に係る保険料４分の３免除期
　間の月数（480から保険料納付済期間の月数、保険料４分の１免除期間の月数及び保険料半額免除
　期間の月数を合算した月数を控除して得た月数を限度とする。）の８分の５に相当する月数

十一　平成21年４月から平成26年３月までの期間及び特定月以後の期間に係る保険料４分の３免除
　期間の月数から前号に規定する保険料４分の３免除期間の月数を控除して得た月数の８分の１に
　相当する月数

十二　特定月の前月以前の期間（平成21年４月から平成26年３月までの期間を除く。）に係る保険料
　４分の３免除期間の月数（480から保険料納付済期間の月数、保険料４分の１免除期間の月数、保
　険料半額免除期間の月数並びに平成21年４月から平成26年３月までの期間及び特定月以後の期間
　に係る保険料４分の３免除期間の月数を合算した月数を控除して得た月数を限度とする。）の２分
　の１に相当する月数

十三　特定月の前月以前の期間（平成21年４月から平成26年３月までの期間を除く。）に係る保険料
　４分の３免除期間の月数から前号に規定する保険料４分の３免除期間の月数を控除して得た月数
　の６分の１に相当する月数

十四　平成21年４月から平成26年３月までの期間及び特定月以後の期間に係る保険料全額免除期間
　（国民年金法第90条の３第１項又は附則第19条第１項若しくは第２項の規定により納付することを
　要しないものとされた保険料に係るものを除く。次号において同じ。）の月数（480から保険料納
　付済期間の月数、保険料４分の１免除期間の月数、保険料半額免除期間の月数及び保険料４分の
　３免除期間の月数を合算した月数を控除して得た月数を限度とする。）の２分の１に相当する月数

十五　特定月の前月以前の期間（平成21年４月から平成26年３月までの期間を除く。）に係る保険料
　全額免除期間の月数（480から保険料納付済期間の月数、保険料４分の１免除期間の月数、保険料
　半額免除期間の月数、保険料４分の３免除期間の月数並びに平成21年４月から平成26年３月まで
　の期間及び特定月以後の期間に係る保険料全額免除期間の月数を合算した月数を控除して得た月
　数を限度とする。）の３分の１に相当する月数

（不正利得の徴収の特例）

法附第９条の２　第31条第２項において読み替えて準用する国民年金法第97条第１項の規定の適用については、当分の間、同項の規定にかかわらず、各年の特例基準割合（租税特別措置法（昭和32年法律第26号）第93条第２項に規定する特例基準割合をいう。）が年7.3パーセントの割合に満たない場合には、その年中においては、第31条第２項において読み替えて準用する国民年金法第97条第１項中「年14.6パーセントの割合」とあるのは、「租税特別措置法（昭和32年法律第26号）第93条第２項に規定する特例基準割合に年7.3パーセントの割合を加算した割合」とする。

【参考条文】
（延滞金）
国民年金法第97条　前条第１項の規定によつて督促をしたときは、厚生労働大臣は、徴収金額に、納期限の翌日から徴収金完納又は財産差押の日の前日までの期間の日数に応じ、年14.6パーセント（当該督促が保険料に係るものであるときは、当該納期限の翌日から３月を経過する日までの期間については、年7.3パーセント）の割合を乗じて計算した延滞金を徴収する。ただし、徴収金額が500円未満であるとき、又は滞納につきやむを得ない事情があると認められるときは、この限りでない。

（利子税の割合の特例）
租税特別措置法第93条
2　前項に規定する利子税特例基準割合とは、平均貸付割合（各年の前々年の９月から前年の８月までの各月における短期貸付けの平均利率（当該各月において銀行が新たに行つた貸付け（貸付期間が１年未満のものに限る。）に係る利率の平均をいう。）の合計を12で除して計算した割合として各年の前年の11月30日までに財務大臣が告示する割合をいう。以下同じ。）に年0.5％の割合を加算した割合をいう。

（老齢年金生活者支援給付金等の額の改定時期）
法附第10条　老齢年金生活者支援給付金又は補足的老齢年金生活者支援給付金の支給を受けている者につき、国民年金法附則第７条の３第２項の規定による届出が行われた場合その他の政令で定める場合における老齢年金生活者支援給付金又は補足的老齢年金生活者支援給付金の額の改定は、当該政令で定める場合に該当するに至った日の属する月の翌月から行う。

（法附則第10条に規定する政令で定める場合）
令第27条　法附則第10条に規定する政令で定める場合は、次に掲げる場合とする。
一　国民年金法附則第７条の３第２項の規定による届出が行われた場合
二　国民年金法附則第９条の４の７第１項の規定による申出が行われた場合（同条第２項の規定による承認があった場合であって、同条第６項に規定する特定全額免除期間とみなされた期間を有することとなったときに限る。）
三　国民年金法附則第９条の４の９第１項の規定による申出が行われた場合（同条第２項の規定による承認があった場合であって、同条第３項の規定による特例保険料の納付が行われたときに限る。）
四　国民年金法附則第９条の４の11第１項の規定による申出が行われた場合（同条第２項の規定による承認があった場合であって、同条第３項の規定による保険料の追納が行われたときに限る。）
五　平成16年国民年金等改正法附則第21条第１項の規定による届出が行われた場合
六　中国残留邦人等の円滑な帰国の促進並びに永住帰国した中国残留邦人等及び特定配偶者の自立の支援に関する法律施行令（平成８年政令第18号）第７条の規定により同令第２条に規定する旧保険料納付済期間又は新保険料納付済期間とみなされた期間を有することとなった場合
七　中国残留邦人等の円滑な帰国の促進並びに永住帰国した中国残留邦人等及び特定配偶者の自立の支援に関する法律施行令第19条第１項に規定する基準永住帰国日から起算して１年が経過した場合

又は同条第２項の規定による請求が行われた場合

八　北朝鮮当局によって拉致された被害者等の支援に関する法律施行令（平成14年政令第407号）第５条第１項の規定により同項に規定する旧保険料納付済期間又は新保険料納付済期間とみなされた期間を有することとなった場合

九　北朝鮮当局によって拉致された被害者等の支援に関する法律施行令第17条第１項に規定する免除対象居住日から起算して１年が経過した場合又は同条第２項の規定による請求が行われた場合

十　死刑再審無罪者に対し国民年金の給付等を行うための国民年金の保険料の納付の特例等に関する法律施行令（平成25年政令第280号）第２条第３項の規定により同令第１条第１号に規定する旧保険料納付済期間又は同条第２号に規定する新保険料納付済期間とみなされた期間を有することとなった場合

【参考条文】
国民年金法附則第７条の３
2　第３号被保険者又は第３号被保険者であつた者は、その者の第３号被保険者としての被保険者期間のうち、前項の規定により保険料納付済期間に算入されない期間（前条の規定により保険料納付済期間に算入されない第３号被保険者としての被保険者期間を除く。）について、前項に規定する届出を遅滞したことについてやむを得ない事由があると認められるときは、厚生労働大臣にその旨の届出をすることができる。
（特定事由に係る申出等の特例）
国民年金法附則第９条の４の７　被保険者又は被保険者であつた者は、次の各号のいずれかに該当するときは、厚生労働大臣にその旨の申出をすることができる。
一　特定事由（この法律その他の政令で定める法令の規定に基づいて行われるべき事務の処理が行われなかつたこと又はその処理が著しく不当であることをいう。以下この条及び附則第９条の４の９から第９条の４の11までにおいて同じ。）により特定手続（第87条の２第１項の申出その他の政令で定める手続をいう。以下この条において同じ。）をすることができなくなつたとき。
二　特定事由により特定手続を遅滞したとき。
2　厚生労働大臣は、前項の申出に理由があると認めるときは、その申出を承認するものとする。
（特定事由に係る保険料の納付の特例）
国民年金法附則第９条の４の９　被保険者又は被保険者であつた者は、次の各号のいずれかに該当する期間（保険料納付済期間を除く。第３項において「対象期間」という。）を有するときは、厚生労働大臣にその旨の申出をすることができる。
一　特定事由により保険料（第90条の２第１項から第３項までの規定によりその一部の額につき納付することを要しないものとされた保険料にあつてはその一部の額以外の残余の額とし、付加保険料を除く。以下この条において同じ。）を納付することができなくなつたと認められる期間
二　附則第９条の４の７第３項の規定により特定被保険者期間とみなされた期間
三　附則第９条の４の７第４項の規定により特定一部免除期間とみなされた期間
2　厚生労働大臣は、前項の申出（同項第１号に係るものに限る。）に理由があると認めるとき、又は同項の申出（同項第２号又は第３号に係るものに限る。）があつたときは、その申出を承認するものとする。
（特定事由に係る保険料の追納の特例）
国民年金法附則第９条の４の11　被保険者又は被保険者であつた者は、次の各号のいずれかに該当する期間（保険料納付済期間を除く。第３項において「追納対象期間」という。）を有するときは、厚生労働大臣にその旨の申出をすることができる。
一　特定事由により第94条の規定による追納をすることができなくなつたと認められる期間

　　二　附則第９条の４の７第４項の規定により特定一部免除期間とみなされた期間

　　三　附則第９条の４の７第６項の規定により特定全額免除期間とみなされた期間

2　厚生労働大臣は、前項の申出（同項第１号に係るものに限る。）に理由があると認めるとき、又は同項の申出（同項第２号又は第３号に係るものに限る。）があつたときは、その申出を承認するものとする。

（第３号被保険者の届出の特例）

平成16年改正法附則第21条　国民年金法第７条第１項第３号に規定する第３号被保険者（以下この項において「第３号被保険者」という。）又は第３号被保険者であった者は、平成17年４月１日前のその者の第３号被保険者としての国民年金の被保険者期間のうち、第２条の規定による改正前の国民年金法附則第７条の３の規定により国民年金法第５条第１項に規定する保険料納付期間（以下「保険料納付済期間」という。）に算入されない期間（同法附則第７条の２の規定により保険料納付済期間に算入されない第３号被保険者としての国民年金の被保険者期間を除く。）について、厚生労働大臣に届出をすることができる。

（法第13条第２項の政令で定める期間）

中国残留邦人等の円滑な帰国の促進並びに永住帰国した中国残留邦人等及び特定配偶者の自立の支援に関する法律施行令第２条　法第13条第２項に規定する政令で定める期間は、国民年金法等の一部を改正する法律（昭和60年法律第34号。以下「昭和60年法律第34号」という。）第１条の規定による改正前の国民年金法（昭和34年法律第141号。以下「旧国民年金法」という。）第５条第３項に規定する保険料納付済期間（以下「旧保険料納付済期間」という。）（他の法令の規定により旧保険料納付済期間とみなされた期間を含む。）、国民年金法第５条第１項に規定する保険料納付済期間（以下「新保険料納付済期間」という。）（他の法令の規定により新保険料納付済期間とみなされた期間を含む。）、中国残留邦人等の円滑な帰国の促進及び永住帰国後の自立の支援に関する法律施行令の一部を改正する政令（平成20年政令第24号。以下「平成20年改正政令」という。）附則第２条第２項の規定によりなおその効力を有するものとされた平成20年改正政令による改正前のこの政令第４条第４項（以下「旧令第４条第４項」という。）の規定により旧保険料納付済期間若しくは新保険料納付済期間とみなされた期間又は60歳に達した日の属する月以後の期間とする。

（国により保険料が納付された国民年金の被保険者期間の特例）

中国残留邦人等の円滑な帰国の促進並びに永住帰国した中国残留邦人等及び特定配偶者の自立の支援に関する法律施行令第７条　法第13条第４項の規定により同条第２項に規定する旧被保険者期間又は同項に規定する新被保険者期間に係る保険料の納付が行われた期間のうち、昭和61年３月31日以前の期間に係るものは、当該納付が行われた日以後、旧保険料納付済期間とみなし、昭和61年４月１日以後の期間に係るものは、当該納付が行われた日以後、新保険料納付済期間とみなす。

（昭和22年１月１日以後に生まれた永住帰国した中国残留邦人等に係る被保険者期間の特例）

中国残留邦人等の円滑な帰国の促進並びに永住帰国した中国残留邦人等及び特定配偶者の自立の支援に関する法律施行令第８条　永住帰国した中国残留邦人等（昭和22年１月１日以後に生まれた者であって、永住帰国した日から引き続き１年以上本邦に住所を有するもの（法第13条第１項に規定する厚生労働省令で定める者を除く。）に限る。）の昭和36年４月１日から初めて永住帰国した日の前日までの期間（20歳に達した日前の期間及び60歳に達した日後の期間に係るもの並びに昭和36年４月１日から昭和56年12月31日までの期間のうち、当該中国残留邦人等が日本国籍を有していなかった期間に係るものを除く。以下この条において「国民年金対象残留期間」という。）のうち、昭和61年３月31日以前の期間に係るものは、基準永住帰国日から起算して１年を経過した日以後、旧国民年金法による被保険者期間及び旧国民年金法第５条第４項に規定する保険料免除期間（以下「旧保険料免除期間」という。）とみなし、昭和61年４月１日以後の期間に係るものは、基準永住帰国日から起算して１年を経過した日以後、国民年金法第７条第１項第１号に規定する第１号被保険者とし

ての国民年金の被保険者期間及び同法第5条第2項に規定する保険料免除期間（以下「新保険料免除期間」という。）とみなす。ただし、国民年金対象残留期間のうちに国民年金の被保険者期間（他の法令の規定により国民年金の被保険者であった期間とみなされた期間に係るものを含む。）又は次条第1項の規定による納付が行われた後における当該納付に係る期間があるときは、当該期間については、この限りでない。

（追納の特例）

中国残留邦人等の円滑な帰国の促進並びに永住帰国した中国残留邦人等及び特定配偶者の自立の支援に関する法律施行令第9条　前条第1項の規定により旧保険料免除期間又は新保険料免除期間とみなされた期間を有する者は、厚生労働大臣に申し出ることにより、当該期間について、保険料を納付することができる。この場合において、当該期間の一部につき保険料を納付するときは、当該納付は、先に経過した月の分から順次行うものとする。

4　第1項の規定による納付が行われた期間のうち、昭和61年3月31日以前の期間に係るものは、旧保険料納付済期間とみなし、昭和61年4月1日以後の期間に係るものは、新保険料納付済期間とみなす。

（昭和22年1月1日以後に生まれた永住帰国した中国残留邦人等に係る年金額の改定の特例）

中国残留邦人等の円滑な帰国の促進並びに永住帰国した中国残留邦人等及び特定配偶者の自立の支援に関する法律施行令第19条　老齢基礎年金等の受給権者（第8条第1項に規定する永住帰国した中国残留邦人等に限る。）が、同項の規定により旧保険料免除期間又は新保険料免除期間とみなされた期間を有したときは、基準永住帰国日から起算して1年を経過した日の属する月の翌月から、年金の額を改定する。

2　老齢基礎年金等の受給権者が、第9条第4項の規定により旧保険料納付済期間又は新保険料納付済期間とみなされた期間を有したときは、厚生労働大臣に対し、年金の額の改定を請求することができる。

（帰国した被害者に係る保険料納付済期間の特例）

北朝鮮当局によって拉致された被害者等の支援に関する法律施行令第5条　法第11条第3項の規定により帰国した被害者の保険料が納付されたものとみなされた場合にあっては、当該帰国した被害者に係る対象期間のうち、昭和61年3月31日以前の期間に係るものは、居住日以後、旧国民年金法第5条第3項に規定する保険料納付済期間（以下「旧保険料納付済期間」という。）とみなし、昭和61年4月1日以後の期間に係るものは、居住日以後、国民年金法第5条第1項に規定する保険料納付済期間（以下「新保険料納付済期間」という。）とみなす。

（被害者の子及び孫に係る年金額の改定の特例）

北朝鮮当局によって拉致された被害者等の支援に関する法律施行令第17条　国民年金法による老齢基礎年金の受給権者が、第7条第1項の規定により旧保険料免除期間又は新保険料免除期間とみなされた期間を有したときは、免除対象居住日から起算して1年を経過した日の属する月の翌月から、年金の額を改定する。

2　国民年金法による老齢基礎年金の受給権者が、第8条第3項の規定により旧保険料納付済期間又は新保険料納付済期間とみなされた期間を有したときは、厚生労働大臣に対し、年金の額の改定を請求することができる。

（法第2条第1項の政令で定める期間）

死刑再審無罪者に対し国民年金の給付等を行うための国民年金の保険料の納付の特例等に関する法律施行令第1条　死刑再審無罪者に対し国民年金の給付等を行うための国民年金の保険料の納付の特例等に関する法律（以下「法」という。）第2条第1項の政令で定める期間は、次に掲げる期間とする。

一　旧保険料納付済期間（国民年金法等の一部を改正する法律（昭和60年法律第34号。以下「昭和

60年法律第34号」という。）第1条の規定による改正前の国民年金法（昭和34年法律第141号。以下「旧国民年金法」という。）第5条第3項に規定する保険料納付済期間をいう。以下同じ。）（他の法令の規定により旧保険料納付済期間とみなされた期間を含む。）

二　新保険料納付済期間（国民年金法第5条第1項に規定する保険料納付済期間をいう。以下同じ。）（他の法令の規定により新保険料納付済期間とみなされた期間を含む。）

三　60歳に達した日の属する月以後の期間

（法第2条第1項の国民年金の保険料の納付等）

死刑再審無罪者に対し国民年金の給付等を行うための国民年金の保険料の納付の特例等に関する法律施行令第2条

3　法第2条第3項の規定により保険料が納付されたものとみなされた旧被保険者期間又は新被保険者期間のうち、昭和61年3月31日以前の期間に係るものは、無罪判決確定日以後、旧保険料納付済期間とみなし、同年4月1日以後の期間に係るものは、無罪判決確定日以後、新保険料納付済期間とみなす。

（旧国民年金法による老齢年金受給者等に係る経過措置）

法附第11条　昭和60年国民年金等改正法第1条の規定による改正前の国民年金法（以下「旧国民年金法」という。）による老齢年金（旧国民年金法附則第9条の3第1項の規定に該当することにより支給される老齢年金及び老齢福祉年金を除く。）その他の老齢を支給事由とする年金たる給付であって政令で定めるものについては、当該政令で定める年金たる給付を老齢基礎年金とみなし、かつ、当該給付の受給権者を老齢基礎年金の受給権者とみなして、この法律（第3章及び第4章を除く。）の規定を適用する。この場合において、これらの規定の適用に関し必要な読替えその他必要な事項は、政令で定める。

（法附則第11条に規定する政令で定める老齢を支給事由とする年金たる給付）

令第28条　法附則第11条に規定する老齢を支給事由とする年金たる給付であって政令で定めるものは、第13条の2第1号イからハまでに掲げる年金たる給付とする。〔69頁参照〕

（旧国民年金法による老齢年金受給者等に係る老齢年金生活者支援給付金の支給要件に関する規定等の読替え）

令第29条　法附則第11条の規定により適用するものとされた法の規定の適用については、次の表の上欄に掲げる法の規定中同表の中欄に掲げる字句は、それぞれ同表の下欄に掲げる字句とする。

第2条第1項	裁定の請求	裁定の請求（附則第11条の規定により老齢基礎年金とみなされた同条に規定する政令で定める年金たる給付を受ける権利の裁定の請求を含む。）
第3条第1号	国民年金法第5条第1項	国民年金法等の一部を改正する法律（昭和60年法律第34号。以下この号において「昭和60年国民年金等改正法」という。）第1条の規定による改正前の国民年金法（次号において「旧国民年金法」という。）第5条第3項
	含む。）の	含む。）と昭和60年国民年金等改正法附則第8条第2項各号に掲げる期間（昭和36年4月1日以後の期間に係るものに限り、その者の20歳に達した日の属する月前の期間及び60歳に達した日の属する月以後の期間を除く。）（年金生活者支援給付金の支給に関する法律施行令（平成30年政令第364号）第28条各号及び第32条各号に掲げる老齢又は退職を支給事由とする年金たる給付の額の計算の基礎となるものに限る。）とを合算して得た

480で除して得た数(その数が1を上回るときは、1)を乗じて得た額	次の表の上欄に掲げる者の区分に応じてそれぞれ同表の下欄に掲げる数で除して得た数(その数が1を上回るときは、1)を乗じて得た額	
	大正6年4月1日以前に生まれた者	180
	大正6年4月2日から大正7年4月1日までの間に生まれた者	192
	大正7年4月2日から大正8年4月1日までの間に生まれた者	204
	大正8年4月2日から大正9年4月1日までの間に生まれた者	216
	大正9年4月2日から大正10年4月1日までの間に生まれた者	228
	大正10年4月2日から大正11年4月1日までの間に生まれた者	240
	大正11年4月2日から大正12年4月1日までの間に生まれた者	252
	大正12年4月2日から大正13年4月1日までの間に生まれた者	264
	大正13年4月2日から大正14年4月1日までの間に生まれた者	276
	大正14年4月2日から大正15年4月1日までの間に生まれた者	288
	大正15年4月2日から昭和2年4月1日までの間に生まれた者	300
	昭和2年4月2日から昭和3年4月1日までの間に生まれた者	312
	昭和3年4月2日から昭和4年4月1日までの間に生まれた者	324
	昭和4年4月2日から昭和5年4月1日までの間に生まれた者	336
	昭和5年4月2日から昭和6年4月1日までの間に生まれた者	348
	昭和6年4月2日から昭和7年4月1日までの間に生まれた者	360
	昭和7年4月2日から昭和8年4月1日までの間に生まれた者	372
	昭和8年4月2日から昭和9年4月1日までの間に生まれた者	384
	昭和9年4月2日から昭和10年4月1日までの間に生まれた者	396
	昭和10年4月2日から昭和11年4月1日までの間に生まれた者	408

			昭和11年4月2日から昭和12年4月1日までの間に生まれた者	420
			昭和12年4月2日から昭和13年4月1日までの間に生まれた者	432
			昭和13年4月2日から昭和14年4月1日までの間に生まれた者	444
			昭和14年4月2日から昭和15年4月1日までの間に生まれた者	456
			昭和15年4月2日から昭和16年4月1日までの間に生まれた者	468
			昭和16年4月2日以後に生まれた者	480
第3条第2号	同法第5条第2項に規定する保険料免除期間をいい、他の法令の規定により同項に規定する保険料免除期間とみなされた期間を含み、同法第90条の3第1項の規定により納付することを要しないものとされた保険料に係る期間を除く。）の月数の6分の1（同法第5条第6項に規定する保険料4分の1免除期間にあっては、同項に規定する保険料4分の1免除期間の月数の12分の1）に相当する月数（当該月数と同法第27条各号に掲げる月数を合算した月数（480を限度とする。以下この号において同じ。）とを合算した月数が480を超えるときは、480から当該各号に掲げる月数を合算した月数を控除した月数を限度とする。）を480	旧国民年金法第5条第4項に規定する保険料免除期間をいい、他の法令の規定により同項に規定する保険料免除期間とみなされた期間を含む。）の月数の6分の1に相当する月数を前号の表の上欄に掲げる者の区分に応じてそれぞれ同表の下欄に掲げる数		
第11条	第3条	年金生活者支援給付金の支給に関する法律施行令第29条の規定により読み替えられた第3条		

【参考条文】

（用語の定義）

旧国民年金法第5条

3　この法律において、「保険料納付済期間」とは、納付された保険料（第96条の規定により徴収された保険料を含む。以下同じ。）に係る被保険者期間を合算した期間をいう。

4　この法律において、「保険料免除期間」とは、第89条又は第90条の規定により納付することを要しないものとされた保険料に係る被保険者期間のうち、第94条第 2 項の規定により納付されたものとみなされる保険料に係る被保険者期間を除いたものを合算した期間をいう。

（旧陸軍共済組合等の組合員であつた期間を有する者についての特例）

旧国民年金法附則第 9 条の 3　旧陸軍共済組合令（昭和15年勅令第947号）に基づく旧陸軍共済組合その他政令で定める共済組合の組合員であつた期間であつて政令で定める期間は、第26条の規定の適用については、保険料免除期間とみなす。ただし、保険料納付済期間、保険料納付済期間と保険料免除期間とを合算した期間又は保険料免除期間が 1 年以上であり、かつ、老齢年金（老齢福祉年金を除く。）又は通算老齢年金の受給資格期間を満たしていない場合に限る。

（国民年金の被保険者期間等の特例）

昭和60年改正法附則第 8 条

2　次の各号に掲げる期間のうち、昭和36年 4 月 1 日から施行日の前日までの期間に係るもの（第 5 項第 4 号の 2 及び第 7 号の 2 に掲げる期間並びに20歳に達した日の属する月前の期間及び60歳に達した日の属する月以後の期間に係るものを除く。）は、国民年金法第26条、第37条第 3 号及び第 4 号並びに同法附則第 9 条第 1 項、第 9 条の 2 第 1 項及び第 9 条の 2 の 2 第 1 項の規定の適用については、保険料納付済期間とみなす。この場合において、同一の月が同時に 2 以上の次の各号に掲げる期間又は施行日前の国民年金の被保険者期間の計算の基礎となつているときは、その月は、政令で定めるところにより、 1 の期間についてのみ国民年金の被保険者期間又は保険料納付済期間とみなす。

一　厚生年金保険法第 2 条の 5 第 1 項第 1 号に規定する第 1 号厚生年金被保険者期間（附則第47条第 1 項の規定又は他の法令の規定により当該第 1 号厚生年金被保険者期間とみなされた期間に係るものを含む。）

二　厚生年金保険法第 2 条の 5 第 1 項第 2 号に規定する第 2 号厚生年金被保険者期間（他の法令の規定により当該第 2 号厚生年金被保険者期間とみなされる期間に係るもの、他の法令の規定により平成24年一元化法附則第37条第 1 項の規定によりなおその効力を有するものとされた平成24年一元化法第 2 条の規定による改正前の国家公務員共済組合法（以下「平成24年改正前国共済法」という。）による国家公務員共済組合の組合員期間に算入される期間その他政令で定める期間を含む。）

三　厚生年金保険法第 2 条の 5 第 1 項第 3 号に規定する第 3 号厚生年金被保険者期間（他の法令の規定により当該第 3 号厚生年金被保険者期間とみなされる期間に係るもの、他の法令の規定により平成24年一元化法附則第61条第 1 項の規定によりなおその効力を有するものとされた平成24年一元化法第 3 条の規定による改正前の地方公務員等共済組合法（以下「平成24年改正前地共済法」という。）による地方公務員共済組合の組合員期間に算入される期間その他政令で定める期間を含む。）

四　厚生年金保険法第 2 条の 5 第 1 項第 4 号に規定する第 4 号厚生年金被保険者期間（他の法令の規定により当該第 4 号厚生年金被保険者期間とみなされる期間に係るものを含む。）

法附第12条　旧国民年金法による障害年金その他の障害を支給事由とする年金たる給付であって政令で定めるものについては、当該政令で定める年金たる給付を障害基礎年金とみなし、かつ、当該給付の受給権者を障害基礎年金の受給権者とみなして、この法律（第 2 章及び第 4 章を除く。）の規定を適用する。この場合において、これらの規定の適用に関し必要な読替えその他必要な事項は、政令で定める。

（法附則第12条に規定する政令で定める障害を支給事由とする年金たる給付）

令第30条　法附則第12条に規定する障害を支給事由とする年金たる給付であって政令で定めるものは、第13条の２第２号イからハまでに掲げる年金たる給付とする。〔70頁参照〕

（旧国民年金法による障害年金受給者等に係る障害年金生活者支援給付金の支給要件に関する規定等の読替え）

令第31条　法附則第12条の規定により適用するものとされた法の規定の適用については、次の表の上欄に掲げる法の規定中同表の中欄に掲げる字句は、それぞれ同表の下欄に掲げる字句とする。

第15条第１項	裁定の請求	裁定の請求（附則第12条の規定により障害基礎年金とみなされた同条に規定する政令で定める年金たる給付を受ける権利の裁定の請求を含む。）
第16条	給付基準額（	給付基準額とする。ただし、
	国民年金法第30条第２項に規定する	次の各号のいずれかに掲げる障害を支給事由とする年金たる給付の区分に応じ、それぞれ当該各号に定める規定において、
	１級	１級（第３号に掲げる障害年金であって職務上の事由によるものにあっては、１級又は２級）
	障害基礎年金	当該年金たる給付
	）とする。	とする。 一　国民年金法等の一部を改正する法律（昭和60年法律第34号。以下この条において「昭和60年国民年金等改正法」という。）第１条の規定による改正前の国民年金法（以下この号において「旧国民年金法」という。）による障害年金　旧国民年金法別表 二　昭和60年国民年金等改正法第３条の規定による改正前の厚生年金保険法（昭和29年法律第115号。以下この号において「旧厚生年金保険法」という。）による障害年金　旧厚生年金保険法別表第一 三　昭和60年国民年金等改正法第５条の規定による改正前の船員保険法（昭和14年法律第73号。以下この号において「旧船員保険法」という。）による障害年金　旧船員保険法別表第四

（２以上の年金生活者支援給付金の支給要件に該当する場合等における年金生活者支援給付金の取扱い）
令第36条

2　法附則第12条の規定により障害基礎年金の受給権者とみなされ、かつ、法附則第14条の規定により障害基礎年金の受給権者とみなされた者に係る障害年金生活者支援給付金の月額は、障害の程度が、第31条又は前条の規定による読替え後の法第16条各号のいずれかに掲げる障害を支給事由とする年金たる給付の区分に応じ、それぞれ当該各号に定める規定において、障害等級の１級（第31条の規定による読替え後の法第16条第３号に掲げる障害年金であって職務上の事由によるものにあっては、１級又は２級）に該当する者として当該年金たる給付の額が計算されるものにあっては、給付基準額（法第４条に規定する給付基準額をいう。）の100分の125に相当する額（その額に50銭未満の端数が生じたときは、これを切り捨て、50銭以上１円未満の端数が生じたときは、これを１円に切り上げるものとする。）とする。

【参考条文】
旧国民年金法別表

障害の程度		障害の状態
1級	1	両眼の視力の和が0.04以下のもの
	2	両耳の聴力損失が90デシベル以上のもの
	3	両上肢の機能に著しい障害を有するもの
	4	両上肢のすべての指を欠くもの
	5	両上肢のすべての指の機能に著しい障害を有するもの
	6	両下肢の機能に著しい障害を有するもの
	7	両下肢を足関節以上で欠くもの
	8	体幹の機能にすわつていることができない程度又は立ち上ることができない程度の障害を有するもの
	9	前各号に掲げるもののほか、身体の機能の障害又は長期にわたる安静を必要とする病状が前各号と同程度以上と認められる状態であつて、日常生活の用を弁ずることを不能ならしめる程度のもの
	10	精神の障害であつて、前各号と同程度以上と認められる程度のもの
	11	身体の機能の障害若しくは病状又は精神の障害が重複する場合であつて、その状態が前各号と同程度以上と認められる程度のもの
2級	1	両眼の視力の和が0.05以上0.08以下のもの
	2	両耳の聴力損失が80デシベル以上のもの
	3	平衡機能に著しい障害を有するもの
	4	咀嚼の機能を欠くもの
	5	音声又は言語機能に著しい障害を有するもの
	6	両上肢のおや指及びひとさし指又は中指を欠くもの
	7	両上肢のおや指及びひとさし指又は中指の機能に著しい障害を有するもの
	8	1上肢の機能に著しい障害を有するもの
	9	1上肢のすべての指を欠くもの
	10	1上肢のすべての指の機能に著しい障害を有するもの
	11	両下肢のすべての指を欠くもの
	12	1下肢の機能に著しい障害を有するもの
	13	1下肢を足関節以上で欠くもの
	14	体幹の機能に歩くことができない程度の障害を有するもの
	15	前各号に掲げるもののほか、身体の機能の障害又は長期にわたる安静を必要とする病状が前各号と同程度以上と認められる状態であつて、日常生活が著しい制限を受けるか、又は日常生活に著しい制限を加えることを必要とする程度のもの
	16	精神の障害であつて、前各号と同程度以上と認められる程度のもの
	17	身体の機能の障害若しくは病状又は精神の障害が重複する場合であつて、その状態が前各号と同程度以上と認められる程度のもの

備考　視力の測定は、万国式試視力表によるものとし、屈折異常があるものについては、矯正視力によつて測定する。

旧厚生年金保険法別表第一

障害の程度	番号	障害の状態
1級	1	両眼の視力が0.02以下に減じたもの
	2	両上肢の用を全く廃したもの
	3	両下肢の用を全く廃したもの
	4	両上肢を腕関節以上で失つたもの
	5	両下肢を足関節以上で失つたもの
	6	前各号に掲げるもののほか、身体の機能に、労働することを不能ならしめ、且つ、常時の介護を必要とする程度の障害を残すもの
	7	精神に、労働することを不能ならしめ、且つ、常時の監視又は介護を必要とする程度の障害を残すもの
	8	傷病がなおらないで、身体の機能又は精神に、労働することを不能ならしめ、且つ、長期にわたる高度の安静と常時の監視又は介護とを必要とする程度の障害を有するものであつて、厚生大臣が定めるもの
2級	1	両眼の視力が0.04以下に減じたもの
	2	1眼の視力が0.02以下に減じ、且つ、他眼の視力が0.06以下に減じたもの
	3	両耳の聴力が、耳殻に接して大声による話をしてもこれを解することができない程度に減じたもの
	4	咀嚼又は言語の機能を廃したもの
	5	脊柱の機能に高度の障害を残すもの
	6	1上肢を腕関節以上で失つたもの
	7	1下肢を足関節以上で失つたもの
	8	1上肢の用を全く廃したもの
	9	1下肢の用を全く廃したもの
	10	両上肢のすべての指の用を廃したもの
	11	両下肢をリスフラン関節以上で失つたもの
	12	両下肢のすべての足ゆびを失つたもの
	13	前各号に掲げるもののほか、身体の機能に、労働が高度の制限を受けるか、又は労働に高度の制限を加えることを必要とする程度の障害を残すもの
	14	精神に、労働することを不能ならしめる程度の障害を残すもの
	15	傷病がなおらないで、身体の機能又は精神に、労働が高度の制限を受けるか、又は労働に高度の制限を加えることを必要とする程度の障害を有するものであって、厚生大臣が定めるもの
3級	1	両眼の視力が0.1以下に減じたもの
	2	両耳の聴力が、40センチメートル以上では通常の話声を解することができない程度に減じたもの
	3	咀嚼又は言語の機能に著しい障害を残すもの
	4	脊柱の機能に著しい障害を残すもの

	5	1上肢の3大関節のうち、2関節の用を廃したもの
	6	1下肢の3大関節のうち、2関節の用を廃したもの
	7	長管状骨に仮関節を残し、運動機能に著しい障害を残すもの
	8	1上肢のおや指及びひとさし指を失つたもの又はおや指若しくはひとさし指をあわせ1上肢の3指以上を失つたもの
	9	おや指及びひとさし指をあわせ1上肢の4指の用を廃したもの
	10	1下肢をリスフラン関節以上で失つたもの
	11	両下肢のすべての足ゆびの用を廃したもの
	12	前各号に掲げるもののほか、身体の機能に、労働が著しい制限を受けるか、又は労働に著しい制限を加えることを必要とする程度の障害を残すもの
	13	精神又は神経系統に、労働に著しい制限を受けるか、又は労働に著しい制限を加えることを必要とする程度の障害を残すもの
	14	傷病がなおらないで、身体の機能又は精神若しくは神経系統に、労働が制限を受けるか、又は労働に制限を加えることを必要とする程度の障害を有するものであつて、厚生大臣が定めるもの

備　考
1　視力の測定は、万国式試視力表によるものとし、屈折異常があるものについては、矯正視力によつて測定する。
2　指を失つたものとは、おや指は指関節、その他の指は第1指関節以上を失つたものをいう。
3　指の用を廃したものとは、指の末節の半分以上を失い、又は掌指関節若しくは第1指関節（おや指にあつては指関節）に著しい運動障害を残すものをいう。
4　足ゆびを失つたものとは、その全部を失つたものをいう。
5　足ゆびの用を廃したものとは、第1趾は末節の半分以上、その他のゆびは末関節以上を失つたもの又は蹠趾関節若しくは第1趾関節（第1趾にあつては足趾関節）に著しい運動障害を残すものをいう。

旧船員保険法別表第四

職務上ノ事由ニ因ル障害		
障害ノ程度	番号	障害ノ状態
1級	1	両眼ヲ失明シタルモノ
	2	咀嚼及言語ノ機能ヲ廃シタルモノ
	3	神経系統ノ機能又ハ精神ニ著シキ障害ヲ残シ常ニ介護ヲ要スルモノ
	4	胸腹部臓器ノ機能ニ著シキ障害ヲ残シ常ニ介護ヲ要スルモノ
	5	両上肢ヲ肘関節以上ニテ失ヒタルモノ
	6	両上肢ノ用ヲ全廃シタルモノ
	7	両下肢ヲ膝関節以上ニテ失ヒタルモノ
	8	両下肢ノ用ヲ全廃シタルモノ
	9	前各号ニ掲グルモノノ外身体ノ機能又ハ精神ニ前各号ト同程度以上ノ障害ヲ有スルモノニシテ厚生大臣ノ定ムルモノ
	10	傷病（疾病又ハ負傷及之ニ因リ発シタル疾病ヲ謂フ以下之ニ同ジ）ガ治癒

		セズ身体ノ機能又ハ精神ニ前各号ト同程度以上ノ障害ヲ有スルモノニシテ厚生大臣ノ定ムルモノ	
2級	1	1眼失明シ他眼ノ視力0.02以下ニ減ジタルモノ	
	2	両眼ノ視力0.02以下ニ減ジタルモノ	
	3	両上肢ヲ腕関節以上ニテ失ヒタルモノ	
	4	両下肢ヲ足関節以上ニテ失ヒタルモノ	
	5	前各号ニ掲グルモノノ外身体ノ機能又ハ精神ニ前各号ト同程度以上ノ障害ヲ有スルモノニシテ厚生大臣ノ定ムルモノ	
	6	傷病ガ治癒セズ身体ノ機能又ハ精神ニ前各号ト同程度以上ノ障害ヲ有スルモノニシテ厚生大臣ノ定ムルモノ	
3級	1	1眼失明シ他眼ノ視力0.06以下ニ減ジタルモノ	
	2	咀嚼又ハ言語ノ機能ヲ廃シタルモノ	
	3	神経系統ノ機能又ハ精神ニ著シキ障害ヲ残シ終身職務ニ服スルコトヲ得ザルモノ	
	4	胸腹部臓器ノ機能ニ著シキ障害ヲ残シ終身職務ニ服スルコトヲ得ザルモノ	
	5	10指ヲ失ヒタルモノ	
	6	前各号ニ掲グルモノノ外身体ノ機能又ハ精神ニ前各号ト同程度以上ノ障害ヲ有スルモノニシテ厚生大臣ノ定ムルモノ	
	7	傷病ガ治癒セズ身体ノ機能又ハ精神ニ前各号ト同程度以上ノ障害ヲ有スルモノニシテ厚生大臣ノ定ムルモノ	
4級	1	両眼ノ視力0.06以下ニ減ジタルモノ	
	2	咀嚼及言語ノ機能ニ著シキ障害ヲ残スモノ	
	3	両耳ヲ全ク聾シタルモノ	
	4	1上肢ヲ肘関節以上ニテ失ヒタルモノ	
	5	1下肢ヲ膝関節以上ニテ失ヒタルモノ	
	6	10指ノ用ヲ廃シタルモノ	
	7	両足ヲ「リスフラン」関節以上ニテ失ヒタルモノ	
	8	前各号ニ掲グルモノノ外身体ノ機能又ハ精神ニ前各号ト同程度以上ノ障害ヲ有スルモノニシテ厚生大臣ノ定ムルモノ	
5級	1	1眼失明シ他眼ノ視力0.1以下ニ減ジタルモノ	
	2	神経系統ノ機能又ハ精神ニ著シキ障害ヲ残シ特ニ軽易ナル職務ノ外服スルコトヲ得ザルモノ	
	3	胸腹部臓器ノ機能ニ著シキ障害ヲ残シ特ニ軽易ナル職務ノ外服スルコトヲ得ザルモノ	
	4	1上肢ヲ腕関節以上ニテ失ヒタルモノ	
	5	1下肢ヲ足関節以上ニテ失ヒタルモノ	
	6	1上肢ノ用ヲ全廃シタルモノ	
	7	1下肢ノ用ヲ全廃シタルモノ	

	8	10趾ヲ失ヒタルモノ
	9	前各号ニ掲グルモノノ外身体ノ機能又ハ精神ニ前各号ト同程度以上ノ障害ヲ有スルモノニシテ厚生大臣ノ定ムルモノ
6級	1	両眼ノ視力0.1以下ニ減ジタルモノ
	2	咀嚼又ハ言語ノ機能ニ著シキ障害ヲ残スモノ
	3	両耳ノ聴力耳殻ニ接セザレバ大声ヲ解シ得ザル程度ニ減ジタルモノ
	4	1耳ヲ全ク聾シ他耳ノ聴力40糎以上ニテハ尋常ノ話声ヲ解シ得ザル程度ニ減ジタルモノ
	5	脊柱ニ著シキ畸形又ハ運動障害ヲ残スモノ
	6	1上肢ノ3大関節中ノ2関節用ヲ廃シタルモノ
	7	1下肢ノ3大関節中ノ2関節用ヲ廃シタルモノ
	8	1手ノ5指又ハ拇指及示指ヲ併セ4指ヲ失ヒタルモノ
	9	前各号ニ掲グルモノノ外身体ノ機能又ハ精神ニ前各号ト同程度以上ノ障害ヲ有スルモノニシテ厚生大臣ノ定ムルモノ
7級	1	1眼失明シ他眼ノ視力0.6以下ニ減ジタルモノ
	2	両耳ノ聴力40糎以上ニテハ尋常ノ話声ヲ解シ得ザル程度ニ減ジタルモノ
	3	1耳ヲ全ク聾シ他耳ノ聴力1米以上ニテハ尋常ノ話声ヲ解シ得ザル程度ニ減ジタルモノ
	4	神経系統ノ機能又ハ精神ニ障害ヲ残シ軽易ナル職務ニ外服スルコトヲ得ザルモノ
	5	胸腹部臓器ノ機能ニ障害ヲ残シ軽易ナル職務ニ外服スルコトヲ得ザルモノ
	6	1手ノ拇指及示指ヲ失ヒタルモノ又ハ拇指若ハ示指ヲ併セ3指ヲ失ヒタルモノ
	7	1手ノ5指又ハ拇指及示指ヲ併セ4指ノ用ヲ廃シタルモノ
	8	1足ヲ「リスフラン」関節以上ニテ失ヒタルモノ
	9	1上肢ニ仮関節ヲ残シ著シキ運動障害ヲ残スモノ
	10	1下肢ニ仮関節ヲ残シ著シキ運動障害ヲ残スモノ
	11	10趾ノ用ヲ廃シタルモノ
	12	女子ノ外貌ニ著シキ醜状ヲ残スモノ
	13	両側ノ睾丸ヲ失ヒタルモノ
	14	前各号ニ掲グルモノノ外身体ノ機能又ハ精神ニ前各号ト同程度以上ノ障害ヲ有スルモノニシテ厚生大臣ノ定ムルモノ

職務外ノ事由ニ因ル障害		
障害ノ程度	番号	障害ノ状態
1級	1	両眼ノ視力0.02以下ニ減ジタルモノ
	2	両上肢ノ用ヲ全廃シタルモノ
	3	両下肢ノ用ヲ全廃シタルモノ
	4	両上肢ヲ腕関節以上ニテ失ヒタルモノ

		5	両下肢ヲ足関節以上ニテ失ヒタルモノ
		6	前各号ニ掲グルモノノ外身体ノ機能ニ労働スルコトヲ不能ナラシメ且常時ノ介護ヲ必要トスル程度ノ障害ヲ残スモノ
		7	精神ニ労働スルコトヲ不能ナラシメ且常時ノ監視又ハ介護ヲ必要トスル程度ノ障害ヲ残スモノ
		8	傷病（疾病又ハ負傷及之ニ因リ発シタル疾病ヲ謂フ以下之ニ同ジ）ガ治癒セズ身体ノ機能又ハ精神ニ労働スルコトヲ不能ナラシメ且長期ニ亘ル高度ノ安静ト常時ノ監視又ハ介護ヲ必要トスル程度ノ障害ヲ有スルモノニシテ厚生大臣ノ定ムルモノ
	2級	1	両眼ノ視力0.04以下ニ減ジタルモノ
		2	1眼ノ視力0.02以下ニ減ジ他眼ノ視力0.06以下ニ減ジタルモノ
		3	両耳ノ聴力耳殻ニ接スルモ大声ヲ解シ得ザル程度ニ減ジタルモノ
		4	咀嚼又ハ言語ノ機能ヲ廃シタルモノ
		5	脊柱ノ機能ニ高度ノ障害ヲ残スモノ
		6	1上肢ヲ腕関節以上ニテ失ヒタルモノ
		7	1下肢ヲ足関節以上ニテ失ヒタルモノ
		8	1上肢ノ用ヲ全廃シタルモノ
		9	1下肢ノ用ヲ全廃シタルモノ
		10	10指ノ用ヲ廃シタルモノ
		11	両足ヲ「リスフラン」関節以上ニテ失ヒタルモノ
		12	10趾ヲ失ヒタルモノ
		13	前各号ニ掲グルモノノ外身体ノ機能ニ労働ガ高度ノ制限ヲ受クルカ又ハ労働ニ高度ノ制限ヲ加フルコトヲ必要トスル程度ノ障害ヲ残スモノ
		14	精神ニ労働スルコトヲ不能ナラシムル程度ノ障害ヲ残スモノ
		15	傷病ガ治癒セズ身体ノ機能又ハ精神ニ労働ガ高度ノ制限ヲ受クルカ又ハ労働ニ高度ノ制限ヲ加フルコトヲ必要トスル程度ノ障害ヲ有スルモノニシテ厚生大臣ノ定ムルモノ
	3級	1	両眼ノ視力0.1以下ニ減ジタルモノ
		2	両耳ノ聴力40糎以上ニテハ尋常ノ話声ヲ解シ得ザル程度ニ減ジタルモノ
		3	咀嚼又ハ言語ノ機能ニ著シキ障害ヲ残スモノ
		4	脊柱ノ機能ニ著シキ障害ヲ残スモノ
		5	1上肢ノ3大関節中ノ2関節ノ用ヲ廃シタルモノ
		6	1下肢ノ3大関節中ノ2関節ノ用ヲ廃シタルモノ
		7	長管状骨ニ仮関節ヲ残シ運動機能ニ著シキ障害ヲ残スモノ
		8	1手ノ拇指及示指ヲ失ヒタルモノ又ハ拇指若ハ示指ヲ併セ1手ノ3指以上ヲ失ヒタルモノ
		9	拇指及示指ヲ併セ1手ノ4指ノ用ヲ廃シタルモノ
		10	1足ヲ「リスフラン」関節以上ニテ失ヒタルモノ
		11	10指ノ用ヲ廃シタルモノ
		12	前各号ニ掲グルモノノ外身体ノ機能ニ労働ガ著シキ制限ヲ受クルカ又ハ労働ニ著シキ制限ヲ加フルコトヲ必要トスル程度ノ障害ヲ残スモノ
		13	精神又ハ神経系統ニ労働ガ著シキ制限ヲ受クルカ又ハ労働ニ著シキ制限ヲ加フルコトヲ必要トスル程度ノ障害ヲ残スモノ

| 14 | 傷病ガ治癒セズ身体ノ機能又ハ精神若ハ神経系統ニ労働ガ制限ヲ受クルカ又ハ労働ニ制限ヲ加フルコトヲ必要トスル程度ノ障害ヲ有スルモノニシテ厚生大臣ノ定ムルモノ |

（旧国共済法による退職年金受給者等に係る経過措置）

法附第13条 国家公務員等共済組合法等の一部を改正する法律（昭和60年法律第105号）第1条の規定による改正前の国家公務員等共済組合法（昭和33年法律第128号。以下「旧国共済法」という。）による退職年金、地方公務員等共済組合法等の一部を改正する法律（昭和60年法律第108号）第1条の規定による改正前の地方公務員等共済組合法（昭和37年法律第152号。以下「旧地共済法」という。）による退職年金又は私立学校教職員共済組合法等の一部を改正する法律（昭和60年法律第106号）第1条の規定による改正前の私立学校教職員共済組合法（昭和28年法律第245号。以下「旧私学共済法」という。）による退職年金その他の退職を支給事由とする年金たる給付であって政令で定めるものについては、当該政令で定める年金たる給付を老齢基礎年金とみなし、かつ、当該給付の受給権者（附則第11条の政令で定める年金たる給付の受給権者を除く。）を老齢基礎年金の受給権者とみなして、この法律（第3章及び第4章を除く。）の規定を適用する。この場合において、これらの規定の適用に関し必要な読替えその他必要な事項は、政令で定める。

（法附則第13条に規定する政令で定める退職を支給事由とする年金たる給付）

令第32条 法附則第13条に規定する退職を支給事由とする年金たる給付であって政令で定めるものは、第13条の2第1号ニからチまでに掲げる年金たる給付とする。〔69～70頁参照〕

（旧国共済法による退職年金受給者等に係る老齢年金生活者支援給付金の支給要件に関する規定等の読替え）

令第33条 法附則第13条の規定により適用するものとされた法の規定の適用については、次の表の上欄に掲げる法の規定中同表の中欄に掲げる字句は、それぞれ同表の下欄に掲げる字句とする。

第2条第1項	裁定の請求	裁定の請求（附則第13条の規定により老齢基礎年金とみなされた同条に規定する政令で定める年金たる給付を受ける権利の決定の請求を含む。）
第3条第1号	480で除して得た数（その数が1を上回るときは、1）を乗じて得た額	480で除して得た数と、国民年金法等の一部を改正する法律（昭和60年法律第34号）附則第8条第2項各号に掲げる期間（昭和36年4月1日以後の期間に係るものに限り、その者の20歳に達した日の属する月前の期間及び60歳に達した日の属する月以後の期間を除く。）（年金生活者支援給付金の支給に関する法律施行令（平成30年政令第364号）第32条各号に掲げる退職を支給事由とする年金たる給付の額の計算の基礎となるものに限る。）の月数を次の表の上欄に掲げる者の区分に応じてそれぞれ同表の下欄に掲げる数で除して得た数とを合算して得た数（その数が1を上回るときは、1）を乗じて得た額

大正6年4月1日以前に生まれた者	180
大正6年4月2日から大正7年4月1日までの間に生まれた者	192
大正7年4月2日から大正8年4月1日までの間に生まれた者	204
大正8年4月2日から大正9年4月1日まで	216

		の間に生まれた者	
		大正9年4月2日から大正10年4月1日までの間に生まれた者	228
		大正10年4月2日から大正11年4月1日までの間に生まれた者	240
		大正11年4月2日から大正12年4月1日までの間に生まれた者	252
		大正12年4月2日から大正13年4月1日までの間に生まれた者	264
		大正13年4月2日から大正14年4月1日までの間に生まれた者	276
		大正14年4月2日から大正15年4月1日までの間に生まれた者	288
		大正15年4月2日から昭和2年4月1日までの間に生まれた者	300
		昭和2年4月2日から昭和3年4月1日までの間に生まれた者	312
		昭和3年4月2日から昭和4年4月1日までの間に生まれた者	324
		昭和4年4月2日から昭和5年4月1日までの間に生まれた者	336
		昭和5年4月2日から昭和6年4月1日までの間に生まれた者	348
		昭和6年4月2日から昭和7年4月1日までの間に生まれた者	360
		昭和7年4月2日から昭和8年4月1日までの間に生まれた者	372
		昭和8年4月2日から昭和9年4月1日までの間に生まれた者	384
		昭和9年4月2日から昭和10年4月1日までの間に生まれた者	396
		昭和10年4月2日から昭和11年4月1日までの間に生まれた者	408
		昭和11年4月2日から昭和12年4月1日までの間に生まれた者	420
		昭和12年4月2日から昭和13年4月1日までの間に生まれた者	432
		昭和13年4月2日から昭和14年4月1日までの間に生まれた者	444
		昭和14年4月2日から昭和15年4月1日までの間に生まれた者	456
		昭和15年4月2日から昭和16年4月1日までの間に生まれた者	468
		昭和16年4月2日以後に生まれた者	480

| 第11条 | 第3条 | 年金生活者支援給付金の支給に関する法律施行令第33条の規定により読み替えられた第3条 |

法附第14条　旧国共済法による障害年金、旧地共済法による障害年金又は旧私学共済法による障害年金その他の障害を支給事由とする年金たる給付であって政令で定めるものについては、当該政令で定める年金たる給付を障害基礎年金とみなし、かつ、当該給付の受給権者を障害基礎年金の受給権者とみなして、この法律（第2章及び第4章を除く。）の規定を適用する。この場合において、これらの規定の適用に関し必要な読替えその他必要な事項は、政令で定める。

（法附則第14条に規定する政令で定める障害を支給事由とする年金たる給付）

令第34条　法附則第14条に規定する障害を支給事由とする年金たる給付であって政令で定めるものは、第13条の2第2号ニからトまでに掲げる年金たる給付とする。〔70頁参照〕

（旧国共済法による障害年金受給者等に係る障害年金生活者支援給付金の支給要件に関する規定等の読替え）

令第35条　法附則第14条の規定により適用するものとされた法の規定の適用については、次の表の上欄に掲げる法の規定中同表の中欄に掲げる字句は、それぞれ同表の下欄に掲げる字句とする。

第15条第1項	裁定の請求	裁定の請求（附則第14条の規定により障害基礎年金とみなされた同条に規定する政令で定める年金たる給付を受ける権利の決定の請求を含む。）
第16条	給付基準額（	給付基準額とする。ただし、
	国民年金法第30条第2項に規定する	次の各号のいずれかに掲げる障害を支給事由とする年金たる給付の区分に応じ、それぞれ当該各号に定める規定において、
	障害基礎年金	当該年金たる給付
	）とする。	とする。 一　国家公務員等共済組合法等の一部を改正する法律（昭和60年法律第105号）第1条の規定による改正前の国家公務員等共済組合法（昭和33年法律第128号。以下この号及び第3号において「旧国共済法」という。）による障害年金　旧国共済法別表第三 二　地方公務員等共済組合法等の一部を改正する法律（昭和60年法律第108号）第1条の規定による改正前の地方公務員等共済組合法（昭和37年法律第152号。以下この号において「旧地共済法」という。）による障害年金　旧地共済法別表第三 三　私立学校教職員共済組合法等の一部を改正する法律（昭和60年法律第106号）第1条の規定による改正前の私立学校教職員共済組合法（昭和28年法律第245号。以下この号において「旧私学共済法」という。）による障害年金　旧私学共済法第25条第1項において準用する旧国共済法別表第三 四　厚生年金保険制度及び農林漁業団体職員共済組合制度の統合を図るための農林漁業団体職員共済組合法等を廃止する等の法律（平成13年法律第101号）附則第16条第6項に規定する移行農林年金のうち障害年金　農林漁業団

		体職員共済組合法の一部を改正する法律（昭和60年法律第107号）による改正前の農林漁業団体職員共済組合法（昭和33年法律第99号）別表第二

（2以上の年金生活者支援給付金の支給要件に該当する場合等における年金生活者支援給付金の取扱い）

令第36条

2　法附則第12条の規定により障害基礎年金の受給権者とみなされ、かつ、法附則第14条の規定により障害基礎年金の受給権者とみなされた者に係る障害年金生活者支援給付金の月額は、障害の程度が、第31条又は前条の規定による読替え後の法第16条各号のいずれかに掲げる障害を支給事由とする年金たる給付の区分に応じ、それぞれ当該各号に定める規定において、障害等級の1級（第31条の規定による読替え後の法第16条第3号に掲げる障害年金であって職務上の事由によるものにあっては、1級又は2級）に該当する者として当該年金たる給付の額が計算されるものにあっては、給付基準額（法第4条に規定する給付基準額をいう。）の100分の125に相当する額（その額に50銭未満の端数が生じたときは、これを切り捨て、50銭以上1円未満の端数が生じたときは、これを1円に切り上げるものとする。）とする。

【参考条文】

旧国共済法別表第三〔支給率および最低保障額の欄は略〕

〔※旧地共済法別表第三および昭和60年改正前の農林漁業団体職員共済組合法別表第二も、この旧国共済法別表第三と同じです。〕

障害の程度		障害の状態
1級	1	両眼の視力が0.02以下に減じたもの
	2	両上肢の用を全く廃したもの
	3	両下肢の用を全く廃したもの
	4	両上肢を腕関節以上で失つたもの
	5	両下肢を足関節以上で失つたもの
	6	前各号に掲げるもののほか、身体の機能に、労働することを不能ならしめ、かつ、常時の介護を必要とする程度の障害を残すもの
	7	精神に、労働することを不能ならしめ、かつ、常時の監視又は介護を必要とする程度の障害を残すもの
	8	傷病がなおらないで、身体の機能又は精神に、労働することを不能ならしめ、かつ、長期にわたる高度の安静と常時の監視又は介護とを必要とする程度の障害を有するもの
2級	1	両眼の視力が0.04以下に減じたもの
	2	1眼の視力が0.02以下に減じ、かつ、他眼の視力が0.06以下に減じたもの
	3	両耳の聴力が、耳殻に接して大声による話をしてもこれを解することができない程度に減じたもの
	4	咀嚼又は言語の機能を廃したもの
	5	脊柱の機能に高度の障害を残すもの
	6	1上肢を腕関節以上で失つたもの
	7	1下肢を足関節以上で失つたもの

		8	1 上肢の用を全く廃したもの
		9	1 下肢の用を全く廃したもの
		10	両上肢のすべての指の用を廃したもの
		11	両下肢をリスフラン関節以上で失つたもの
		12	両下肢のすべての足ゆびを失つたもの
		13	前各号に掲げるもののほか、身体の機能に、労働が高度の制限を受けるか、又は労働に高度の制限を加えることを必要とする程度の障害を残すもの
		14	精神に、労働することを不能ならしめる程度の障害を残すもの
		15	傷病がなおらないで、身体の機能又は精神に、労働が高度の制限を受けるか、又は労働に高度の制限を加えることを必要とする程度の障害を有するもの
3級		1	両眼の視力が0.1以下に減じたもの
		2	両耳の聴力が、40センチメートル以上では通常の話声を解することができない程度に減じたもの
		3	咀嚼又は言語の機能に著しい障害を残すもの
		4	脊柱の機能に著しい障害を残すもの
		5	1 上肢の3大関節のうち、2関節の用を廃したもの
		6	1 下肢の3大関節のうち、2関節の用を廃したもの
		7	長管状骨に仮関節を残し、運動機能に著しい障害を残すもの
		8	1 上肢のおや指及びひとさし指を失つたもの又はおや指若しくはひとさし指をあわせ1 上肢の3指以上を失つたもの
		9	おや指及びひとさし指をあわせ1 上肢の4指の用を廃したもの
		10	1 下肢をリスフラン関節以上で失つたもの
		11	両下肢のすべての足ゆびの用を廃したもの
		12	前各号に掲げるもののほか、身体の機能に、労働が著しい制限を受けるか、又は労働に著しい制限を加えることを必要とする程度の障害を残すもの
		13	精神又は神経系統に、労働に著しい制限を受けるか、又は労働に著しい制限を加えることを必要とする程度の障害を残すもの
		14	傷病がなおらないで、身体の機能又は精神若しくは神経系統に、労働が制限を受けるか、又は労働に制限を加えることを必要とする程度の障害を有するもの

備　考
1　視力の測定は、万国式試視力表によるものとし、屈折異常があるものについては、矯正視力によつて測定する。
2　指を失つたものとは、おや指は指関節、その他の指は第1指関節以上を失つたものをいう。
3　指の用を廃したものとは、指の末節の半分以上を失い、又は掌指関節若しくは第1指関節（おや指にあつては、指関節）に著しい運動障害を残すものをいう。
4　足ゆびを失つたものとは、その全部を失つたものをいう。
5　足ゆびの用を廃したものとは、第1趾は末節の半分以上、その他のゆびは末関節以上を失つたもの又は蹠趾関節若しくは第1趾関節（第1趾にあつては、足趾関節）に著しい運動障害を残すものをいう。

　6　この表の1級の項第8号、2級の項第15号及び3級の項第14号に掲げる障害の程度は、厚生年金保険法別表第一の相当規定に基づいて厚生大臣が定めたものに限るものとする。

法附第15条　前2条の規定による年金生活者支援給付金の支給に関する事務の一部は、政令で定めるところにより、法律によって組織された共済組合、国家公務員共済組合連合会、全国市町村職員共済組合連合会、地方公務員共済組合連合会又は私立学校教職員共済法の規定により私立学校教職員共済制度を管掌することとされた日本私立学校振興・共済事業団に行わせることができる。

（政令への委任）

法附第23条　この附則に規定するもののほか、この法律の施行に伴い必要な経過措置は、政令で定める。

　　附　則　（平成26年6月11日法律第64号）　抄

　　（施行期日）

第1条　この法律は、平成26年10月1日から施行する。ただし、次の各号に掲げる規定は、当該各号に定める日から施行する。

　一　第13条の規定（次号に掲げる改正規定を除く。）並びに附則第16条及び第19条の規定　公布の日

　二　第1条中国民年金法附則第9条の2の5の改正規定、第3条中厚生年金保険法附則第17条の14の改正規定、第6条から第12条までの規定、第13条中年金生活者支援給付金の支給に関する法律附則第9条の次に1条を加える改正規定及び第14条の規定並びに附則第3条及び第17条の規定　平成27年1月1日

　　（その他の経過措置の政令への委任）

第19条　この附則に規定するもののほか、この法律の施行に伴い必要な経過措置は、政令で定める。

　　附　則　（平成29年3月31日法律第4号）　抄

　　（施行期日）

第1条　この法律は、平成29年4月1日から施行する。ただし、次の各号に掲げる規定は、当該各号に定める日から施行する。

　一から三まで　略

　四　次に掲げる規定　平成30年1月1日

　　イ　第1条中所得税法第2条第1項の改正規定、同法第79条第2項及び第3項の改正規定、同法第83条第1項の改正規定、同法第83条の2の改正規定、同法第85条の改正規定、同法第120条の改正規定、同法第122条第3項の改正規定、同法第123条第3項の改正規定、同法第125条第4項及び第127条第4項の改正規定、同法第166条の改正規定、同法第185条第1項の改正規定、同法第186条第1項第1号イ及びロ並びに第2項第1号の改正規定、同法第187条の改正規定、同法第190条第2号の改正規定、同法第194条の改正規定、同法第195条の改正規定、同法第195条の2（見出しを含む。）の改正規定、同法第198条第6項の改正規定、同法第203条の3第1号の改正規定、同法第203条の5の改正規定、同法別表第二の改正規定、同法別表第三の改正規定並びに同法別表第四の改正規定並びに附則第6条、第7条、第9条、第10条、第122条及び第123条の規定

　　（罰則に関する経過措置）

第140条　この法律（附則第1条各号に掲げる規定にあっては、当該規定。以下この条において同じ。）の施行前にした行為及びこの附則の規定によりなお従前の例によることとされる場合におけるこ

の法律の施行後にした行為に対する罰則の適用については、なお従前の例による。

（政令への委任）

第141条　この附則に規定するもののほか、この法律の施行に関し必要な経過措置は、政令で定める。

附　則　（平成29年6月2日法律第45号）

　この法律は、民法改正法の施行の日から施行する。ただし、第103条の2、第103条の3、第267条の2、第267条の3及び第362条の規定は、公布の日から施行する。

（施行の日＝令和2年4月1日）

附　則　（令和2年3月31日法律第8号）　抄

（施行期日）

第1条　この法律は、令和2年4月1日から施行する。ただし、次の各号に掲げる規定は、当該各号に定める日から施行する。

　一　略

　二　次に掲げる規定　令和3年1月1日

　　イ及びロ　略

　　ハ　第15条中租税特別措置法第41条の4の2の次に1条を加える改正規定、同法第41条の19第1項の改正規定（「1,000万円」を「800万円」に改める部分に限る。）、同法第93条の改正規定（同条第1項第4号を同項第5号とし、同項第3号の次に1号を加える部分を除く。）、同法第94条の改正規定、同法第95条の改正規定及び同法第96条の改正規定並びに附則第74条第1項及び第3項、第111条、第144条並びに第149条の規定

（罰則に関する経過措置）

第171条　この法律（附則第1条各号に掲げる規定にあっては、当該規定。以下この条において同じ。）の施行前にした行為並びにこの附則の規定によりなお従前の例によることとされる場合及びこの附則の規定によりなおその効力を有することとされる場合におけるこの法律の施行後にした行為に対する罰則の適用については、なお従前の例による。

（政令への委任）

第172条　この附則に規定するもののほか、この法律の施行に関し必要な経過措置は、政令で定める。

附　則　（令和2年6月5日法律第40号）　抄

（施行期日）

第1条　この法律は、令和4年4月1日から施行する。ただし、次の各号に掲げる規定は、当該各号に定める日から施行する。

　一　第1条中国民年金法第87条第3項の改正規定、第4条中厚生年金保険法第100条の3の改正規定、同法第100条の10第1項の改正規定（同項第10号の改正規定を除く。）及び同法附則第23条の2第1項の改正規定、第6条の規定、第11条の規定（第5号に掲げる改正規定を除く。）、第12条の規定（第6号に掲げる改正規定を除く。）、第13条の規定（同号に掲げる改正規定を除く。）、第20条中確定給付企業年金法第36条第2項第1号の改正規定、第21条中確定拠出年金法第48条の3、第73条及び第89条第1項第3号の改正規定、第24条中公的年金制度の健全性及び信頼性の確保のための厚生年金保険法等の一部を改正する法律附則第38条第3項の表改正後確定拠出年金法第48条の2の項及び第40条第8項の改正規定、第29条中健康保険法附則第5条の4、第5条の6及び第5条の7の改正規定、次条第2項から第5項まで及び附則第12条の規定、附則第42条中国民年金法等の一部を改正する法律（昭和60年法律第34号。次号及び附則第42条から第45条までにおいて「昭和60年国民年金等改正法」という。）附則第20条及び第64条の改

正規定、附則第55条中被用者年金制度の一元化等を図るための厚生年金保険法等の一部を改正する法律（平成24年法律第63号。以下「平成24年一元化法」という。）附則第23条第3項、第36条第6項、第60条第6項及び第85条の改正規定、附則第56条の規定、附則第95条中行政手続における特定の個人を識別するための番号の利用等に関する法律（平成25年法律第27号）別表第二の107の項の改正規定並びに附則第97条の規定　公布の日

二～五　略

六　第2条中国民年金法第36条の3第1項及び第36条の4の改正規定、第12条中特定障害者に対する特別障害給付金の支給に関する法律第9条及び第10条第1項の改正規定並びに第13条中年金生活者支援給付金の支給に関する法律第2条第1項、第13条、第15条第1項及び第20条第1項の改正規定　令和3年8月1日

（年金生活者支援給付金の支給に関する法律の一部改正に伴う経過措置）

第12条　次の各号に掲げる者が、令和2年8月1日（以下この条において「起算日」という。）から起算して6月を経過する日までの間に年金生活者支援給付金の支給に関する法律第5条、第12条、第17条又は第22条の規定による認定の請求をしたときは、その者に対する年金生活者支援給付金（同法第25条第1項に規定する年金生活者支援給付金をいう。以下この条において同じ。）の支給は、同法第6条第1項（同法第14条、第19条及び第24条において準用する場合を含む。）の規定にかかわらず、当該各号に定める月から始める。

一　起算日において年金生活者支援給付金の支給要件に該当している者（起算日において当該支給要件に該当するに至った者を除く。）　令和2年8月

二　起算日から令和2年12月31日までの間に年金生活者支援給付金の支給要件に該当するに至った者　その者が当該認定の請求に係る年金生活者支援給付金の支給要件に該当するに至った日の属する月の翌月

省令様式第一号（則第二条第二項第三号及び則第十七条第二項第三号関係）

老齢
補足的老齢　　年金生活者支援給付金　所得・世帯状況届

日本年金機構理事長　殿

令和　　年度　　　　　　　　　　　　　　　　　　　　令和　　年　　月　　日提出

住	所	
請求者	個人番号（又は基礎年金番号） 年金コード	
	氏　　　　　名	
	生　年　月　日	明治・大正・昭和・平成・令和　　年　　月　　日
	合　計　所　得　金　額 （地方税法第292条第1項第13号）	円
	公　的　年　金　等　収　入　金　額	円
	公的年金等に係る雑所得の金額	円
	※前　年　所　得　合　計　額	円
	課　税　状　況　（　均　等　割　）	課税　・　非課税　・　未申告　・　課税台帳なし
世帯員1	氏　　　　　名	
	生　年　月　日	明治・大正・昭和・平成・令和　　年　　月　　日
	課　税　状　況　（　均　等　割　）	課税　・　非課税　・　未申告　・　課税台帳なし
世帯員2	氏　　　　　名	
	生　年　月　日	明治・大正・昭和・平成・令和　　年　　月　　日
	課　税　状　況　（　均　等　割　）	課税　・　非課税　・　未申告　・　課税台帳なし
世帯員3	氏　　　　　名	
	生　年　月　日	明治・大正・昭和・平成・令和　　年　　月　　日
	課　税　状　況　（　均　等　割　）	課税　・　非課税　・　未申告　・　課税台帳なし
世帯員4	氏　　　　　名	
	生　年　月　日	明治・大正・昭和・平成・令和　　年　　月　　日
	課　税　状　況　（　均　等　割　）	課税　・　非課税　・　未申告　・　課税台帳なし
世帯員5	氏　　　　　名	
	生　年　月　日	明治・大正・昭和・平成・令和　　年　　月　　日
	課　税　状　況　（　均　等　割　）	課税　・　非課税　・　未申告　・　課税台帳なし
そ　　　の　　　他		
※　審　　　　　　査		
※　上記のとおり、相違ありません。 　　令和　　年　　月　　日		市町村長　　　　㊞

◎　※印の欄は、記入しないでください。
備　考　1．用紙の寸法は、A列4番とする。
　　　　2．必要があるときは、所要の変更を加えること、その他所要の調整を加えることができる。

省令様式

省令様式第二号 （則第三十二条第二項第三号及び則第四十七条第二項第三号関係）

障害
遺族　年 金 生 活 者 支 援 給 付 金　所 得 状 況 届

日本年金機構理事長　殿

令和　　年度　　　　　　　　　　　　　　　　令和　　年　　月　　日提出

請求者	個人番号(又は基礎年金番号) 年金コード		
	氏　　　　　　　　　　　名		
	生　年　月　日	明治・大正・昭和・平成・令和　　年　　月　　日	
	住　　　　　　　　　所		
	控除対象配偶者及び扶養親族の合計数	人 (うち老人控除対象配偶者及び老人扶養親族の合計数　　　　人) (うち特定扶養親族の数　　　　人) (うち16歳以上19歳未満の控除対象扶養親族の数　　　　人)	
	同一生計配偶者(控除対象配偶者を除く。)の有無	有（70歳以上・70歳未満）　・　無	
	前　年　所　得　合　計　額	円	
	控除	雑　　　　　　　　損	円
		医　　　療　　　費	円
		社　会　保　険　料	円
		小 規 模 企 業 共 済 等 掛 金	円
		配　偶　者　特　別	円
		障害者(特別障害者を除く。)である控除対象配偶者、扶養親族及び同一生計配偶者の合計数	人
		特別障害者である控除対象配偶者、扶養親族及び同一生計配偶者の合計数	人
		障害者・特別障害者・寡婦・ひとり親・勤労学生の別	障　・　特障　・　寡　・　ひとり親　・　勤
		地方税法附則第6条第1項の免除に係る所得額	円
	※ 控　除　後　の　所　得　額		円
そ　　　　の　　　　他			
※　審　　　　　　　　査			

※　上記のとおり、相違ありません。
　　令和　　年　　月　　日
　　　　　　　　　　　　　　　　　　　　　　　　　　　　市町村長　　　㊞

◎　※印の欄は、記入しないでください。
備　考　1．用紙の寸法は、A列4番とする。
　　　　2．必要があるときは、所要の変更を加えること、その他所要の調整を加えることができる。

省令様式第三号（則第六十八条関係）

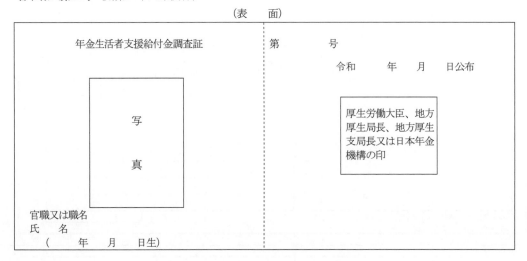

（表　面）

| 年金生活者支援給付金調査証 | 第　　　　号 |

令和　　年　月　日公布

写

真

官職又は職名
氏　　名
（　　年　月　　日生）

厚生労働大臣、地方
厚生局長、地方厚生
支局長又は日本年金
機構の印

（裏　面）

年金生活者支援給付金の支給に関する法律（抄）

（支給の制限）

第七条　老齢年金生活者支援給付金は、受給資格者が、正当な理由がなくて、第三十六条第一項の規定による命令に従わず、又は同項の規定による当該職員の質問に応じなかったときは、その額の全部又は一部を支給しないことができる。

第八条　老齢年金生活者支援給付金の支給を受けている者が、正当な理由がなくて、第三十五条第一項の規定による届出をせず、又は書類その他の物件を提出しないときは、老齢年金生活者支援給付金の支払を一時差し止めることができる。

（準用）

第十四条　第六条から第九条までの規定は、補足的老齢年金生活者支援給付金について準用する。この場合において、必要な技術的読替えは、政令で定める。

（準用）

第十九条　第六条から第九条までの規定は、障害年金生活者支援給付金について準用する。この場合において、必要な技術的読替えは、政令で定める。

（準用）

第二十四条　第六条から第九条までの規定は、遺族年金生活者支援給付金について準用する。この場合において、同条第一項中「できる」とあるのは、「できる。この場合において、その死亡した者の死亡の当時当該遺族基礎年金の支給の要件となり、又はその額の加算の対象となっていた国民年金の被保険者又は被保険者であった者の子は、当該死亡した者の子とみなす」とするほか、必要な技術的読替えは、政令で定める。

（調査）

第三十六条　厚生労働大臣は、必要があると認めるときは、年金生活者支援給付金の支給要件に該当する者（以下「年金生活者支援給付金受給資格者」という。）に対して、受給資格の有無及び年金生活者支援給付金の額の決定のために必要な事項に関する書類その他の物件を提出すべきことを命じ、又は当該職員をしてこれらの事項に関し年金生活者支援給付金受給資格者その他の関係者に質問させることができる。

2　前項の規定によって質問を行う当該職員は、その身分を示す証明書を携帯し、かつ、関係者の請求があるときは、これを提示しなければならない。

（機構への厚生労働大臣の権限に係る事務の委任）

第四十一条　次に掲げる厚生労働大臣の権限に係る事務（第三十八条の規定により市町村長が行うこととされたものを除く。）は、日本年金機構（以下「機構」という。）に行わせるものとする。ただし、第八号及び第九号に掲げる権限は、厚生労働大臣が自ら行うことを妨げない。

一〜七　（略）

八　第三十六条第一項の規定による命令及び質問

九〜十一　（略）

2〜4　（略）

◎この証は、厚紙を用い、中央の点線のところから二つ折とすること。

（日本工業規格A列7番）

省令様式

第一片

原　　符

| 告知番号 | ｜｜｜｜｜ ✕ | 年度 | 令和　　　　年度 | 番号 | 第　　　　号 |

| 住所 | |
| 氏名 | 　　　　　殿 |

| 一般会計 | 厚生労働省主管 |
| ✕ | 千 | 百 | 十 | 万 | 千 | 百 | 十 | 円 |

内訳	金額								
	遅延利息								
	延滞金								

| 領収金額 | | | | | | | | |

令和　　　年　　　月　　　日

| 備考 | - - - - - - - - - - - - - - - - |

◎金額欄の頭部に必ず¥を付すこと。

| 残　　　　枚 |

第二片

領　収　証　書

| 告知番号 | ｜｜｜｜｜ ✕ | 年度 | 令和　　　　年度 | 番号 | 第　　　　号 |

| 住所 | |
| 氏名 | 　　　　　殿 |

| 一般会計 | 厚生労働省主管 |
| ✕ | 千 | 百 | 十 | 万 | 千 | 百 | 十 | 円 |

内訳	金額								
	遅延利息								
	延滞金								

右記の金額を領収しました。

令和　　　年　　　月　　　日

| 領収金額 | | | | | | | | |

㊞

| 備考 | - - - - - - - - - - - - - - - - |

◎茶色のカーボンで書かれていない場合は、お手数でも年金事務所へご連絡ください。
◎領収金額欄が修正されているものは無効です。

第三片

領　収　済　報　告　書

| 告知番号 | ｜｜｜｜｜ ✕ | 年度 | 令和　　　　年度 | 番号 | 第　　　　号 |

| 住所 | |
| 氏名 | 　　　　　殿 |

| 一般会計 | 厚生労働省主管 |
| ✕ | 千 | 百 | 十 | 万 | 千 | 百 | 十 | 円 |

内訳	金額								
	遅延利息								
	延滞金								

右記の金額を領収しましたので報告します。

令和　　　年　　　月　　　日

| 領収金額 | | | | | | | | |

㊞

| 備考 | - - - - - - - - - - - - - - - - |

分任歳入徴収官　　　殿

備　考　1.　用紙の寸法は、各片ともおおむね縦11cm、横21cmとする。
　　　　2.　各片は左端をのり付けその他の方法により接続するものとする。
　　　　3.　各片に共通する事項（あらかじめ印刷する事項は除く。）は、複写により記入するものとする。
　　　　4.　必要があるときは、所要の変更を加えること、その他所要の調整を加えることができる。

第一片

送付書・領収証書

国庫金

第　　　　　　号

下記の金額を領収しました。

（領収年月日及び領収者名）

（収納職員所属氏名）

令和　　　　　年度

一　般　会　計	厚生労働省主管（6118）

（庁名）
厚生労働省大臣官房
（　　　　　　　）

送　付　金　額	千	百	十	万	千	百	十	円

翌年度6月1日以降現年度歳入組入

第二片

領　収　控

国庫金　送

第　　　　　　号

下記の金額を領収しました。

（領収年月日及び領収者名）

（収納職員所属氏名）

令和　　　　　年度

一　般　会　計	厚生労働省主管（6118）

（庁名）
厚生労働省大臣官房
（　　　　　　　）

送　付　金　額	千	百	十	万	千	百	十	円

翌年度6月1日以降現年度歳入組入

第三片

領　収　済　通　知　書

国庫金

第　　　　　　号

下記の金額を領収しました。

（領収年月日及び領収者名）

宛て先　分任歳入徴収官
　　　　所　属　庁　名
　　　　所　在　地

（収納職員所属氏名）

令和　　　　　年度

一　般　会　計	厚生労働省主管（6118）

（庁名）
厚生労働省大臣官房
（　　　　　　　）

送　付　金　額	千	百	十	万	千	百	十	円

翌年度6月1日以降現年度歳入組入

備　考
1．用紙寸法は各片ともおおむね縦11cm、横21cmとする。
2．各片は左端をのり付けその他の方法により接続するものとする。
3．各片に共通する事項（あらかじめ印刷する事項を除く。）は、複写により記入するものとする。
4．必要があるときは、所要の変更を加えること、その他所要の調整を加えることができる。

省令様式

徴収金等収納簿

年月日	摘要	徴収金等種別	収	送	残
			円	円	円

備　考　１．用紙の寸法は、日本工業規格Ａ列４番とする。
　　　　２．必要があるときは、所要の変更を加えること、その他所要の調整を加えることができる。

原　符

住（居）所		年度	令和	年度	番号	第	号
		受　入　区　分					
氏　名 （名　称）	殿						

令和　　年　月　日	摘	
	要	
	領　収　金　額	千 百 十 万 千 百 十 円
		残枚数　　　　　枚

◎領収金額欄の頭部に必ず¥を付すこと。

領　収　証

住（居）所		年度	令和	年度	番号	第	号
		受　入　区　分					
氏　名 （名　称）	殿						

右記の金額を領収しました。 　　　令和　　年　月　日 　　　　　　　　　　　　㊞	摘	
	要	
	領　収　金　額	千 百 十 万 千 百 十 円

（ご注意）　◎茶色のカーボンで書かれていないときは、お手数でも年金事務所までご連絡ください。
　　　　　◎領収金額欄を訂正したものは無効です。

領　収　済　報　告　書

住（居）所		年度	令和	年度	番号	第	号
		受　入　区　分					
氏　名 （名　称）	殿						

右記金額を領収済につき報告します。 　　　令和　　年　月　日 　　　　　　　　　　　　㊞ 　　　　　　　　殿	摘	
	要	
	領　収　金　額	千 百 十 万 千 百 十 円

備　考　1. 用紙の寸法は、各片ともおおむね縦11cm、横21cmとする。
　　　　2. 各片は、左端をのり付けその他の方法により接続するものとする。
　　　　3. 各片に共通する事項（あらかじめ印刷する事項を除く。）は、複写により記入するものとする。
　　　　4. 必要があるときは、所要の変更を加えること、その他所要の調整を加えることができる。

省令様式

徴収金等収納状況報告書

令和　　年　　月　　日

厚生労働大臣　殿

○○年金事務所　主任収納職員
所　属　・　氏　名　印

令和　　年度 令和　　年　　月分

摘　　要	前月送付未済額	本月収納額	計	本月送付済額	本月送付未済額	備　考
主任収納職員　○○　○○						
分任収納職員　○○　○○						
〃　　○○　○○						
計						

備　考　　1．用紙の寸法は、日本工業規格Ａ列４番とする。
　　　　　2．必要があるときは、所要の変更を加えること、その他所要の調整を加えることができる。

現金現在高調書

金種類	金額	備考
	円	

上記のとおり引継を終わりました。
　令和　　年　　月　　日

前任収納職員　所　属　・　氏　名　㊞

後任収納職員　所　属　・　氏　名　㊞

備　考　　1．用紙の寸法は、日本工業規格A列4番とする。
　　　　　2．必要があるときは、所要の変更を加えること、その他所要の調整を加えることができる。

年金生活者支援給付金の解説 　　〈不許複製〉

2019年 8 月 6 日　　第 1 版発行
2020年 8 月13日　　第 2 版発行
2021年 8 月30日　　第 3 版発行
2022年 8 月30日　　第 4 版発行
2023年 8 月30日　　第 5 版発行

発　行　所　年友企画株式会社

〒101-0047
東京都千代田区内神田2-15-9
The Kanda 282
TEL. 03-3256-1711　FAX. 03-3256-8928
https://www.nen-yu.co.jp